algo mais

Wanda de Assumpção

algo mais

deixando Deus fazer a diferença

Editora Mundo Cristão
São Paulo

ALGO MAIS
CATEGORIA: ESPIRITUALIDADE / VIDA CRISTÃ

Publicado pela Associação Religiosa Editora Mundo Cristão

Preparação de Textos: Omar de Souza

Revisão: Theófilo José Vieira

Capa: Cláudio Souto

Diagramação: Viviane Rosana Fernandes Costa

Impressão: Imprensa da Fé

Os textos das referências bíblicas foram extraídos da versão Almeida Revista e Atualizada, 2ª edição (Sociedade Bíblica do Brasil), salvo indicação específica.

A 1ª edição foi publicada em setembro de 2003, com uma tiragem de 4.000 exemplares.

Dados Internacionais de Catalogação na Publicação (CIP)
(Câmara Brasileira do Livro, SP, Brasil)

Assumpção, Wanda de
Algo Mais / Wanda de Assumpção. – São Paulo: Mundo Cristão, 2003.

ISBN 85-7325-342-8

1. Mulheres cristãs – Vida religiosa
2. Sobrenatural (Teologia)
3. Vida espiritual I. Título.

03–4652 CDD–248.4

Índice para catálogo sistemático:

1. Vida sobrenatural: Vida Cristã: Cristianismo 248.4

Associação Religiosa Editora Mundo Cristão
Rua Antonio Carlos Tacconi, 79 – CEP 04810-020 – São Paulo-SP – Brasil
Telefone: (11) 5668-1700 – Home page: www.mundocristao.com.br

Editora associada a:
- Associação Brasileira de Direitos Reprográficos
- Associação Brasileira de Editores Cristãos
- Câmara Brasileira do Livro
- Evangelical Christian Publishers Association

Printed in Brazil
10 9 8 7 6 5 4 3 2 1 03 04 05 06 07 08 09 10

DEDICATÓRIA

Aos meus amigos e mentores Jaime e Gloria Young, que compartilharam comigo seu coração, suas vidas, suas lutas, suas vitórias, e assim me ensinaram lições inigualáveis a respeito de nosso Deus e de nossa caminhada com ele.

Com muito amor e saudades.

P.S.: Gloria, um dia estaremos juntas de novo aí no céu. E que alegria eterna será!

SOBRE A AUTORA

Nascida em Botucatu, Wanda de Assumpção é presbiteriana. Há diversos anos vem ministrando às mulheres cristãs ou interessadas sobre questões da identidade feminina através de palestras, artigos e livros.

Colaborou com diversas revistas, entre as quais a Revista da SAF, das sociedades femininas da igreja presbiteriana, Ultimato, Raio de Luz e Débora. Wanda de Assumpção já traduziu mais de 100 livros, além de ser autora dos livros ...E os dois tornam-se um (1988), ...E Deus fez a mulher (1994) e Conte Comigo (1998) todos publicados pela Editora Mundo Cristão, além de À Sombra de suas Asas, publicado pela Editora Vida (1996). Ela é casada com Jecel e mora atualmente na cidade de Rio Claro (SP). Wanda possui um site na Internet através do qual você poderá conhecer mais sobre a autora e também comunicar-se com ela.

http://www.wandadeassumpcao.com.br

SUMÁRIO

DEDICATÓRIA 5

AGRADECIMENTOS 11

INTRODUÇÃO 13

PARTE I

NO PRINCÍPIO, DEUS

Capítulo 1

Você crê em Deus? 19

- O ponto de partida
- A obra das mãos de Deus
- A lei no coração dos homens

Capítulo 2

Em que Deus você crê? 31

- A Bíblia é a Palavra de Deus?
- A mensagem da Bíblia
- O poder da Bíblia

Capítulo 3

Deus, em pessoa 39

- Consciência do pecado

• Um plano de salvação
• Deus fala hoje

PARTE II
E EU, QUEM SOU?

Capítulo 4
Quem vejo quando olho no espelho.. 49

• Sede de amor
• Um buraco negro
• Estratégias de sobrevivência
• Falsa segurança

Capítulo 5
Quem realmente sou... 71

• Sou criatura
• Sou pessoa
• Sou diferente
• Por que sou como sou
• Sou nova criatura

Capítulo 6
Restaurando minha verdadeira identidade.................................. 85

• O que o Senhor está fazendo comigo?
• Como ouro refinado
• O fogo do ourives
• Restaurando a imagem

PARTE III
PODER SOBRENATURAL

Capítulo 7
Curando as feridas do coração.. 99

• Que feridas são essas?

- Você quer ser curada?
- O grande médico
- O bálsamo perfeito

Capítulo 8
O poder libertador do perdão.. 113

- Aplicando o curativo
- Como o remédio opera
- Viver perdoando
- Zerando o saldo

Capítulo 9
Quebrando antigos hábitos.. 127

- Uma volta pelo deserto
- Outra volta pelo deserto
- Rumo ao descanso prometido
- Na terra da plenitude

Capítulo 10
Identificando o inimigo.. 153

- Quem é esse inimigo
- Estratégias e ciladas
- Tentação
- Acusação
- Mentira
- Nosso contra-ataque
- A Verdade de Jesus

PARTE IV
LIVRE PARA SER QUEM DEUS ME FEZ PARA SER

Capítulo 11
Essencialmente feminina.. 171

- O mistério da feminilidade

• A essência da feminilidade
• O ministério da feminilidade
• Ministrando à família
• Ministrando fora de casa
• Como exercer o ministério da feminilidade
• Os limites do ministério feminino
• Ministrando como Jesus ministrou

Capítulo 12
Vulneravelmente amorosa.......... 193

• O que é amar
• O risco de amar
• Como amar

Capítulo 13
Autenticamente bela.......... 213

• Queremos ser belas
• Mentiras que escravizam
• Verdades que libertam
• A verdade sobre a beleza
• A verdade sobre o corpo

Capítulo 14
Tranqüilamente confiante.......... 239

• Uma formosura sem par
• Saindo da zona de conforto
• Esperando em Deus
• A jornada sobrenatural

CONCLUSÃO
NO REINO DE MEU PAI.......... 253

GUIA DE ESTUDO.......... 259

NOTAS.......... 269

AGRADECIMENTOS

Na hora propícia, Deus colocou em meu caminho, de forma especial, um casal de missionários que se dispôs a me tomar sob suas asas e repartir comigo seu conhecimento do plano de Deus para as pessoas. Este livro é, em parte, resultado de meu aprendizado sob sua tutela e das mudanças e experiências a que este aprendizado me conduziu.

Pouco depois de termos concluído nossos estudos, mudei-me de São Paulo, o que me teria mantido afastada dos meus mentores. Antes mesmo que minha mudança estivesse concluída, Gloria foi chamada ao Lar Eterno. Nosso tempo juntas teria terminado de uma forma ou de outra. Algum tempo se passou, e Deus chamou Jaime para outro ministério fora do Brasil.

Estas páginas, de certa forma, são a continuação do ministério de Jaime e Gloria, a primeira onda que se formou com o impacto da pedrinha que eles jogaram nas águas do meu coração e da minha mente. Nunca poderei agradecer-lhes o suficiente, mas sei que Deus os recompensará.

Em outra hora abençoada e propícia, Deus colocou a Editora Mundo Cristão em meu caminho. Na pessoa de seu diretor, Mark Carpenter, preciso agradecer, com muito carinho, a atenção e o estímulo que sempre recebi de toda a equipe. Mark, você sempre me encorajou sem jamais me pressionar, animando-me quando eu ficava *enroscada*, aconselhando-me sobre a arte de escrever. Mesmo para uma escritora, é difícil encontrar palavras adequadas de agradecimento. Por isso, fica aqui um simples "obrigada".

Um agradecimento especial vai para minha família. Sei que conto com seu apoio, seu encorajamento, sua bênção. Mas é especialmente para meu marido, Jecel, que não fez objeções a que eu repartisse aqui um pouco de sua vida também. Devo a ele gratidão muito especial. Depois de vivermos juntos por mais de 45 anos, não há como dizer onde termina a vida de um e começa a do outro. Ele é autor deste livro tanto quanto eu.

Às maravilhosas mulheres de todo o Brasil com quem tenho tido o privilégio de repartir essas mesmas verdades, a minha gratidão. Suas histórias são parte da minha história. Obrigada por permitir-me contá-las aqui. Troquei seus nomes para proteger sua privacidade, mas suas lutas, seus desafios, suas lágrimas, suas vitórias, sua coragem, tanto quanto a beleza de sua feminilidade, estão aqui para incentivar outras mulheres. Meu amor por vocês vem do coração de Deus. Que ele abençoe cada uma através destas páginas, pois elas foram escritas para cada uma de vocês.

Com muito carinho,
Wanda

INTRODUÇÃO

Em pé, diante de um salão enorme cheio de mulheres, eu esperava que o burburinho cessasse para começar a falar. Havia ali mulheres de todas as idades, de todas as raças, de todas as classes sociais. Umas vestidas com roupas clássicas, mais tradicionais; outras mais à vontade, mais modernas; algumas atentas, abertas, demonstrando grande expectativa; outras irrequietas, olhos sombreados, escondendo o que lhes ia na alma; umas alegres, conversando sem parar, mesmo depois de já ter sido pedido o silêncio; outras caladas, até apreensivas, talvez se perguntando por que, afinal, concordaram em estar ali.

Enquanto corria os olhos por aquele mar de feminilidade, meu coração se comoveu. Eu me identificava com cada uma daquelas vidas preciosas. Amava-as apenas pelo fato de serem mulheres. Sentia na carne suas angústias, frustrações, ansiedades, dores, alegrias e vitórias. Sabia que, apesar de toda a aparente diversidade do grupo, tínhamos mais em comum pelo fato de sermos mulheres do que as nossas diferenças poderiam sugerir. E queria falar de coisas que lhes trouxessem a paz, o gozo e a esperança pelos quais sei que todas nós anelamos.

Vivemos uma época em que muitas portas se abriram para as mulheres dentro da nossa cultura. Atingimos uma liberdade que deveria trazer a realização de todos os nossos anseios como pessoas. Entretanto, a liberdade que não leva em conta as nossas características especiais como mulheres pode tornar-se uma nova forma de escravidão. Há muitas vozes que não se acanham em falar em nome das mulheres, dizendo-nos o que fazer para aproveitar essa liberdade e ir atrás de um novo ideal de vida. Mas o que elas apregoam é uma falsa liberdade. Muitas de nós já a experimentamos e descobrimos que o que nos é oferecido como realização deixa um buraco em nossa alma, uma inquietação permanente que nos fustiga e atormenta, mesmo nos momentos em que tudo parece ir bem.

Uma jovem culta e inteligente, prestes a terminar o curso de graduação da faculdade de uma cidade do Paraná, escreveu-me: "Fiquei pensando sobre o que a senhora falou sobre as mulheres estarem abusando, até fisicamente e... sei lá! Me liguei nisso e vi que a senhora tem razão. Acho que até eu mesma tenho abusado sem perceber, sabe? Mas não por querer competir, nem nada, mas para provar que mereço reconhecimento ou algo assim. Como a senhora disse: tentando provar que sou valiosa pelos padrões masculinos! Tenho a impressão de que vivo fazendo isto – sempre tentando provar que posso, querendo que me dêem uma chance para que eu possa provar que posso. Em qualquer área da minha vida, pareço sempre agir assim. Aí vivo sobrecarregada... e infeliz."

Como podemos nos sentir valiosas se nos medimos por padrões alheios às nossas características, alheios aos nossos desejos mais legítimos como pessoas femininas? Enquanto não descobrirmos nossa verdadeira identidade, aquilo que faz vibrar nossas almas, viveremos sempre insatisfeitas, sujeitas a ficar correndo de um lado para outro em busca daquilo que possa nos fazer sentir seguras e valiosas, como aquela moça da carta.

Cada uma de nós sabe o que se encontra em seu coração – suas dores, suas angústias, suas alegrias, suas realizações. Das duas primeiras, queremos nos livrar, buscando avidamente o alívio onde o pudermos encontrar. As outras, lutamos para reter, agarrando com ambas as mãos, pois nosso coração nos diz que, sem elas, não vale a pena viver. Mas todas nós ansiamos por algo mais do que simplesmente sobreviver da melhor forma que pudermos. Temos sonhos bons, legítimos, que não se concretizam, deixando um vácuo dolorido dentro de nossos corações. Planejamos, batalhamos para conseguir algo que nos é muito precioso, mas sem sucesso. E mesmo quando parece que temos tudo que desejamos, ou pelo menos estamos perto disto, sabemos que se trata de algo que não temos o poder de reter. E vivemos temerosas, esperando cair o outro sapato.

Minha amiga, se você tem sentido esse desejo por algo mais em sua vida, convido-a a embarcar comigo numa busca que lhe dará a visão daquilo que você tanto almeja encontrar e que, no fundo de seu coração, sabe que foi feita para desfrutar. É a visão de uma vida sobrenatural, cuja realidade se define dentro da rotina cotidiana, mas a sobrepõe em todos os momentos, levando você a uma experiência vivida com os pés no chão e o coração nas regiões celestes.

Você vai descobrir que a vida sobrenatural pode lhe dar tudo que você sente que foi feita para gozar e está ao seu alcance. Mas, para encontrá-la, é preciso buscar – de todo o coração.

PARTE I

NO PRINCÍPIO, DEUS

1

VOCÊ CRÊ EM DEUS?

Era uma manhã clara e luminosa de verão. O sol nascente tingia o horizonte de um rosa alaranjado quando o jovem casal deixou a chácara em Botucatu para dirigir-se a São Paulo. Ele, recém-formado em Medicina, era um rapaz moreno, bonito, cheio de vida e de planos para o futuro. Fazia residência médica num dos grandes hospitais da capital e tinha de estar no plantão antes das 8 horas da manhã.

Ela, uma linda moça miúda, era irmã da noiva do rapaz, a quem ele estivera visitando, e que aproveitava para pegar uma carona com o futuro cunhado e retornar à capital. Terminara brilhantemente, alguns meses antes, o curso de Administração Escolar, e logo prestaria concurso para iniciar a carreira de diretora de escola pública.

Pouco mais de uma hora após partirem, felizes e risonhos, ambos estavam mortos. Um acidente na rodovia ceifou suas vidas jovens e reduziu a cinzas os sonhos bons que eles haviam acalentado.

Aquele acidente furou a bolha de ilusão em que eu vivia. Era jovem, e minha vida era amena, sem grandes sustos, sem grandes sofrimentos. Eu sabia que coisas ruins aconteciam no mundo, mas achava que só com os outros, não com pessoas da minha família imediata, na qual, até então, só os idosos haviam morrido depois de uma vida boa e bem vivida.

Quando minha irmã e meu futuro cunhado morreram naquela estrada, a dor que senti veio acompanhada de uma sensação de impotência, de medo, de insegurança. Se aconteceu uma vez, poderia acontecer de novo – comigo, com meu marido, com meus filhos, com meus pais, com outros irmãos. Dei de cara com a realidade de que ninguém, por mais cuidado que tome, está livre dos perigos próprios do mundo em que vivemos.

Para cada pessoa, a descoberta de sua fragilidade e de sua impotência quanto às circunstâncias da vida chega de forma diferente, mais dolorosa ou mais assustadora, mas sempre inquietante e desconfortável. Não é uma sensação com a qual gostamos de conviver. Nessa hora, buscamos algo sólido em que nos apoiar. Tateamos e não encontramos nada na realidade imediata que nos cerca. Por mais que nos esforcemos, não podemos realmente controlar os acidentes, a violência, as enfermidades, a rejeição, o fracasso. Sonhamos com paz, segurança, harmonia. Queremos saber que nossas vidas têm um propósito real, que não existimos por acaso, que fazemos uma diferença na família e na sociedade em que vivemos. Sonhamos em ter alguém que nos aceite como somos, para quem sejamos especiais, apreciadas, amadas.

O grande escritor cristão C.S. Lewis já disse que, se nosso coração anseia por algo mais do que este mundo pode nos oferecer, é prova de que fomos feitos para outro mundo, um mundo onde não há morte, nem lágrimas, nem separação, nem enfermidades, nem ricos, nem pobres. Um mundo onde nosso coração estará sempre saciado, transbordando do gozo e da felicidade que sentimos ter sido feitos para desfrutar. Mas será que este mundo é apenas produto de nossa imaginação, fruto do nosso próprio anseio, ou existe de verdade?

Quando confrontei brutalmente minha impotência como ser humano, eu já cria em Deus como um Ser superior e todo-poderoso, que era bom e amoroso. Entretanto, o que eu acreditava a respeito dele não correspondia ao que havia acontecido. Se ele existia de fato, e é tudo o que me haviam ensinado a seu respeito, por que permitira que aquele acidente acontecesse? Era o Deus em quem eu cria uma realidade concreta, embora invisível, ou apenas o produto de minha carência, de minha insegurança?

Questões novas surgiram, exigindo novas respostas. Se Deus existe de fato, o que pensa de mim e como afeta a minha maneira de viver? Se é tão maior do que a realidade na qual vivo inserida, como posso me relacionar com ele? Este Deus se interessa por mim ou sou apenas uma peça sem importância no jogo da vida?

Percebi, então, que eu, como muitas das pessoas que dizem crer em Deus, não sabia ao certo como ele é e o que espera delas, e como está envolvido em suas vidas. Até que ponto pode-se confiar num Deus que não impede os desastres, os acidentes, as enfermidades, as mortes prematuras? E o que dizer das grandes calamidades que afetam milhares de pessoas de uma só vez?

A consciência da nossa impotência, da nossa vulnerabilidade, é o ponto de partida para a busca de uma realidade maior na qual possamos confiar, mesmo que seja invisível e transcendente. Se Deus existe de fato, e é o Criador de todas as coisas, é com ele que tem de começar a nossa busca. O que somos depende de quem ele é.

Na busca pela segurança e pelo sentido de vida, pelos quais ansiamos, precisamos partir do ponto em que estamos inseridas na realidade que nos cerca. Ou seja, deste exato momento e contexto de nossas vidas.

O PONTO DE PARTIDA

Olhe ao seu redor por um instante e observe as coisas com as quais convive todos os dias sem se dar conta do que está acontecendo. Verá que há uma ordem inegável em tudo o que existe. Leis imutáveis regem o universo, e todos os seres, animados e inanimados, têm de obedecer a elas.

Há uma lei a que, de tão comum, obedecemos sem sequer pensar no que estamos fazendo: a lei da gravidade. Solte uma pedra, que é um objeto inanimado, de certa altura, e ela cairá, com certeza. Por quê? Porque tem de obedecer à lei da gravidade. Não tem escolha. Mas se alguém soltar você, que é um ser animado, pensante, que pode escolher, da mesma altura, você cairá da mesma forma que a pedra. A mesma lei leva você e a pedra ao chão.

Vivemos debaixo de uma lei que não criamos, não controlamos e não podemos deixar de lhe obedecer (podemos contornar, mas não desobedecer), mesmo que não gostemos nem um pouquinho dela. Ora, se vivemos num mundo físico que não depende de nós para sobreviver, regido por leis a que não podemos deixar de obedecer, fica claro que nossa situação nele é definida e precária.

É só parar para pensar um pouquinho e concluiremos que não somos donas das nossas vidas como gostaríamos de ser. Mas, então, quem é? Nossos pais também não. Eles apenas nos geraram e nos criaram, mas nunca puderam fazer por nós coisas que não podiam fazer por si. Meus pais não puderam impedir-me de cair quando quebrei a lei da gravidade, nem tampouco puderam impedir que eu fosse atacada por doenças ou tivesse desilusões e sofrimentos que não desejavam que eu experimentasse. A vida deles, assim como a minha, tem um começo e um fim que não dependem de nenhum de nós.

Como eu, tudo mais que há no Universo depende de alguma outra coisa para a sua existência, e tem de existir como algo ou alguém determinou. Não há nada que seja auto-existente e autodeterminante. Mas, se tudo que existe depende de outra coisa, como foi que a primeira coisa veio a existir?

Se sou um ser limitado, vivendo num Universo também limitado por leis às quais tudo o que nele existe está sujeito, tenho de admitir que existe algo, ou alguém, ou algum poder que está além das pessoas e do universo; uma inteligência fenomenal, diante da qual as nossas mais importantes descobertas empalidecem. E se este alguém está acima de tudo que foi criado com tanta ordem, beleza e complexidade, a razão leva-me a concluir ser ele o Criador de tudo que existe.

Sim, creio em Deus porque é a explicação mais racional e coerente para o que vejo ao meu redor. Tem sentido! E se tudo que existe depende dele, é com ele que nossa busca deve começar. No princípio, antes que qualquer coisa existisse, havia Deus. Então, sem sua presença, nenhuma explicação é real ou completa.

Nasci num lar cristão, e ali me ensinaram desde pequenina que havia um Deus no céu, e que ele desejava certas coisas de mim: não mentir, não brigar, obedecer a meus pais. Cresci com estes ensinos e os absorvi sem questionar. Na igreja que freqüentávamos, aprendi outras coisas sobre quem Deus é e o que eu deveria fazer para lhe agradar.

Foi só muitos anos depois, quando eu já tinha meus próprios filhos, que percebi que estava ensinando a eles o que havia aprendido de meus pais e na igreja, sem jamais ter parado para pensar no porquê de minha fé. Vi que ela não tinha muito sentido. Eu vivia bem, não tinha grandes problemas, e Deus parecia um ser remoto, sem grande participação na minha vida. Uma precezinha formal à hora das refeições era mais uma tradição bonita a manter do que uma expressão real de minha fé na providência de Deus.

Mas quando a morte invadiu a vida da minha família, vi que meus conceitos sobre Deus precisavam ser reexaminados. Eu o conhecia mais de ouvir falar do que de ter um relacionamento pessoal com ele. E para aprender a conhecê-lo melhor, tive de começar pelo princípio de tudo e questionar minha crença na sua existência.

Um livro que estava lendo naqueles dias lançava um desafio. Se alguém tivesse dúvida sobre Deus, que lesse a Bíblia desde o comecinho até o fim, como se fosse um livro comum. Se, quando terminasse, não estivesse totalmente convencido da existência de Deus, estaria sendo coerente em não crer nele. Foi o que resolvi fazer. Antes, porém, de terminar o primeiro livro da Bíblia, percebi que cria, sim, de fato, de coração, no Deus que me fora apresentado na infância. E percebi que não cria apenas porque me impingiram essa idéia, mas porque Deus mesmo se havia apresentado a mim de diversas formas.

A OBRA DAS MÃOS DE DEUS

Cresci numa fazenda. Lembro que, em noites claras de lua cheia, as crianças gostavam de brincar de esconde-esconde fora da casa. Era uma brincadeira emocionante porque tínhamos de nos esconder em algum lugar escuro, esperando, com o coração aos saltos, que alguém viesse nos achar. Queríamos ficar escondidos até o fim para ganhar o jogo, mas isto significava permanecer mais tempo no escuro apavorante, ouvindo ao longe as vozes dos que já haviam sido encontrados.

Assim, era um misto de alívio e tristeza sentir a mão de alguém agarrando a gente e berrando: "Achado fulano atrás da mangueira!" Tendo sido encontrados, podíamos sair da escuridão para a claridade do luar, correndo para juntar-nos aos outros, rindo e gritando para disfarçar o nervosismo dos momentos passados na escuridão. A brincadeira quase sempre terminava no gramado ao lado do casarão, cujas paredes brancas refletiam a luz clara da lua. Antes que mamãe nos mandasse entrar, costumávamos deitar de costas na grama para poder contemplar o céu cristalino, recamado de estrelas. Papai nos havia ensinado a reconhecer algumas constelações, e ficávamos apontando as que já conseguíamos localizar.

— Olhem, ali estão as Três Marias. Estão vendo? E ali está o Cruzeiro do Sul. Quem consegue achar o Centauro? Olhem ali, um pouco mais para a direita...

Nós nos esforçávamos por distinguir as diferentes formas. Entretanto, a lição que eu nem sabia que estava aprendendo era a de ver a mão de Deus na criação. Contemplar aquele céu tão remoto, salpicado de estrelas piscando, mantendo seus lugares ano após ano, a lua prateada derramando sua luz sobre o gramado, sobre a casa, sobre nós, deitados ali na grama, era uma lição clara de que havia um Ser muito maior do que qualquer um de nós, até do que meu poderoso papai. Como nos sentíamos pequeninos diante de toda aquela maravilha!

Meus pais não perdiam a oportunidade de apontar o Deus Criador da natureza. Mamãe amava o pôr-do-sol e estava sempre falando nas cores esplendorosas que tingiam o céu nessa hora como um presente de Deus para os olhos dos seres humanos. Ela se perdia em contemplação, seus olhos sorvendo a beleza e a paz daqueles momentos. Mesmo sendo pequenos, sabíamos que, em pensamentos, ela estava ajoelhada em gratidão diante do Deus que adorava.

As lições que aprendi em criança ficaram impressas no meu coração. Quando questionei minha fé, anos mais tarde, elas falaram em alto e bom som sobre o Deus que conheci desde pequenina, através da natureza. Se você não tem certeza da razão de crer em Deus, olhe para a natureza em toda a sua grandeza e sua complexidade. A Bíblia expressa esta revelação da seguinte maneira:

> Os céus proclamam a glória de Deus, e o firmamento anuncia as obras das suas mãos.
>
> Salmos 19:1
>
> Porque os atributos invisíveis de Deus, assim o seu eterno poder, como também a sua própria divindade, claramente se reconhecem, desde o princípio do mundo, sendo percebidos por meio das coisas que foram criadas.
>
> Romanos 1:20

Não há como negar que habitamos um universo belíssimo, obra-prima das mãos de um Artista inigualável. A variedade de cores, de perfumes, de formas e de texturas desafia a nossa imaginação e vai muito além. Nenhum quadro, por mais inspirado que seja, consegue superar as maravilhas da mais simples flor silvestre.

Mas, além do que conseguimos enxergar a olho nu, se pudermos recorrer a um telescópio ou a um microscópio, veremos outras coisas simplesmente espantosas a respeito da criação. Os telescópios nos abrem as portas do macrocosmo, ou seja, da realidade que está muito além do alcance dos nossos olhos. A grandiosidade é tal que nossa mente dificilmente pode apreender as distâncias medidas em anos-luz – um ano-luz corresponde à distância percorrida pela luz, numa velocidade de 300 mil quilômetros por segundo, no período de um ano! Para uma noção melhor, podemos lembrar que a distância que separa a Terra do Sol é de oito minutos-luz.

Pense também nos números inimagináveis das estrelas e corpos celestes que compõem a imensidão do universo. Só para dar um exemplo, nossa galáxia contém 100 bilhões de sóis, e nosso universo contém mais de 100 bilhões de galáxias. Dá para apreender isto? A luz da estrela visível a olho nu que está mais próxima da terra, Alfa Centauri, leva quatro anos para chegar até nós. Assim, o céu que você vê numa noite qualquer não é o que realmente está ali. A luz que você vê hoje foi emitida há milhares de milhões de anos. Impressionante, não? Somente os astrônomos conseguem penetrar um pouco as dimensões espetaculares desta realidade.

Entretanto, se em vez de olhar para o Universo lá fora, olharmos, através do microscópio, para o microcosmo, ou seja, as partículas que compõem coisas com as quais estamos extremamente familiarizados, nosso assombro cresce ainda mais. Por exemplo, veja esta descrição de como o seu corpo é mantido vivo pelo sistema circulatório.

> Imagine um tubo enorme, serpeando do Canadá até o delta amazônico, mergulhando nos oceanos apenas para emergir em cada ilha habitada, elevando-se à superfície através de cada floresta, planície e deserto da África, dividindo-se perto do Egito para penetrar toda a Europa e Rússia, bem como todo o Oriente Médio e a Ásia – uma tubulação tão global e difusa que liga todas as pessoas no mundo inteiro.
>
> Dentro do tubo, uma infinita variedade de produtos passa flutuando em balsas: mangas, cocos, aspargos e legumes de todos os continentes; relógios, calculadoras e câmeras; pedras preciosas e minerais; 49 diferentes marcas de cereal; todos os estilos e tamanhos de roupas; o conteúdo de shopping centers inteiros. Seis bilhões de pessoas têm acesso a tudo que ali se encontra. No momento em que desejam ou precisam de alguma coisa, elas simplesmente enfiam a mão dentro do tubo e retiram aquilo que lhes serve. Logo adiante, um substituto para aquele produto é fabricado e inserido.
>
> Essa tubulação existe dentro de cada um de nós, provendo tudo não para 6 bilhões, mas para 100 trilhões de células do corpo humano. Um suprimento infindo de oxigênio, aminoácidos, nitrogênio, sódio, potássio, cálcio, magnésio, glicídios, lipídios, colesteróis e hormônios fluem por nossas

> células, levado por balsas de células sanguíneas ou suspensas no líquido. Cada célula tem permissão especial para retirar e reunir os recursos necessários para tocar um minúsculo motor que processará reações químicas complexas. Além disso, essa mesma tubulação leva embora os detritos, gases de exaustão e elementos químicos descartados.[1]

Incrível, não é mesmo? Esta corrente sanguínea está fluindo no seu corpo e exercendo a sua função vital cada momento de sua vida.

E o resto de nosso corpo? Enquanto você provavelmente está sentada lendo este livro, pense no que está acontecendo em apenas algumas partes de seu corpo. Por exemplo, seu olho: você sabe o mecanismo incrível que ler uma palavra requer? "Os cientistas nos dizem que a delicada engenharia da córnea e da lente do olho fazem a câmera mais avançada parecer brinquedo de criança em comparação."[2]

Seu rim está desmontando células sanguíneas, destilando perto de 30 produtos químicos, para depois montá-las de novo, limpas e precisamente equilibradas, a cada batida do coração. Se fosse preciso inventar um aparelho mecânico para substituir o órgão vital que é o nosso coração, seria necessária uma máquina com as seguintes especificações:

- Bomba para líquido com expectativa de vida de 75 anos (2,5 bilhões de ciclos).
- Nenhuma manutenção ou lubrificação necessárias.
- Desempenho: deve variar entre 0,025 cavalo-força, em períodos de repouso, e pequenas explosões de 1 cavalo-força, determinadas por fatores como tensão e exercício.
- Peso: não pode exceder 300 gramas.
- Capacidade: cerca de 8 mil litros por dia.
- Válvulas: cada uma deve operar de 4 mil a 5 mil vezes por hora.[3]

Embora a ciência e a habilidade humana tenham avançado dramaticamente na área da substituição dos órgãos humanos para transplantes, os aparelhos mecânicos ainda são o último recurso utilizado, pois ficam muito aquém das especificações necessárias para substituir devidamente as peças originais do nosso corpo.

Convivemos diariamente com a variedade e a beleza da criação, e nem sempre temos olhos para ver a riqueza que nos cerca. Enquanto escrevia o parágrafo anterior, fui à cozinha levar uma xícara para lavar e ali me deparei com uma peneira cheia de moranguinhos lavados, prontos para comer. O vermelho vibrante daquelas frutas, tão doces, tão ricas em substâncias nutritivas (para quem não gosta de espinafre, um punhado de morangos equivale a uma porção da substância verde) fez-me pensar na beleza e na variedade das frutas que temos à nossa disposição aqui neste nosso país, tanto as que são nativas quanto outras que importamos e que se aclimataram aqui. Goiaba, carambola, kiwi, uvas, melancia, melão, figo, nêspera, pêssego, a enorme variedade de laranjas, tangerinas – cada uma singularmente deliciosa e nutritiva. Devo ter pulado a sua favorita, mas, por favor, acrescente-a aqui.

> Ó Senhor, como são tantas e tão diferentes as tuas obras! Tu fizeste todas elas com grande sabedoria e encheste a terra com as tuas riquezas!
>
> Salmos 104:24

Quem contestaria esta afirmação eloqüente?

A LEI NO CORAÇÃO DOS HOMENS

Entretanto, se a natureza, em si, revela-nos aspectos tão espantosos que só podem ser explicados pela habilidade infinita de um Deus criador, há outra coisa inexplicável a não ser pela crença de que o mesmo Deus criou também todos os seres animados e inanimados. Todas as pessoas do mundo inteiro vivem por um código moral comum. Até você. Quer ver como isto funciona?

Imagine que está numa longa fila de banco, numa daquelas tardes bem quentes e abafadas. De repente, surge alguém que, sob o pretexto de conhecer a pessoa que está quase chegando ao caixa, passa à frente de todos os que já amargaram longos e preciosos minutos na fila. Os protestos não se fazem esperar, não é verdade? "Ei, fura-fila! Quem você pensa que é? Vá lá para trás, que é seu lugar. Tem gente que se aproveita de tudo! É a lei de Gérson (coitado do Gérson)." E daí por diante.

Todas essas pessoas que protestam – inclusive você – estão apelando para um código moral que todos reconhecem. Mesmo o fura-fila, que provavelmente procurará dar uma boa desculpa para o que está fazendo. É a lei que diz que devemos esperar a nossa vez, não procurar privilégios especiais.

Entretanto, se nessa mesma tarde abafada chegasse uma pessoa de muletas e fosse para o fim da fila, como é o certo se não houver um caixa designado para atender pessoas com problemas especiais, mas alguém que já estivesse quase no caixa se oferecesse para deixá-la passar à sua frente, o que as outras pessoas fariam? Protestariam ou manifestariam sua simpatia por aquele gesto solidário?

Este tipo de atitude não é fruto apenas da nossa civilização. É encontrado em todos os tipos de cultura, desde as mais primitivas até as mais avançadas. Nunca se ouviu falar em um tipo de povo em que a covardia fosse admirada, em que o egoísmo fosse incentivado ou que alguém pudesse dizer, com orgulho, que traiu as pessoas que mais bondade lhe mostraram. Como poderiam todos os seres humanos ter essa herança comum em seu interior, se ela não viesse de uma mesma fonte?

Mesmo aqueles que não conhecem a Lei de Deus "mostram que as exigências da Lei estão gravadas em seu coração. Disto dão testemunho também a sua consciência e os pensamentos deles, ora acusando-os, ora defendendo-os" (Rm 2:15, NVI).

Temos, assim, dois bons motivos para crer em um Deus Criador, que é independente de tudo o que existe, e que criou tanto o Universo quanto os seres humanos: a revelação da natureza e a da lei moral no coração de todos os seres humanos. Além disso, a lei que existe em meu coração e que vivo quebrando mostra que o Deus que a colocou ali é um Ser santo e puro, tudo o que eu não sou.

Partimos para a nossa jornada determinando exatamente o lugar em que estamos inseridos na realidade que nos cerca e como vivemos ali. Sabemos agora de onde estamos partindo, e não é um lugar muito confortável. Vivemos à mercê de leis que não criamos. Somos impotentes para determinar as coisas mais importantes da vida. E a conclusão de que deve existir um Deus Criador, santo e puro, embora inevitável, não é muito consoladora se não me mostrar que ele também se importa com aquilo que criou.

Surge, então, a pergunta: "Tudo bem, creio no Deus santo e puro que criou tudo que existe por aí. Mas como é este Deus? Como posso conhecê-lo? Será que ele se importa comigo? Posso confiar nele?"

Felizmente para nós, Deus não nos deixa na ignorância, pois diz: "Vocês me procurarão e me acharão quando me procurarem de todo o coração" (Jr 29:13, NVI). E onde vamos encontrar o que procuramos saber a respeito de Deus?

2

EM QUE DEUS VOCÊ CRÊ?

Certa vez, há muitos anos, um senhor pediu pousada na fazenda de meu tataravô. Depois do jantar, enquanto conversava com o chefe da casa, ele se pôs a falar sobre as histórias contidas num livro de capa preta. Meu bisavô, Carlos, então mocinho, ficou fascinado. O visitante se foi no dia seguinte, mas presenteou o dono da casa com o tal livro, que foi guardado cuidadosamente no criado-mudo ao lado da cama.

Carlos, ansioso por ler por si algumas daquelas histórias, terminou o mais depressa possível suas obrigações, e então foi pegar o livro no quarto do pai. Chegou tarde demais. Para grande decepção sua, encontrou apenas a capa preta, recheada de outras coisas para dar a impressão de que o livro ainda estava intacto. Sua madrasta, uma senhora católica muito fervorosa, havia achado melhor queimar aquele "livro de protestante".

Inconformado, meu bisavô procurou por longos anos outro exemplar do livro de capa preta. Nunca mais encontrou o senhor José Manoel da Conceição, que havia dado o livro a seu pai e plantado no coração do rapazinho o desejo ardente de saber mais a respeito do que ele continha.

O tempo passou. Carlos se casou, teve filhos e netos. Certo dia, outro visitante foi procurá-lo. Por *coincidência*, era também um pregador, só que, desta vez, filho de um velho amigo seu. Depois de bons dedos de prosa, Carlos insistiu para que o moço ficasse hospedado em sua casa alguns dias. Quando o rapaz concordou e foi levado ao quarto onde pousaria, abriu sobre a cama a maleta que trazia consigo. Ali, sobre as camisas brancas bem engomadas e bem dobradas, encontrava-se um livro de capa preta. Os olhos de Carlos se cravaram nas palavras douradas que diziam: "Bíblia Sagrada." O livro que procurara a vida toda estava agora praticamente em suas mãos.

Nos dias seguintes, Carlos inquiriu sofregamente Coriolano, um pastor evangelista, a respeito da Bíblia. Convencido de que era a revelação escrita de Deus, ele se dispôs a aprender, nos anos que lhe restavam, tudo o que ela ensinava e todas as informações possíveis a respeito de como foi escrita e distribuída. Sua sede pela Verdade foi saciada. Sua alma encontrou a paz que vinha buscando desde a juventude. Foi um erudito bíblico por puro amor à Verdade. Repartiu o que aprendeu com a família, com os amigos que se dispuseram a ouvir.

A BÍBLIA É A PALAVRA DE DEUS?

Já mencionei aqui o desafio que enfrentei quando, já em idade adulta, questionei as coisas que havia aprendido quando criança. Ao ler a Bíblia como um livro qualquer, ela teria de me convencer de que falava a verdade, ou não haveria motivo para eu crer no que estava lendo. Perdi feio – ou ganhei bonito, porque vi que minha fé em Deus não era apenas uma herança familiar, mas uma base sólida e comprovada da minha existência.

A Bíblia é a revelação completa de quem Deus é e de sua obra entre os seres humanos. Somente através de suas palavras podemos saber coisas específicas a respeito de Deus. Seu poder é revelado na criação, no mundo natural, mas quem ele é de fato, o que pensa a nosso respeito, que planos tem e o que espera de nós, só podemos descobrir lendo a sua Palavra.

A história desse conjunto de livros que forma as Escrituras é sobrenatural. Ele é simplesmente o livro mais vendido no mundo. Apesar das muitas tentativas de destruí-lo, ele tem perdurado através dos séculos, o que constitui uma comprovação de que é um livro extraordinário, sobrenatural.

Durante os primeiros séculos da era cristã, foram encetadas algumas campanhas acirradas para erradicar a Bíblia da face da Terra. No dia 23 de fevereiro de 303, foi promulgado um decreto, válido em todo o Império Romano, que ordenava a entrega de toda e qualquer parte das Escrituras que estivesse com qualquer pessoa, a fim de que fosse queimada. A pena para a desobediência era a morte. É óbvio que mesmo o édito imperial não conseguiu o que pretendia, ou a Bíblia não teria chegado até os dias de hoje.[4]

Em nosso próprio país, há muitas histórias como a de meu bisavô. Numa época de grande preconceito contra a leitura da Palavra de Deus, principalmente as Bíblias editadas pelas igrejas protestantes, muitas foram as cidades que, por ordem das autoridades religiosas locais, organizaram queima pública de grande quantidade de Bíblias. Mas algumas sobreviveram e continuaram sua obra de revelar Deus aos seus leitores.

Outro fator que torna a Bíblia tão extraordinária é a sua veracidade histórica. Suas narrativas e personagens, que já foram contestados muitas vezes, têm sido cada vez mais comprovados à medida que novas descobertas arqueológicas vão sendo feitas. Os textos originais são os mais copiados e confiáveis de toda a literatura mundial.

A coerência de toda a mensagem bíblica é outro fato impressionante, se considerarmos que ela foi escrita ao longo de 1.500 anos por mais de 40 autores diferentes – entre eles, homens letrados, príncipes, vaqueiros, agricultores. Os autores escreveram em países diferentes sobre centenas de assuntos diferentes. Apesar de todas essas diferenças, a Bíblia apresenta uma unidade que só seria possível se um único Autor fosse responsável pelo que está nela registrado.

A MENSAGEM DA BÍBLIA

Ela começa com Deus. Suas primeiras palavras são: "No princípio, Deus criou os céus e a terra" (Gn 1:1, NVI). Daí por diante, ela narra a criação do mundo e das pessoas. Mas narra também que os seres humanos, criados para viver em comunhão perfeita com seu Criador, preferiram dar-lhe as costas e fazer as coisas por conta própria. O que veio depois deste ato de rebeldia foi a conseqüência de nos voltarmos contra a realidade concreta da nossa criação. Viver por conta própria deu no que deu, no que vemos hoje ao nosso redor.

Mas o Deus que nos criou não nos abandonou aos nossos próprios recursos, como teria sido justo. Chamou para si um povo no qual trabalharia de todas as formas para mostrar ao mundo a realidade sobrenatural que ele havia planejado para os seres humanos desde o princípio. Os primeiros dezessete livros da Bíblia narram a história deste povo e da maneira como Deus agiu para que seu propósito fosse cumprido. Houve bons e maus momentos, momentos de eventos sobrenaturais e de desobediência natural, de contrição, de arrependimento, mas também de castigo, quando nenhuma das advertências feitas por Deus através de seus porta-vozes, os profetas, surtiu efeito.

Esta é a história da primeira parte, a mais longa, que contém os primeiros 39 livros, e que é chamada Antigo Testamento. A parte histórica termina no livro de Neemias, quando o povo escolhido, que passara anos banido de seu próprio país, em cativeiro, retornou do exílio e encetou a tarefa de reconstruir suas cidades e sua civilização.

Os outros livros desta primeira parte são chamados "poéticos" e "proféticos", e representam a mensagem de ensino e advertência de Deus para aqueles que ele havia chamado. Eles se encaixam no período dos diversos livros históricos, assim como a obra de autores brasileiros, como José de Alencar, encaixa-se num determinado período da nossa história: o reinado de D. Pedro II. Por exemplo, o livro do profeta Isaías foi escrito num período que abrangeu quatro reis: Uzias, Jotão, Acaz e Ezequias, cujos reinados encontram-se registrados nos livros históricos de 2 Crônicas e 2 Reis. Ali aparecem referências a Isaías, mas seu livro, em si, aparece encabeçando a lista dos livros proféticos, depois dos livros poéticos, na composição do Antigo Testamento.

Os 27 últimos livros compõem a parte chamada Novo Testamento. Eles contam a história de um novo povo de Deus, agora sem limites geográficos, ao qual podem pertencer todos os que aceitarem a oferta de retornar a ele por intermédio de seu Filho, que viveu entre nós como homem e como Deus. Ele, Jesus Cristo, é a revelação plena do propósito de Deus para nós, de quanto ele nos ama. Sua vinda ao mundo, na forma de um bebezinho humano, marca o início do Novo Testamento.

Esta, em resumo, é a mensagem que a Bíblia transmite: a história extraordinária do amor de Deus por cada um de nós. Por isso é que ela tem o impressionante poder de transformar as vidas das pessoas que a lêem, muitas das quais jamais tiveram acesso a qualquer explicação de seu texto. É palavra "viva, e eficaz, e mais cortante do que qualquer espada de dois gumes, e penetra até ao ponto de dividir alma e espírito, juntas e medulas, e é apta para discernir os pensamentos e propósitos do coração" (Hb 4:12).

O PODER DA BÍBLIA

Numa cidade sul-americana, há alguns anos, um grupo de jovens, parado numa esquina movimentada, oferecia folhetos sobre a Bíblia aos transeuntes. Um homem, que voltava para casa depois de um dia cansativo de trabalho, passou perto dos jovens e eles lhe enfiaram na mão um dos folhetos. Assim que percebeu o que era, o homem, furioso, picou-o em pedacinhos, que atirou ao vento. Não queria saber de nada relacionado com Deus, com qualquer religião. Sua vida era bastante sofrida e não precisava encher a cabeça com as "caraminholas religiosas" daquela gente.

Quando chegou em casa, aquele senhor tirou o paletó e notou que um pedacinho de papel havia ficado grudado nele. Irritado, pegou o papel para jogar no lixo. Antes, porém, seus olhos foram atraídos pelas quatro palavras impressas ali: "E disse o Senhor..." O homem leu a frase e atirou longe o papel com uma imprecação.

Aquelas palavras, entretanto, não lhe saíam da cabeça, e ficaram ecoando enquanto ele seguia sua rotina: "E disse o Senhor..." A curiosidade aguçada, ele nem conseguiu dormir direito à noite.

Acordou diversas vezes, e logo lhe vinha a vontade de saber o que o Senhor dissera.

Durante o dia seguinte, não importava o que estivesse fazendo, a frase "E disse o Senhor..." não lhe saía da cabeça. Quando deixou o trabalho, o homem refez o percurso da véspera. Ao deparar-se com o grupo na mesma esquina, correu ao seu encontro, perguntando, aflito: "Por favor, por favor, contem-me o que foi que o Senhor disse." Depois que ele descreveu o que havia acontecido, um dos jovens explicou o que ele queria saber. Hoje aquele homem é um pastor e pregador dedicado da mesma Palavra que antes rejeitava violentamente.[5]

Num sítio do interior de São Paulo, chegou certa vez um visitante, pedindo pousada. Foi bem recebido e participou da refeição noturna com a família. Durante o serão, os donos da casa pediram licença ao visitante para continuar a leitura seqüente da Bíblia que faziam juntos todas as noites. Aquele dia, a passagem que deveria ser lida era uma longa genealogia, cheia de nomes estranhos, considerada por muitos como apenas dados enfadonhos. O dono da casa pensou em pular esta parte e ler algo que pudesse interessar mais a alguém que nunca tivesse ouvido uma mensagem bíblica antes. Entretanto, ao orar, sentiu-se tocado a não mudar nada.

A leitura foi feita. O visitante ouviu educadamente e, em seguida, foi deitar. O dono da casa sentiu-se decepcionado, certo de que deixara passar uma boa oportunidade de tocar o coração daquele homem com alguma passagem que falasse mais diretamente sobre Deus.

Alguns meses depois, o mesmo senhor voltou ao sítio para mais uma pousada. Quando se sentaram para a leitura da Bíblia, após o jantar, ele falou que agora também era crente em Jesus. O dono da casa, muito feliz, perguntou-lhe como aquilo havia acontecido.

— Pois foi aquela história que o senhor leu naquela noite em que estive aqui.

O hospedeiro arregalou os olhos.

— Mas foi uma passagem que falou apenas de genealogia.

— Por isso mesmo. Fiquei pensando em todas aquelas pessoas que viveram por certo tempo, tiveram filhos, mas depois morreram. Todas morreram. Isto me fez perceber que é o fim de todos nós. E depois que a gente morre, o que acontece? É o fim?

Ele se calou uns instantes, a testa enrugada, os olhos perdidos na luz do lampião. Depois falou:

— Foi por isso que passei aqui de novo. Queria agradecer as palavras que o senhor leu aquela noite. Fiquei tão incomodado com aquelas histórias que, quando cheguei à minha terra, fui procurar alguém que me pudesse dizer o que eu queria saber. E encontrei a vida eterna.

Histórias como esta acompanham toda a trajetória percorrida pela Bíblia ao ser distribuída entre aqueles que ainda não a conhecem e, portanto, não podem ter idéia do que encontrarão em suas páginas. Quantos testemunhos vivos e impressionantes temos de sua ação dentro das nossas prisões, transformando vidas antes consideradas irrecuperáveis! E o que dizer de pessoas presas em seus próprios vícios, em hábitos destrutivos aos relacionamentos, e que foram libertas pela mensagem bíblica?

Mas tudo isso vale menos do que o que cada um de nós pode comprovar em sua própria vida. Experimente fazer a mesma coisa à qual fui desafiada há muitos anos e comprove por si a ação dessas palavras sobre sua mente e seu coração. Se elas não forem tudo o que reivindicam ser, nenhum outro argumento poderá convencer você. E a mensagem bíblica reivindica ser a Palavra de Deus para os seres humanos.

> Estes, pois, são os mandamentos, os estatutos e os juízos que mandou o Senhor, teu Deus, se te ensinassem, para que os cumprisses na terra a que passas para a possuir; para que temas ao Senhor, teu Deus, e guardes todos os seus estatutos e mandamentos...
>
> Deuteronômio 6:1,2

É Moisés afirmando, enfaticamente, que está transmitindo ao povo de Israel as palavras exatas de Deus. Além disso, elas foram dadas e escritas para servir de testemunho a todos os que viessem a lê-las posteriormente – até nós, hoje –, porque são eternas.

> Para sempre, ó SENHOR, está firmada a tua palavra no céu. A tua fidelidade estende-se de geração em geração.
>
> Salmos 119:89,90

Por serem eternas, elas jamais ficarão obsoletas.

> Passará o céu e a terra, porém as minhas palavras não passarão.
>
> Mateus 24:35

Assim, o que você ler hoje, mesmo tendo sido escrito há tanto tempo, comunica exatamente as palavras que Deus usou para revelar quem é. Mas esta revelação clara de Deus não diminuía a distância que o separava de suas criaturas. Antes, parecia torná-la mais intransponível ainda. Como poderíamos voltar a ter com ele aquela comunhão inicial que teve o primeiro par humano, de conversar face a face, de desfrutar sua presença, a segurança do seu amor, o significado de um propósito maior para nossas vidas? Queremos Deus, sabemos que precisamos dele, mas quanto mais conhecemos de Deus, mais sabemos que não poderemos jamais chegar até ele por conta própria.

Deus também sabia disto e proveu o caminho que nos levaria de volta, vindo até nós em pessoa. Deixe-me apresentar-lhe Jesus Cristo, Deus em pessoa.

3

DEUS, EM PESSOA

Criança é bicho xereta. E eu não fui exceção. No casarão da fazenda onde morávamos, havia quartos pouco usados, que continham armários enormes. Por serem mantidos sempre bem fechados, eles exerciam sobre mim enorme fascínio. Não escondiam nenhum segredo escabroso, mas todo tipo de objetos estranhos, remanescentes das diversas mudanças da família e de outras pessoas que haviam morado conosco e deixado parte de seus pertences para trás.

Sempre que tinha a oportunidade, quando ninguém estava vigiando, eu me escondia num daqueles quartos e ia examinar o que me atraísse a atenção naquele dia. Foi assim que acabei dando com uma pilha de folhetos de que meu avô não quisera se desfazer. Eram uns impressos feitos em papel pardo, do mais barato possível. Os escritos, em berrantes letras pretas e vermelhas, bradavam condenação para os descrentes, e as penas do inferno para os desobedientes a Deus. As ilustrações vívidas mostravam os perdidos fervendo em caldeirões de óleo no inferno.

Hoje desconfio que vovô não quis usar os tais folhetos e resolveu escondê-los ali para desfazer-se deles depois, e se esqueceu. Eram horrorosos. E ficaram gravados na minha cabeça de tal forma que até hoje me lembro deles. Naquela época, entretanto, eles me encheram de temor. Como não tinha permissão para mexer no armário, não podia contar a meus pais o que havia encontrado e perguntar a respeito do inferno. Aliás, a consciência de minha desobediência me convenceu ainda mais de que aqueles caldeirões eram, com certeza, o meu destino. E merecido.

CONSCIÊNCIA DO PECADO

Meus pais foram amorosos, mas firmes ao educar tantos filhos. Foi em casa que aprendemos a obedecer, a repartir nossas coisas, a ajudar os menos favorecidos. Mas também me lembro de que não gostava de fazer nenhuma dessas coisas. A obediência parecia, muitas vezes, interferir nas coisas que eu mais gostava de fazer. E meus irmãos concordavam. Por isso, muitas vezes as nossas teimosias resultavam em castigo coletivo, bem merecido. Mas, na maior parte do tempo, a obediência não era tão penosa, e praticá-la nos livrava de muitas enrascadas.

Lembro-me de que, certo dia, estava chovendo muito e a criançada procurava divertir-se dentro de casa. Começou uma correria de pega-pega entre os vastos cômodos. Mamãe, vendo o perigo das quinas das portas pelas quais passávamos zunindo, ordenou que parássemos na mesma hora. Ainda no embalo da brincadeira, meu irmão mais velho tropeçou na barra da calça que usava e deu com a testa na quina de madeira, abrindo uma brecha de uns três centímetros perto do couro cabeludo. Quando vimos o sangue escorrendo por seu rosto, paramos todos, assustados, arrependidos de não termos obedecido à mamãe imediatamente.

Mas o susto passou, a testa de meu irmão sarou. O arrependimento não durou muito tempo. As próximas ordens provavelmente também foram contestadas e, muitas vezes, desobedecidas. Foi um lento aprendizado.

Quanto a compartilhar coisas, não tínhamos a menor dificuldade, contanto que fossem os outros que tivessem que repartir conosco. Quando a bola estava no nosso campo, a conversa era outra, e tínhamos todo tipo de desculpa para não abrir mão do que era nosso.

Houve um Natal que marcou muito a minha lembrança. Meu avô havia fundado uma pequena congregação na própria fazenda, e naquele ano ele estaria presente para ministrar as celebrações. Não sei bem como, ele e meu pai conseguiram a doação de doces e balas para serem distribuídos entre todos os presentes. Para nós, crianças que cresciam meio isoladas das facilidades da cidade, doce era a goiabada que mamãe fazia no tempo de frutas. E só. Ver aquela mesa enorme cheia de embrulhinhos brilhantes de todos os formatos, contendo a promessa dos mais diversos sabores, foi uma festa para os olhos e uma antecipação de felicidade inédita para nós.

Mamãe explicou que as balas seriam repartidas entre todos os que comparecessem ao culto de Natal, e que nós também iríamos receber a nossa parte. Desapontados, ficamos ali enquanto os adultos trabalhavam, vendo aquelas delícias irem sumindo dentro de saquinhos de papel, o mesmo número em cada um deles. Eu sabia que era certo dar aqueles doces a outras pessoas que também iriam fazer festa com eles, mas querer, não queria. Desejava guardar todos para mim.

Não precisei que ninguém me dissesse que eu não era boa. Cada ensinamento de meus pais me mostrava isto. Eu não queria lhes obedecer, mentia quando podia para escapar das conseqüências dos erros que praticava, queria tudo o que era bom para mim e não gostava de repartir as minhas coisas, mas queria as coisas boas dos outros para mim. Por isso, quando vi aquela ilustração do inferno, achei estar vendo o retrato do meu futuro. E tive medo porque me sabia culpada.

Esta é a história de todos nós, variando apenas as circunstâncias. A Lei de Deus, que foi colocada no coração de cada um de nós, mostra a nossa culpa diante dele. E como Adão e Eva, os primeiros seres humanos, temos consciência de que lhe desobedecemos e ficamos com medo.

É por isso que a maioria das pessoas procura algum tipo de religião, alguma forma de agradar a Deus e escapar ao castigo justo que suas ações requerem. Mas é impossível chegar até Deus desta forma, pois o castigo para a nossa maldade é a morte. E se morrêssemos por causa desta maldade, de nada adiantaria, porque seria apenas justo.

Foi o que Deus disse a Adão e Eva, os primeiros seres humanos: "Se vocês me desobedecerem, morrerão." Eles desobedeceram e morreram – não fisicamente, a princípio, mas espiritualmente, porque ficaram separados de Deus no momento em que comeram o fruto proibido. E eventualmente morreram também fisicamente aqueles que haviam sido feitos para viver eternamente. "O salário do pecado é a morte" (Rm 6:23).

Mas, então, se não podemos voltar a Deus por nós mesmos, está tudo perdido?

UM PLANO DE SALVAÇÃO

Eu queria agradar a Deus até mais do que queria me livrar do inferno. Algo dentro de mim ansiava pela santidade, pela bondade, pela pureza do Deus em quem me ensinaram a crer. E Deus proveu um meio para me levar até ele.

> Porque Deus amou ao mundo de tal maneira que deu o seu Filho unigênito, para que todo o que nele crê não pereça, mas tenha a vida eterna. Porquanto Deus enviou o seu Filho ao mundo, não para que julgasse o mundo, mas para que o mundo fosse salvo por ele.
>
> João 3:16,17

Naquele Natal, quando tinha apenas seis anos de idade, aprendi a respeito de Jesus, o presente de Deus para nós. Não era a primeira vez que eu ouvia a história de sua vinda ao mundo, mas foi a primeira vez que ela me tocou pessoalmente. Àquela altura, eu sabia com certeza que precisava de um Salvador. Sabia que, por mim mesma, nunca poderia agradar a Deus, apesar de seu amor por mim. Agarrei seu presente com as duas mãos, aceitando Jesus como meu Salvador e Senhor. E ganhei a vida eterna. Não precisaria mais temer o julgamento e o inferno. Estava livre!

O próprio Jesus me garante isto: "Em verdade, em verdade vos digo: quem ouve a minha palavra e crê naquele que me enviou tem a vida eterna, não entra em juízo, mas passou da morte para a vida" (Jo 5:24). Jesus é Deus em pessoa, vindo até nós, refazendo a ligação entre nós e Deus. Nasceu como um ser humano frágil e dependente, embora fosse também Deus. Cresceu numa família comum, aprendendo a obedecer a seus pais terrenos e obedecendo sempre a seu Pai celestial. Por isso, ele entende as nossas fraquezas, as nossas dificuldades, pois passou pessoalmente por todas elas, embora sem pecar, sem jamais ter quebrado qualquer um dos mandamentos da sua Lei santa e perfeita.

Ele veio ao mundo para morrer em nosso lugar. Sabemos que merecemos a morte, mas que a nossa morte não adiantaria coisa alguma – nem para nós, nem para ninguém, pois seria justa. Então Deus enviou seu Filho, cuja morte injusta (pois ele nunca fez mal algum) foi a forma de nos livrar do merecido castigo. Porque Jesus morreu por nós, podemos voltar para Deus sem afrontá-lo com o nosso pecado. Ele nos vê através do sangue inocente de seu Filho e nos considera justos.

Jesus foi a revelação e a prova final de seu amor por nós. A palavra mais expressiva e clara de Deus veio na hora apropriada da história humana para dar a cada um de nós a possibilidade de se tornar filho ou filha de Deus (Gl 4:4). A lei que existe no coração de todos os seres humanos e que revela a existência de um padrão que nenhum de nós consegue alcançar foi cumprida integralmente por Jesus Cristo, Filho de Deus, em si mesmo Deus e homem. Vivendo em forma humana, ele demonstrou da maneira mais perfeita possível quem Deus é.

Jesus disse: "Quem me vê a mim vê o Pai" (Jo 14:9). Estava completa a revelação de Deus. Ele, na pessoa de seu próprio Filho, esteve entre nós, viveu como nós e nos falou de seu amor de Pai por cada um de nós. Todo aquele que crê no Deus Filho torna-se também filho amado de Deus, adotado como parte de sua família. Mais simples do que isto, impossível.

> E o Verbo se fez carne e habitou entre nós (...) O Verbo estava no mundo, o mundo foi feito por intermédio dele, mas o mundo não o conheceu. Veio para o que era seu, e os seus não o receberam. Mas, a todos quantos o receberam, deu-lhes o poder de serem feitos filhos de Deus, a saber, aos que crêem no seu nome;

> os quais não nasceram do sangue, nem da vontade da carne, nem da vontade do homem, mas de Deus.
>
> João 1:14 e 10-13

É aqui que começa a jornada sobrenatural. Como filhos do Senhor do Universo, vivemos sob seus cuidados, sob sua orientação, contamos com a sua proteção, sua provisão para nós:

> Fui moço e já, agora, sou velho, porém jamais vi o justo desamparado, nem a sua descendência a mendigar o pão.
>
> Salmos 37:25

> Perto está o Senhor de todos os que o invocam, de todos os que o invocam em verdade. Ele acode à vontade dos que o temem; atende-lhes o clamor e os salva.
>
> Salmos 145:18,19

Gosto de um adesivo que tenho visto em alguns caminhões pelos quais passei na estrada: "Não sou dono do mundo, mas sou filho do Dono." O que pode ser melhor do que isto? Filhas do dono de todas as coisas. Filhas de um Pai amoroso, que deu a vida de seu Filho único para nos levar de volta para si.

Nosso anseio encontrou um lar, um abrigo. Podemos nos achegar a um Deus real, Criador, poderoso, Pai de amor. A segurança deste amor que nada fizemos para merecer – e, portanto, nada que possamos fazer nos fará perder – sacia os nossos anseios mais profundos e dolorosos. E temos paz, mesmo no meio das mais difíceis circunstâncias.

DEUS FALA HOJE

Sabemos agora de onde saímos – do mundo natural e estragado que nos cerca – e aonde queremos chegar – o mundo sobrenatural do Reino de Deus, o mundo por que sempre anelamos. E só existe um único caminho para chegar lá. "Eu sou o caminho, e a verdade, e a vida; ninguém vem ao Pai senão por mim", disse Jesus em João 14:6.

Se você já aceitou a Jesus como seu Salvador e Senhor, é uma filha de Deus. Se não aceitou, pode fazê-lo agora mesmo. É uma decisão que Deus nos deixou livres para tomar. E ela faz toda a diferença do mundo, do mundo em que viveremos o resto de nossas vidas – o mundo natural ou o sobrenatural.

Jesus veio para dar a vida que perdemos quando desobedecemos a Deus, para nos levar de volta à comunhão com Deus, à segurança de nos sabermos amadas por ele, à importância de sabermos que nossas vidas não são obra do acaso, que elas têm um propósito muito especial. Mas ele não apenas deu o exemplo de como devemos viver. Dá-nos a sua própria vida, pois passa a viver em nosso coração na pessoa do seu Espírito Santo.

> E eu rogarei ao Pai, e ele vos dará outro Consolador, a fim de que esteja para sempre convosco, o Espírito da verdade (...) vós o conheceis, porque ele habita convosco e estará em vós.
>
> João 14:16,17
>
> O Consolador, o Espírito Santo, a quem o Pai enviará em meu nome, esse vos ensinará todas as coisas e vos fará lembrar de tudo o que vos tenho dito.
>
> João 14:26

É assim que Deus continua falando conosco hoje, dizendo como deseja que vivamos, o que é melhor para nós. O Espírito Santo, que é o selo da mudança que ocorreu em nós quando fomos reconciliadas com Deus em Cristo Jesus, passa a ser o nosso professor particular, Deus em residência dentro de nós. Nosso espírito, separado de Deus pela herança da desobediência de todos os seres humanos, está agora vivo pelo poder do Espírito de Deus em nós. Ele abre os nossos olhos para enxergarmos essa nova realidade sobrenatural dentro da qual passamos a viver, esclarece as nossas mentes quando lemos a Palavra de Deus, nos repreende quando erramos, nos corrige quando teimamos e passa a ser o nosso Orientador em todas as decisões, grandes ou corriqueiras, que tivermos de tomar. Quando não sabemos como orar, ele intercede por nós com gemidos inexprimíveis (Rm 8:26).

Além de tudo isso, ele nos capacita a viver de maneira diferente, daquela maneira que sabemos que devemos viver, mas, por nós mesmas, não conseguimos. Aos poucos, começam a mudar o nosso caráter, as nossas reações, os nossos sentimentos, enfim, a pessoa que éramos antes de aceitar Jesus, e passamos a agir de acordo com a pessoa que agora somos: alguém que caminha na terra, mas que tem os olhos voltados para o céu, pois embarcou na jornada sobrenatural.

E assim como se revelou a nós de diversas maneiras, Deus nos revela também coisas a nosso respeito que não poderíamos saber de outra forma. Sua Palavra, eterna, abrangente, profunda, que revela as áreas mais ocultas do nosso ser, é o espelho perfeito no qual podemos descobrir nossa verdadeira identidade.

Agora que já nos situamos na realidade em que vivemos, e descobrimos como somos dependentes e limitadas – mas descobrimos também que existimos pela vontade de um Deus Criador todo-poderoso que literalmente morreu de amores por suas criaturas –, podemos começar a pensar na questão de quem realmente somos e por que somos como somos.

PARTE II

E EU, QUEM SOU?

4

QUEM VEJO QUANDO OLHO NO ESPELHO

Quando nasci, fui a segunda da família. Um irmão havia chegado antes de mim. Por quase dois anos, tive toda a atenção que uma criança poderia desejar. Pais amorosos, tios *corujas*, avós encantados com a primeira neta. Fui a rainha da família. No entanto, meu reinado durou pouco. Antes de eu completar dois anos de idade, chegou minha irmã, a terceira da família. Uma bonequinha. Dormia bem, mamava bem, não dava um pingo de trabalho. Todos comentavam que doçura de criança ela era. E eu? Fiquei um poço de ciúmes. Manhosa, exigente, dei trabalho por nós duas.

Não me lembro pessoalmente dessas coisas, mas tantas vezes ouvi a história que não tenho dúvidas sobre o que aconteceu. Minhas primeiras lembranças já são de uma interação mais normal com os outros membros da família, inclusive com minha irmã e as outras que vieram depois dela.

Para consolo meu, não fui uma exceção. O problema de ciumeira entre irmãos começou com Caim e Abel, os primeiros filhos de Adão e Eva. Você encontra esta história no capítulo 4 do Livro de Gênesis. Quando nasceu Caim, o mais velho, Eva reconheceu a mão de Deus no processo: "Com o auxílio do SENHOR tive um filho homem" (NVI). Isto mostra como sua vinda foi apreciada pelos pais. Depois veio Abel, que não pode ter sido menos querido e apreciado do que o primeiro filho.

Os dois rapazes cresceram e escolheram profissões diferentes. Entretanto, ciúmes do irmão levaram Caim a matar Abel, cuja oferta ao Senhor havia agradado mais do que a sua. Sentindo-se preterido e, portanto, desvalorizado, ele reagiu com violência, eliminando a concorrência.

Como ele, todos os seres humanos vêm ao mundo com uma necessidade irreprimível de se sentir amados e valorizados. O amor é a condição mais básica para a nossa sobrevivência como pessoas. Estudos comprovam: as crianças que não recebem provas físicas de amor, como o toque, o carinho e as conversinhas ao ouvido, definham e, muitas vezes, morrem, mesmo que recebam toda a alimentação e os outros cuidados necessários à saúde.

Não faz muito tempo, um grande hospital da Filadélfia, uma das mais importantes cidades dos Estados Unidos, lançou pela mídia um apelo por voluntários que passassem pelo menos alguns minutos por dia dedicando-se às criancinhas recém-nascidas, filhas de mães drogadas, que haviam sido abandonadas em sua maternidade. O número de bebês naquelas condições excedia ao que as enfermeiras podiam dar conta, e por isso essas crianças, já nascidas com sintomas do vício de suas mães, enfrentavam ainda a falta de ter alguém que pudesse dedicar-lhes alguns momentos de atenção especial, sem a qual estavam indo de mal a pior. Lembro-me de ter visto na televisão a repórter de um programa de notícias, linda, sofisticada, bem vestida, usando um avental branco, embalando em seus braços um bebezinho raquítico, que nem forças para chorar parecia ter.

As instruções aos voluntários eram bem claras: carregue este bebê apertadinho contra o corpo, agrade, acaricie, embale, cante, sussurre qualquer coisa. Ele precisa sentir na pele que alguém se interessa por ele, que lhe está dedicando alguma atenção. O programa acompanhou aquele esforço por alguns dias, e foi impressionante ver a diferença nas vidas daquelas crianças. Mamavam melhor, ficavam mais calmas, mais espertinhas, abriam os olhos para olhar as pessoas que as seguravam. Foi um vislumbre de esperança para aquelas vidas que enfrentavam, desde os seus primeiros momentos, enorme barreira de rejeição e descuido.

Aqui no Brasil foi noticiado recentemente o programa bebê-canguru, no qual criancinhas nascidas prematuramente, em vez de permanecerem nas incubadoras, são atadas o dia todo ao corpo da mãe ou de alguma outra pessoa até atingirem um peso de mais de dois quilos. A taxa de mortalidade caiu tanto que o programa, que foi inventado como alternativa à falta de incubadoras nos hospitais públicos, está sendo agora incentivado como a melhor resposta à mortalidade dos prematuros. O contato pele a pele com outro corpo humano, os agrados, a certeza de que alguém está ali por eles incentiva esses bebês a procurar sobreviver.

SEDE DE AMOR

Dá para entender com certa facilidade o que aconteceu com aqueles bebês. Outras experiências, feitas com crianças órfãs, abandonadas, mostraram resultado parecido. Mesmo sendo cuidadas nas melhores instituições, as que não receberam amor e atenção junto com os cuidados essenciais de alimentação e higiene têm uma taxa menor de sobrevivência. E as que sobrevivem ficam prejudicadas no seu desenvolvimento emocional. Não morrem fisicamente, mas adoecem emocionalmente.

Mas o que aconteceu comigo, que fui amada, festejada, muito bem cuidada desde antes de nascer? Por que reagi com tantos ciúmes quando o amor e os cuidados que me eram dedicados foram repartidos com minha irmã?

A enorme sede de amor com que todos nascemos e que me fez querer a atenção de minha família só para mim veio do fato de eu ter sido criada para viver repleta do amor de Deus. Quando nos criou, Deus disse que estaria fazendo pessoas à sua imagem, que refletissem a sua semelhança (Gn 1:26-31). Em outras palavras, quem olhasse para um ser humano, veria um reflexo do Deus todo-poderoso. As outras obras de Deus declaram a sua glória, como já vimos, mas somente o ser humano tem a honra de refletir a sua imagem.

Somos pessoas, como Deus é uma pessoa. "Deus é amor" (1 Jo 4:8). Ele é a personificação do amor, e o verdadeiro amor quer se dar ao objeto dos seus afetos. "Porque Deus *amou ao mundo de tal maneira que deu* o seu Filho unigênito, para que todo o que nele crê não pereça, mas tenha a vida eterna" (Jo 3:16, grifo da autora). O ser que ama quer se dar pelo ser amado. Assim, Deus criou pessoas a quem pudesse encher do seu amor.

Foi por amor que ele nos fez. Com amor, ele criou o ambiente perfeito onde os seres humanos iriam morar. Com amor, ele formou o homem e depois determinou: "Não é bom que o homem esteja só; farei para ele alguém que o auxilie e lhe corresponda" (Gn 2:18, NVI). Com amor, ele fez então a mulher e a levou ao homem, satisfazendo, assim, a carência de ambos por outro ser da mesma essência. A solidão do homem por outro ser de sua espécie, que Deus decretara não ser boa, era agora coisa do passado.

Tanto prazer tinha Deus na companhia de suas criaturas que passeava pelo jardim do Éden, conversando com elas. O Deus que é a definição do amor derramava-se em seus corações, enchendo-os até seu amor transbordar de um para o outro e de volta para Deus. Era um fluir permanente, pleno, totalmente nutridor. Não sobrava lugar para nenhum anseio. Saciedade, contentamento, gozo eram o modo de vida no paraíso. Todas as necessidades estavam perfeitamente satisfeitas – ambiente físico ricamente adequado, companheirismo, amor humano e amor divino, senso de propósito. Deus determinara a existência de suas criaturas e tinha para elas um plano bom e eterno.

Você já parou para pensar por que duas pessoas que tinham coisas tão maravilhosamente boas foram tentadas a jogar tudo pelos ares? Eu já. A princípio, não conseguia entender, pois, para mim, tentação é desejar alguma coisa que não tenho. Se já tenho tudo, como posso querer algo mais? Por exemplo, quando estou saciada, não sinto a menor tentação de comer, nem aquele doce apetitoso de que tanto gosto. É preciso sentir o estômago vazio pela falta de alimento para o doce voltar a me apetecer. Então, por que Adão e Eva, saciados com tudo do bom e do melhor, acabaram caindo no logro do diabo e sentindo que havia algo que lhes faltava e que era desejável? O que poderia tentá-los a dar as costas a Deus?

Só havia uma coisa que eles não tinham: a autonomia de determinar seus próprios caminhos. Como criaturas, este direito nunca poderia pertencer a eles. Não foram eles que determinaram as coisas mais básicas a seu próprio respeito. Foi idéia de Deus criá-los e fazê-los diferentes um do outro, da maneira como achou melhor. Eles tinham tudo para viver plenamente saciados e realizados, contanto que vivessem de acordo com as diretrizes do Criador. Aquele que os fez determinou como eles deveriam viver, não por autoritarismo, embora tivesse todo o direito de ditar as regras, mas por amor, por saber o que era melhor para aqueles que fizera com tanto cuidado e atenção. Dentro de tudo o que eles podiam fazer, tinham plena liberdade para agir. Não viveriam por regras, mas pela própria inteligência e pela capacidade com que o Criador os dotara.

Entretanto, eles se deixaram levar pelo diabo, acreditando que poderiam reivindicar o direito de criadores, de determinar o que era melhor para si, de resolver sua vida por conta própria. Crendo nisso, eles deram as costas a Deus (Gn 3:4).

Assim que passaram da idéia à concretização da desobediência, eles se viram separados da comunhão harmoniosa com Deus. Seus corações, feitos para viver regados pelo amor que Deus neles derramava constantemente, esvaziaram e ressecaram. Não que Deus deixasse de amá-los, mas agora eram eles que fugiam e se escondiam, envergonhados e temerosos. A ligação fora quebrada. Quiseram autonomia, mas ela veio a um preço que não podiam pagar.

UM BURACO NEGRO

Você já ouviu falar em buraco negro? É um fenômeno celeste. Uma estrela, nascida para brilhar e projetar luz pelo universo, quando queima todo o seu combustível, passa a se contrair sobre si. Ao fazer isto, ela concentra uma força gravitacional tão poderosa em sua massa que nem a luz pode escapar. É como se ela se transformasse num ralo, atraindo e absorvendo em si tudo que passa por perto. O que cair no buraco negro torna-se parte dele, absorvido em sua massa. Simplesmente desaparece ali dentro sem deixar rastro.

Quando, por motivo da desobediência, os primeiros seres humanos se viram separados da fonte radiante do amor de Deus, seus corações transformaram-e em grandes buracos negros. Feitos para viver alimentados continuamente por esse combustível, eles agora se voltaram para si, absorvidos pela força gravitacional de suas necessidades básicas de amor e valorização.

Esta enorme necessidade que todos temos é inerente à nossa condição de pessoas. Precisamos saber que alguém nos ama incondicionalmente, da maneira como somos, não importa o que possamos fazer, e precisamos saber que nossa vida tem significado, que o que fazemos tem um impacto na realidade em que vivemos. Em outras palavras, se deixássemos de existir, faríamos falta. A nossa vida conta. Feitos à imagem do Deus, que é amor e tem um propósito bom em tudo que faz, sentimos esta semelhança no fato de ansiarmos por amor e propósito. Sem eles, nossa vida perde o sentido.

O que originalmente eram anseios legítimos da nossa pessoalidade passaram a ser uma exigência egoísta de satisfação. O grande buraco negro do egoísmo humano nada mais é do que uma necessidade legítima de busca da satisfação de forma ilegítima, e em coisas que jamais saciarão plenamente. Tudo que usamos para satisfazer esses anseios apenas amenizam sua intensidade, mas nunca podem satisfazê-los plenamente.

Para sobreviver sem sentir tanto esse vácuo que ficou em nosso coração ao já nascermos separados do amor de Deus, aprendemos a alimentá-lo com coisas materiais, com realizações, com o amor e a valorização de outras pessoas. Assim, conseguimos aliviar um pouco os sintomas, embora sem alterar aquilo que os causou.

É por este motivo que temos a predisposição de considerar rejeição ou desvalorização as falhas das pessoas que nos cercam em satisfazer imediata e plenamente todos os nossos desejos, seja por coisas materiais, como ambiente acolhedor, alimento e conforto físico, seja por amor, carinho e atenção. Como Caim. Como eu. Como aqueles bebês preciosos de quem os pais não puderam ou quiseram cuidar.

Larry Crabb, conhecido psicólogo cristão, explica que nossos anseios aparecem em três níveis. Os mais superficiais, ele os chama "anseios casuais". São os nossos anseios por coisas que vão das triviais ("Espero que meu restaurante favorito esteja aberto") a significativas ("Tomara que o resultado do exame médico seja bom"). Este tipo de anseio, embora possa ser forte, como no caso de querer estar com a saúde em boa forma, não envolve o que só pode ser oferecido por outra pessoa.

Os anseios do segundo nível, um pouco mais profundos, o doutor Crabb chama "anseios críticos". Segundo ele, todos nós reconhecemos a existência de anseios profundos que apenas outras pessoas podem satisfazer, e alguns deles parecem criticamente importantes. Por exemplo, o desejo de sermos amados e respeitados por nossos cônjuges, a esperança de que nossos filhos tenham vidas satisfatórias e permaneçam chegados a nós, o desejo de saber que temos amigos que podem nos amar e nos acudir numa hora de necessidade. Os anseios críticos são legítimos e importantes para termos relacionamentos saudáveis e satisfatórios que acrescentam muito à qualidade da nossa vida.

Entretanto, há ainda em nosso coração um nível mais profundo, onde existem os anseios que Crabb chama "anseios cruciais". São estes que precisam ser satisfeitos para considerarmos nossas vidas dignas de serem vividas. Por termos sido "projetados para viver em relacionamento com Alguém infalivelmente forte e amorosamente envolvido, que nos capacita a cumprir as tarefas importantes que designou para nós"[6], este lugar no cerne de nosso ser ficará vazio enquanto não for preenchido por aquilo que fomos feitos para ter. Somente Deus pode preencher o vazio que existe no nosso âmago.

Agora você já sabe por que fiquei tão enciumada quando minha irmã roubou um pouquinho do tempo de meus pais e dos parentes que antes me dedicavam toda a sua atenção. Eu já nasci sentindo a carência crucial que existia dentro de mim, no âmago do meu ser, que era percebida como uma dor penetrante, difusa, um anseio por algo que eu não sabia definir. Como uma dor física, ela pedia alívio, e comecei, então, a procurar formas de amenizá-la, recorrendo ao que havia de concreto ao meu redor e que eu via e considerava essencial para a minha felicidade. Assim, exigia todo o amor de meus pais só para mim.

Mas nem toda a atenção e o amor do mundo poderiam satisfazer o que foi feito para ser preenchido pelo amor incondicional e a atenção terna, perfeita e amorosa de Deus. O âmago do meu ser, que é o meu espírito, permanecerá inquieto e insatisfeito enquanto não for saciado pelo amor perfeito de Deus e não voltar a refletir a imagem daquele que me fez para esta finalidade. É por isso que nenhuma pessoa, por mais que me ame e valorize, pode satisfazer toda a minha carência de amor. Mas isto eu não sabia.

Além disso, minhas primeiras tentativas de reaver o que havia perdido, as manhas e as birras, funcionaram até certo ponto. Contaram-me que uma tia dispôs-se a cuidar exclusivamente de mim por algum tempo para mamãe poder descansar e amamentar minha irmã. Uma compensação insatisfatória para tudo que eu perdera.

Se, no meu caso, em que houve tanto amor e cuidado, senti tão agudamente quanto este amor ainda era insuficiente, imagine as crianças que sofrem rejeições reais, abandono, abusos. Talvez você tenha passado por uma experiência assim. Ou talvez tenha vivido uma infância normal, mas que, do seu ponto de vista infantil, foi vista como rejeição ou abandono. O medo de não sermos amadas como sentimos que precisamos ser pode distorcer a nossa percepção das reações mais normais dos adultos que nos cercam. Como aconteceu com uma moça chamada Malu.

Malu, uma mulher bonita, competente, vivia dominada por um hábito pernicioso que não conseguia controlar. Diversas vezes por semana, comia tudo que via pela frente, com uma fome insaciável, mas depois provocava o vômito, pois se sentia mal e não queria engordar. Quando a bulimia, como esta doença é chamada, chegou a ponto de quase matá-la, precisou ser internada numa clínica especializada.

Lá recebeu tratamento médico para a debilidade física em que se encontrava e terapia com um psicólogo. Durante as muitas sessões que tiveram, Malu encontrou coragem para falar do sentimento de dor e rejeição que tivera ao se sentir abandonada pela mãe num momento muito doloroso de sua vida.

Muitos anos antes, desobedecendo a uma ordem explícita da mãe, ela e o irmão haviam acendido um fogareiro para brincar e ela acabou sofrendo graves queimaduras. A seriedade de sua condição exigiu que ela ficasse internada na ala de isolamento de um hospital por muitos dias. Sozinha, como exigia o regulamento, ela sofreu muito mais do que as dores da queimadura. Achou que havia sido rejeitada e abandonada pela família. Quando recebeu alta, a mãe estava ali para levá-la para casa, mas o que ocorreu nunca foi esclarecido.

Durante a terapia, quando ela conseguiu confrontar a dor que o episódio lhe causara, ficou sabendo, para surpresa sua, que sua mãe passara todo o tempo na saleta ao lado do quarto onde ela ficara internada, dormindo mal acomodada, só para saber que estaria ali se a filha precisasse de alguma coisa. Em lágrimas, as duas se abraçaram, apagando um pouco da dor que a filha havia carregado dentro de si todos aqueles anos.

Como muitas vezes acontece conosco, por causa de sua intensa necessidade de amor, Malu enxergou como rejeição e abandono uma situação sobre a qual a mãe, de quem ela esperava amor e cuidado, não teve o menor controle. Assim, as rejeições, reais ou sentidas, vão aumentando o nosso medo de não conseguir aquilo de que tanto carecemos. Começamos, então, a desenvolver estratégias que nos permitam alcançar e garantir a satisfação desses anseios profundos.

ESTRATÉGIAS DE SOBREVIVÊNCIA

As coisas que percebemos como rejeição de quem somos, do que temos para oferecer, têm um peso muito grande. Já foi dito que são necessárias dez ações positivas para compensar uma negativa. Ou seja, é preciso dez elogios para compensar uma crítica, se quisermos nos sentir bem a nosso próprio respeito. Ou dez agrados para compensar um tapa. E, em alguns casos, muito mais do que isso.

Mas por que as coisas negativas têm um impacto tão grande sobre nós? Por que elas doem lá no fundo da nossa alma, e ficam ali, corroendo nosso senso de bem-estar, de valor-próprio, de inteireza? Porque elas vêm confirmar a insegurança de que talvez nunca venhamos a receber todo o amor por que tanto ansiamos.

Cada falha na provisão do amor, da aceitação e da valorização de que tanto necessitamos, cada rejeição real ou a mera percepção de termos sido rejeitadas, é uma confirmação de que esse medo não é infundado. Isto nos faz sentir totalmente vulneráveis. Precisamos intensamente de algo que talvez nunca venhamos a obter na medida da nossa necessidade. Passamos, então, a tentar controlar nosso ambiente, as pessoas e as áreas de nossas vidas, começando com aquelas em que nos sentimos mais vulneráveis, para garantir aquilo de que tanto precisamos.

Na nossa tentativa de obter algum controle sobre nossa vida, recorremos a um de dois cursos de ação que descobrimos funcionar para nós e que assumimos como modo de vida: ou nos tornamos passivas, assumindo o papel de vítimas, ou recorremos às ações, procurando, através delas, proteger-nos da dor relacional, como controladoras. De qualquer forma, fazendo ou não alguma coisa, nosso alvo é o mesmo: conseguir sobreviver com um mínimo de dor – ou, melhor ainda, sem dor. Escondemo-nos atrás dessas estratégias, protegendo a vulnerabilidade de nossos corações sedentos de amor e apreço.

As "vítimas" são movidas pela crença de que não têm valor em si, e, portanto, nunca serão amadas como sentem que precisam ser para realizar plenamente seu potencial como pessoas. Todas as pequenas ou grandes rejeições que sofrem na área dos relacionamentos confirmam para elas este fato. Elas passam a achar que só serão apreciadas e aceitas pelo que podem fazer, ou seja, pelo que podem oferecer funcionalmente às outras pessoas, mesmo que seja oferecer-se para ser alguém em quem os outros possam pisar. Por isso, permitem que tais pessoas as usem e se aproveitem delas. Incapazes de impor limites saudáveis às exigências dos outros, reagem de maneira passiva.

Um sentimento de impotência domina suas vidas. Mesmo quando percebem que o que estão fazendo é errado, lamentam-se: "É assim que sou. Não há nada que eu possa fazer." Sentem-se amarradas, tolhidas, sem escolha. Consideram-se prestativas, amorosas, porque estão sempre dispostas a servir, a fazer pelos outros; mas, por dentro, sentem-se usadas e ainda mais desvalorizadas. Acabam ficando ressentidas e amarguradas. Seu tom de voz é lamuriento e patético. Quase podemos ouvir a mensagem por trás dele: "Por favor, me ame, me aprecie." Em vez de fazer por amor, elas fazem para obter amor.

As "controladoras", ao contrário das "vítimas", não admitem ser novamente feridas pelas pessoas com quem convivem. Procuram fechar-se a esta possibilidade tornando-se cobradoras, manipuladoras, exigentes consigo e com os outros, obsessivas, sempre dando ordens, dando palpites sobre como cada um deve viver. Elas pretendem controlar o mundo e as pessoas ao seu redor para não sentir sua impotência e sua vulnerabilidade. São muito ativas, competentes, e tudo à sua volta funciona às mil maravilhas a maior parte do tempo. Embora desejem uma proximidade maior com as pessoas, sua própria atitude mantém os outros à distância. É provável que tenham sofrido rejeições fortes e reais ou até abusos na infância, e agora procuram controlar as pessoas para evitar a recorrência do sofrimento.

Dentro desses dois tipos gerais, cada uma de nós, por sua própria maneira de ser e pelas circunstâncias sob as quais viveu os primeiros anos de vida, desenvolve uma estratégia principal para lidar com a rejeição dos relacionamentos. Para isso, usa comportamentos apropriados ao fim que deseja obter – exigências, cobranças, críticas, ataques pessoais, agrados, bajulação, silêncio, fuga. As "controladoras", em geral, recorrem às exigências, cobranças, críticas e ataques, e as "vítimas", aos agrados, bajulação, silêncio e fuga. Para você entender melhor do que estou falando, vamos examinar alguns exemplos destes tipos de estratégia.

Irma é uma trabalhadora incansável. Aos 70 anos, ela ainda cuida sozinha de sua casa e vive ajudando outras pessoas da família. Com memória perfeita, lembra-se de um fato que lhe marcou a infância de maneira indelével e determinou como ela viveria. Criada no meio de uma família grande, ela e os irmãos tinham, desde cedo, alguma responsabilidade pelo bom andamento da casa. Irma, ainda pequenina, preferia brincar, e muitas vezes, se pudesse, escapulia de algum trabalho que deveria fazer.

Certo domingo, na escola dominical, participou do projeto de pintar um cartão e levá-lo à mãe como parte de uma comemoração especial. Chegando em casa, encontrou a mãe atarefada com o preparo do almoço. Ao receber o cartão das mãos da filha, aquela senhora falou, com certa rispidez: "Seria muito melhor se, em vez de ficar fazendo cartãozinho como este, você me ajudasse mais e não fosse tão preguiçosa."

Até hoje, quando conta a experiência, a voz de Irma trai a dor que sentiu por ter decepcionado a mãe. Diz ela que, naquele instante, decidiu que nunca mais daria a ninguém motivo para chamá-la de preguiçosa. Nunca mais queria sofrer tanta rejeição, tamanha dor. Até hoje ela tem dificuldade em aceitar ajuda dos outros. Trabalha muito, mas gosta de contar em detalhes tudo que faz, e espera que as pessoas apreciem seus esforços.

Como adulta, sou capaz de entender que o comentário da mãe não foi uma rejeição intencional do presente da filha. Ocupada, provavelmente cansada, aquela senhora não conseguiu desligar-se do seu trabalho para dar a atenção que a filha almejava. Mas, caindo num coraçãozinho sedento de amor e apreço, suas palavras marcaram a menina como ferro em brasa. A rejeição que sofreu em criança ainda determina a maneira como Irma se vê, a imagem que enxerga quando olha no espelho: "As pessoas só gostarão de mim se eu as servir com o meu trabalho. Sou valiosa pelo que faço."

Rosana, a caçulinha de uma grande família, cresceu muito mimada pelos pais e por todos os irmãos. Nem precisava esforçar-se para que lhe fizessem todas as vontades. Bastava-lhe sorrir ou fazer biquinho e conseguia tudo que quisesse. Quando se casou, logo descobriu que seu príncipe encantado era o tipo de homem que não admitia ser contrariado. Tudo tinha de ser feito à sua maneira ou ele, mesmo dizendo-se cristão, recorria até à grosseria e aos bufos para controlar a esposa. O charme, os agrados que ela sempre usara com os familiares para conseguir o que desejava eram desperdiçados com ele.

Ela tentou lutar abertamente, mas sempre saía perdendo. Para manter a paz dentro de casa e evitar sentir a dor das rejeições do marido, foi cobrindo suas mágoas e decepções com um comportamento bonzinho, passivo, como achava que a esposa cristã devia ter, dizendo sempre "sim" a tudo que ele queria, da maneira como ele queria, na hora em que ele queria.

Entretanto, como ninguém consegue viver anulando-se indefinidamente, o ressentimento cresceu dentro dela e se transformou em raiz de amargura, que contaminou toda a família. Sua passividade parecia trazer à tona o que de pior existia no marido. Neste quadro triste, nasceram e foram criados três filhos, divididos entre o autoritarismo do pai e a passividade da mãe. Agora, aos 45 anos, Rosana é uma mulher amarga, zangada com Deus por ter permitido a desarmonia que hoje tomou conta de sua família, apesar de todo o seu sacrifício.

Se alguém sugerir que sua atitude de vítima contribuiu para os problemas que enfrenta, ela se defenderá energicamente. Afinal, não fez sempre tudo o que os outros queriam? Não foi submissa ao marido, como Deus mandou? Por que ele não lhe recompensa os esforços com a harmonia com que tanto sonhou para a família? Diante das circunstâncias, sente-se impotente para mudar seu modo de vida e acha que não teve escolha.

Vanice parece o oposto de Rosana. Cresceu num lar em que o pai alcoólico provia um sustento parco para as necessidades da mãe e dos três filhos. Vanice de lembra de que, quando ele chegava em casa, embriagado, logo a gritaria entre os pais reboava no ar. Os dois irmãos menores fugiam e se escondiam assim que as coisas esquentavam, mas a pequenina Vanice, desesperada por estabelecer algum tipo de harmonia e acabar com as brigas, muitas vezes colocava-se entre os dois e ordenava a eles que parassem com aquilo, sem nunca ter sido atendida.

Ela cresceu, estudou muito e conseguiu uma ótima colocação depois de formada. Queria prover para si as coisas de que fora privada em criança, e nunca, nunca depender de ninguém para lhe dar as coisas que tanto desejara e não tivera na infância. Não ia se arriscar a sofrer privação de novo, nem de coisas materiais, nem do afeto e do carinho que tanta falta lhe fizeram.

Quando conheceu Roberto, Vanice já havia decidido firmemente que jamais se colocaria na mesma situação que a mãe, a quem ela culpava por ter-se sujeitado aos maus tratos do pai sem tomar uma ação definitiva em favor dos filhos. A mãe fora uma tonta, pensava, mas ela não. Jamais deixaria alguém fazê-la de boba. Por isso, era arisca com relação aos rapazes. Entretanto, Roberto venceu sua resistência, e eles começaram a namorar. Acabaram envolvendo-se sexualmente antes de casar, o que ia contra a consciência da moça.

Agora, dez anos depois de casada, Vanice não consegue tolerar mais o marido. Acha que ele a traiu quando a "obrigou" a se relacionar sexualmente com ele antes do casamento, por isso não consegue aceitar a parte sexual do relacionamento conjugal. Deixou o emprego depois do nascimento do primeiro filho, e embora a decisão tenha sido sua, acha que está ficando com a parte mais pesada da tarefa de criá-lo. Mesmo ficando com o garoto o tempo todo, tem dificuldade em se relacionar emocionalmente com o filho. Para compensar, ela o mima e acha que ele deve ter tudo que quiser, o que cria dificuldade entre ela e o marido.

Roberto já fez tudo o que sabe para agradar a esposa, mas parece que nunca consegue penetrar a couraça de defesa que ela ergueu ao redor de si. Pequenina, ela se transforma num foco concentrado de fúria quando relata, vez após vez, tudo que o marido faz para provocá-la. Roberto a fez perder o controle uma vez. Ela não vai permitir-se cair nesta uma segunda vez.

A vítima Rosana e a controladora Vanice encontraram o que acham ser a fórmula para sobreviver sem o risco de se tornarem vulneráveis na área dos relacionamentos. São cristãs e querem sinceramente fazer a vontade de Deus, mas têm medo de abandonar os comportamentos que lhes dão certa segurança e controle.

E você? Talvez esteja pensando que não tem este tipo de problema. Entretanto, pode ser que apenas nunca tenha pensado nesta questão ou considerado sua maneira de viver nestes termos. Se quiser descobrir quais são as estratégias que usa para obter a satisfação dos anseios profundos de seu coração, complete estas duas afirmações: "Eu serei feliz se..." "Eu me sentirei apreciada se..."

Se você acha que será feliz se alguém especial de sua vida a amar, considere o que faz para conseguir esse resultado. Você cobra, exige demonstrações desse amor, critica o que não é feito como você deseja, manipula para obter o que deseja? Se é esta a sua estratégia, você está tentando controlar ativamente o seu ambiente para satisfazer sua necessidade de se saber amada.

Você pede, com palavras e através de sua atitude, agarrando-se à pessoa de tal forma que ela se sente sufocada? Você agrada, bajula para obter aprovação ou cerra a boca, fugindo e se protegendo por trás da barreira do silêncio quando ofendida ou rejeitada? Neste caso, você está tentando controlar seu ambiente de uma forma passiva, anulando-se quando necessário, permitindo-se até ser usada e abusada para conseguir o amor por que anseia.

Se você acha que se sentirá valorizada quando for elogiada – quando você, como pessoa, for importante para as pessoas que são importantes para você –, pense naquilo que faz para conseguir estes elogios. Quantas horas você passa se arrumando, se enfeitando para ver os olhos das pessoas demonstrarem que você está bonita? Quanto tempo e quanto esforço investe em algo que agrade estas pessoas especiais?

Talvez você esteja pensando: "Mas isto é natural. Isto é amar e gostar de servir." E é, também. Mas pense no que acontece se essas ações não trouxerem o resultado desejado. Se a pessoa a quem você ama está se afastando, esfriando, o que você faz? E se ela olha para você e, ao invés de você enxergar apreço em seus olhos, vê rejeição, crítica ou até vergonha? O que faz, então?

Quando parece que não estamos conseguindo aquilo de que precisamos para nos sentir bem, tentamos nos defender, fazendo o que for preciso para fugir desta sensação de impotência e vulnerabilidade. A maneira como reagimos quando nossas necessidades não estão sendo satisfeitas é a estratégia que escolhemos para controlar a nossa vida e nos dar as coisas de que precisamos para nos sentir amadas e apreciadas como pessoas.

FALSA SEGURANÇA

Como as mulheres cuja história você conheceu aqui, desenvolvi uma maneira que achava relativamente segura de obter o amor e a apreciação de que tanto carecia. As primeiras lembranças conscientes que tenho de minha infância são de uma vida familiar harmoniosa. Eu sobrevivera ao trauma do nascimento de minha irmã e aprendera a viver com menos atenção, porém mais liberdade. Outra irmã chegou depois, mas seu nascimento já não me afetou tanto.

Entretanto, eu continuava querendo a confirmação do amor dos meus pais por mim, agora que era uma entre diversos filhos, todos igualmente amados. E esta confirmação seria na forma da reafirmação do valor que eu tinha em mim. Eu precisava saber que, mesmo no meio das outras pessoas da mesma posição – meus irmãos –, eu era especial e tinha um valor por ser quem era. Amada, eu sentia que era, mas ainda assim tinha uma forte necessidade de sentir que havia um lugar especial na minha família que só eu poderia ocupar.

Embora fosse bem pequena, comecei a perceber, na convivência diária dentro de casa, que meus pais valorizavam certas coisas que fazíamos. Quando ouvi minha mãe elogiando para uma tia meu irmão mais velho por ajudar a passar as fraldas do bebê, percebi que, se fizesse certas coisas ou as coisas certas, garantiria a apreciação que desejava. Havia chegado a uma fórmula confortável, que funcionava razoavelmente bem:

Necessidade de amor e apreciação + Fazer o que agrada meus pais = Segurança de ser amada e valorizada

Era uma fórmula bem segura. Qual é o pai ou a mãe que não aprecia quando o filho faz aquilo que lhe foi pedido? Ou, melhor ainda, antes mesmo que lhe seja pedido? Eu havia descoberto o mapa do tesouro. Minha felicidade, como eu a via, estava ao alcance das minhas mãos. Com algum esforço, eu controlaria as coisas ao meu redor, fazendo o que fosse preciso para agradar a meus pais e garantindo, desta forma, o retorno em amor do investimento feito.

Acontece que as coisas não funcionaram bem assim. Meus pais tinham a teoria de que elogiar os filhos pela frente os deixaria convencidos e presunçosos. Assim, os elogios que eu tanto desejava ouvir, que mostrariam que eu era especial para eles, que eles apreciavam as coisas que eu fazia, não vinham. Ficou-me a impressão de que nunca agradava o suficiente, que sempre podia me esforçar um pouco mais. Um incidente marcante da minha infância determinou minha estratégia final.

Eu tinha seis anos de idade e já sabia ler. Hoje, não seria nada inédito, mas eu morava numa fazenda, sem televisão nem livros infantis. Meu mundo era constituído de bonecas de sabugo de milho que mamãe fazia para nós e bichinhos de laranjas e limões com pernas de pauzinhos que nós mesmos confeccionávamos. Aventura era viver dependurada nas mangueiras enormes e antigas que davam mais folhas do que frutos, mas cujos galhos fortes e largos sustentavam bem a criançada que brincava ali.

Quando minha avó Marieta, que era professora, passou férias conosco, levou um joguinho de letras e figuras. Decorei depressa as palavras que ela repetia vez após vez, e, usando a memória visual, comecei a decifrar palavras de outras páginas impressas, aprendendo a ler sozinha. O mundo encantado da leitura abriu-se diante de mim.

Meus pais descobriram o que estava acontecendo porque comecei a ler coisas que não devia e a ter pesadelos com notícias da guerra que grassava pela Europa naqueles dias. Eu não entendia direito o que lia e formava imagens mentais apavorantes. Lembro-me muito bem de ter lido a respeito de "um canhão vomitando fogo" e depois ter sonhado com um canhão enorme, parado diante da nossa casa da fazenda, gemendo de ânsia e botando labaredas pela boca do cano.

Dali por diante, meus pais começaram a vigiar o tipo de material impresso que me caía às mãos. Entretanto, com a aguçada percepção típica das crianças, percebi comentários deles que mostravam que esta minha habilidade era reconhecida e valorizada. Embora nunca me dissessem nada diretamente, entendi que o fato de eu ter aprendido a ler sozinha era algo que fizera subir o meu valor aos olhos deles. Embora eu já amasse ler, agora este amor estava misturado com a satisfação de saber que eu havia marcado ponto com meus pais.

Você acha que eu teria me contentado com aquela demonstração e descansado nela, não é? Pois não foi assim. Tendo provado um pouco, eu queria mais. Lembra-se do buraco negro?

Por insistência minha, meus pais concordaram em me deixar freqüentar a escola rural que funcionava perto da sede da fazenda, onde três séries estudavam juntas. Embora eu não tivesse idade, a professora, amiga de meus pais, permitiu que eu me sentasse na última carteira, fingindo que já era aluna regular. Amei estar ali! Para me ajudar a passar o tempo, a professora emprestou-me uma cartilha. Lápis e caderno, eu havia levado. Com cuidado, copiei as poucas palavras da primeira lição da cartilha, mas como ninguém havia ensinado que havia outro tipo de letra, copiei as letras de forma.

Certa de que ia deixar meus pais encantados com minha nova habilidade, fui ao encontro de papai, que estava no meio de uma tarefa complicada, lidando com as vacas leiteiras e apartando os bezerros no meio do curral. Aproximando-me dele, mostrei que agora, além de saber ler, também sabia escrever. Eu esperava vê-lo orgulhoso de mim. Entretanto, ele pegou meu caderno, olhou e comentou: "Não é assim que se escreve, filha. Você precisa aprender a escrever com letra de mão." Devolvendo-me a lição, ele voltou a cuidar das vacas e bezerros.

Este incidente ficou de tal forma gravado em minha mente que, muitos anos depois, eu ainda podia ouvir o mugido das vacas e sentir o cheiro do curral quando o relembrava. Via papai, o dono de tudo aquilo, um homem importante, dizendo-me que o que eu fizera para agradá-lo não era suficiente. Naquele momento marcante, tomei uma decisão: "Nunca mais vou permitir que alguém possa dizer isso de mim", pois, na realidade, o que ouvi foi: "Você não é tão especial quanto pensa, podia ser melhor."

Se, para agradar meu pai, era preciso fazer mais ainda, eu faria o que pudesse e muito além. Eu já havia descoberto que, se fizesse as coisas certas, obteria a valorização de que precisava para me sentir bem, completa. Agora, sentia a segurança que eu havia alcançado com a minha estratégia ameaçada por não ter feito suficientemente bem o que fiz. Estava plantada a semente do meu perfeccionismo, semente esta que cresceria e invadiria todas as áreas da minha vida.

Eu me sentia compelida a fazer sempre mais do que seria confortável para mim e razoável os outros esperarem de mim. O pior é que eu mesma nunca estava satisfeita, ainda que os outros estivessem. Agora, era a minha própria exigência que me controlava e ditava minha percepção do que as pessoas esperavam e queriam de mim. Assim, eu fazia tudo para garantir que receberia o apreço por que tanto ansiava.

Esta estratégia funcionou razoavelmente bem por bom tempo, e se estendeu às outras áreas da minha vida. Tornei-me uma perfeccionista competente. Eu procurava controlar ativamente todas as áreas da minha vida, dando tudo de mim para que as coisas corressem como queria, como achava que deviam ser para que eu me sentisse feliz e realizada.

Mas mesmo enquanto as coisas estavam funcionando bem, eu não me sentia plenamente satisfeita pois, no fundo, conhecia bem minhas falhas, minhas limitações, e temia que, um dia, elas fossem reveladas e as pessoas a quem eu procurava agradar as descobrissem e me rejeitassem. E quando não funcionavam, então, eu entrava em pânico e fazia de tudo para que a vida de novo se encaixasse dentro do que eu podia manejar. Nenhum esforço era grande demais ou pesado demais para obter aquilo que, para mim, representava a própria vida: amor e apreço.

Como Irma, Vanice e Rosana, encontrei uma forma de fazer a vida funcionar para mim – uma estratégia que parecia funcionar, pelo menos a maior parte do tempo. Só que, como não fui feita para viver assim, muitas vezes acabava frustrada, sufocada, ressentida contra as próprias pessoas que eu tanto procurava agradar.

Que imagem eu via quando olhava no espelho? A de uma mulher que era valorizada por ter conseguido que tudo ao seu redor estivesse praticamente perfeito – relacionamentos, ambiente, trabalho. Meu casamento devia ser perfeito pois, se meu marido ainda não era perfeito, eu o colocaria *nos eixos*, custasse o que custasse. Não poupei esforços para criar meus filhos da melhor maneira que eu sabia, encorajando-os a desenvolver todo o seu potencial e sacrificando o que fosse preciso para dar-lhes todas as oportunidades de crescerem física, mental e emocionalmente equilibrados. Com tudo isso, eu esperava um belo retorno pelo meu investimento: filhos felizes e bem-sucedidos, que seriam a coroa da minha carreira materna.

Minha casa estava sempre caprichosamente limpa e arrumada, nem que para isto eu tivesse de trabalhar até altas horas da noite. Na igreja, eu era uma trabalhadora incansável. E meus esforços eram sempre apreciados e requisitados. Quanto mais eu fizesse, melhor. Quando comecei a trabalhar na área da tradução, meus trabalhos eram sempre concluídos e entregues dentro do prazo. Eu dizia que podia até entregar uma tradução dentro do caixão, mas jamais deixaria de entregá-la dentro do prazo.

Nas firmas para as quais eu trabalhava, nunca ninguém reclamou desta minha *qualidade*. Pelo contrário, meu perfeccionismo era muito apreciado por todos. Mas ele me dominava como uma forma de escravidão e me tornava exigente com as pessoas a quem eu amava. Eu dava muito, mas cobrava outro tanto de retorno, e nos meus termos.

A mulher séria, compenetrada que eu via quando olhava no espelho era a imagem de um ser humano competente, diligente. Mas quem apareceria refletida ali se as coisas que eu fazia fossem removidas e ficasse apenas a pessoa que existia por trás delas?

5

QUEM REALMENTE SOU

A pessoa que eu via ao olhar no espelho refletia mais o que era esperado de mim do que a pessoa que eu realmente era, talvez porque eu não soubesse, de fato, qual a minha verdadeira identidade. Aquele engaste de relacionamentos e atividades enriqueciam a minha vida, mas, ao mesmo tempo, por exigirem tanto de mim, tolhiam-me e causavam frustração. Por não saber exatamente como responder às perguntas mais profundas do meu coração, eu tentava ignorá-las, enquanto ia tocando a vida da melhor forma que podia. Eu procurava a resposta no espelho errado.

Os relacionamentos não podiam me dizer quem eu era, pois sou mais do que apenas meus relacionamentos. Meu coração também não podia me dizer quem eu era de fato, pois ele é praticamente insondável do ponto de vista natural. Deus nos avisa que temos grande facilidade para a auto-ilusão. "Enganoso é o coração, mais do que todas as coisas, e desesperadamente corrupto; quem o conhecerá?" (Jr 17:9). Enxergamos claramente os motivos errados das outras pessoas, mas achamos muito fácil justificar e desculpar os nossos.

Entretanto, há uma voz na qual podemos confiar. É a voz daquele que "esquadrinha os corações e prova os pensamentos" (Jr 17:10): o Senhor Deus, que nos fez, que conhece tudo a nosso respeito e que, de forma firme e amorosa, tem falado às mulheres através dos séculos. Ele nos apresenta um espelho mais fiel do que aqueles que eu procurava primeiro para saber quem era.

"Toda a Escritura é inspirada por Deus e útil para o ensino, para a repreensão, para a correção, para a educação na justiça, a fim de que o homem de Deus seja perfeito e perfeitamente habilitado para toda boa obra" (2 Tm 3:16,17).

A Escritura transmite-nos o que Deus pensa a respeito de nossas vidas aqui. Ela é útil, ou seja, serve para nos ensinar aqueles pensamentos de Deus que podemos alcançar com nossas mentes finitas. Quando aprendemos um pouco do que Deus quer para nós, começamos a enxergar claramente tudo o que está sujo e fora de lugar em nossas vidas. Não há como retocar nem disfarçar o que vemos ali, pois é uma Palavra "viva, e eficaz, e mais cortante do que qualquer espada de dois gumes, e penetra até ao ponto de dividir alma e espírito, juntas e medulas, e é apta para discernir os pensamentos e propósitos do coração. E não há criatura que não seja manifesta na sua presença; pelo contrário, todas as coisas estão descobertas e patentes aos olhos daquele a quem temos de prestar contas" (Hb 4:12,13).

Dá até medo, não dá? Tudo fica claro e patente quando nos olhamos no espelho da Palavra de Deus. Ela revela a inutilidade das nossas estratégias, a crosta feia e escura que elas formam em nós. Quando nos vemos pelos olhos de Deus, enxergamos claramente não apenas quem somos agora, mas quem Deus nos projetou para ser, o que ele desejou que fôssemos quando nos fez como fez. À medida que fui descobrindo estas verdades eternas, minha vida foi ganhando uma perspectiva maior, eterna, sólida porque firmada na Verdade absoluta de quem Deus diz que sou.

SOU CRIATURA

Que não sou dona de meu nariz, eu já sabia. O que talvez não tivesse percebido antes com clareza é quanto a condição de criatura afetava todas as áreas da minha vida. Quando Deus criou a Terra e tudo o que nela existe, tinha um plano que executou passo a passo. Em Gênesis, capítulo 1, lemos a descrição de como o nosso mundo passou a existir. A cada dia da criação, Deus examinava o que havia feito e dizia: "Hum, bom, gostei. É isto mesmo!" Chegou o momento em que estava tudo pronto – terra, águas, plantas, animais. Só não havia ser humano algum. Aí, neste ponto, a narrativa deixa bem claro quem teve a idéia de nos fazer.

"Também disse Deus: Façamos o homem *[o ser humano]* à nossa imagem, conforme a nossa semelhança" (Gn 1:26a). Não havia mais ninguém por ali. Não houve quem sugerisse a criação de seres humanos. A idéia foi de Deus, exclusivamente. E não apenas a idéia de fazer os seres humanos, mas também a de como eles seriam: semelhantes a Deus. Ele colocou em nós a sua imagem. De alguma forma, quando olho para outro ser humano, enxergo um reflexo de Deus.

Ele projetou como seríamos, cada ínfimo detalhe de nosso ser. Os primeiros seres humanos saíram diretamente de suas mãos. A partir deles, todos os outros passaram a existir da maneira como o próprio Deus determinou para a transmissão da vida. Entretanto, ele ainda tem a mão em cada existência humana.

"Pois tu formaste o meu interior; tu me teceste no seio de minha mãe. (...) Os meus ossos não te foram encobertos, quando no oculto fui formado e entretecido como nas profundezas da terra. Os teus olhos me viram a substância ainda informe, e no teu livro foram escritos todos os meus dias, cada um deles escrito e determinado, quando nem um deles havia ainda" (Salmos 139:13,15,16). Sem o consentimento de Deus, nenhuma nova vida acontece.

Uma das dificuldades que Jó, aquele servo de Deus que passou por enormes sofrimentos, tinha para entender o que lhe acontecia, quando parecia que Deus estava permitindo a destruição de sua vida, era justamente o fato de saber que o mesmo Deus formara cada parte de seu ser. "As tuas mãos me plasmaram e me aperfeiçoaram, porém, agora, queres devorar-me. Lembra-te de que me formaste como em barro; e queres, agora, reduzir-me a pó? Porventura, não me derramaste como leite e não me coalhaste como queijo? De pele e carne me vestiste e de ossos e tendões me entreteceste. Vida me concedeste na tua benevolência, e o teu cuidado a mim me guardou" (Jó 10:8-12).

Não nasci porque quis, nem porque meus pais quiseram. Eles também não são donos da vida. Nasci, através de meus pais, porque

Deus assim o determinou. Ele estava presente no momento da concepção e determinou como eu seria, física e mentalmente, ao escolher as células que se uniriam para me formar. Ele determinou que eu seria mulher. Ninguém me perguntou onde e quando eu queria nascer, nem se queria viver. Tampouco tenho como determinar quanto tempo viverei, pois o momento da minha morte também é determinado por Deus. Muitas pessoas que já tentaram dar cabo da própria vida sem sucesso sabem disso.

Minha irmã Beatriz, que foi médica intensivista durante quase toda a sua carreira, dizia que não há melhor lugar para se entender quem é o dono da vida do que em uma Unidade de Terapia Intensiva. Contava ela de um executivo de quarenta e poucos anos que entrou na UTI onde ela trabalhava e foi atendido por um colega seu. O homem esbravejava por ter sido obrigado a ir ao hospital por conta de "apenas uma dorzinha à toa no peito". Mas como o médico da companhia exigiu o exame mais completo, ele ali estava, danado da vida por estar perdendo tempo precioso.

Enquanto desabotoava a camisa para o exame, caiu morto aos pés do médico. Toda a perícia daquele e dos outros médicos e todos os recursos do grande hospital em que se encontrava não puderam revivê-lo. Entretanto, muitas pessoas que passavam meses e até anos em estado de coma profundo na UTI, pessoas cujas vidas já eram dadas por perdidas, um dia voltavam a si e saíam de lá por suas próprias pernas. Arrematava minha irmã: "Se isso não mostra quem manda na nossa vida, não sei o que o faz."

O fato de Deus ser o dono de toda vida, e da minha especificamente, confere a ele toda a autoridade para me dizer como devo viver. Mesmo que ele fosse um déspota cruel e caprichoso, teria o direito de me ditar as regras. Mas Deus é amor! Ele nos diz como devemos viver, sim, mas porque sabe o que é melhor para nós. Os seus mandamentos não são penosos (1 Jo 5:3). Antes, eles nos protegem de nós mesmos e dos passos errados que poderíamos dar por conta própria.

"Andareis em todo o caminho que vos manda o SENHOR, vosso Deus, para que vivais, bem vos suceda..." (Dt 5:33). Deus diz claramente que é para o nosso bem que ele deseja que sigamos os seus caminhos. É neles que encontramos a vida plena que ele quer que vivamos. Este é o anseio do coração de Deus para nós. Dá para sentir a extensão da sua solicitude por nós quando diz, em Deuteronômio 5:29: "Quem dera que eles *[os meus filhos]* tivessem tal coração, que me temessem e guardassem em todo o tempo todos os meus mandamentos, para que bem lhes fosse a eles e a seus filhos, para sempre!" Com exclamação e tudo! Dá para ser mais enfático do que isto?

Deus nos diz como viver porque nos fez e, portanto, sabe o que é melhor para nós. E deseja nos dar uma vida melhor do que a melhor coisa que possamos imaginar. Não se esqueça nunca desta verdade. Ela é fundamental para vivermos uma vida plena e sobrenatural.

SOU PESSOA

O ser humano foi feito de uma forma diferente, comparada com todas as demais criaturas. No capítulo 2 do Livro de Gênesis, encontramos uma narrativa mais detalhada de sua criação. Primeiro, foi criado o homem, e seu corpo foi feito dos elementos naturais que compõem a Terra. "Então, formou o SENHOR Deus ao homem do pó da terra" (v. 7a). A grande diferença, que produz aquela imagem e semelhança com Deus anunciada no capítulo 1, é que o Senhor "lhe soprou nas narinas o fôlego de vida, e o homem passou a ser alma vivente" (v. 7b).

Após instalar o homem no jardim do Éden, um lugar paradisíaco em todos os sentidos, como só Deus poderia criar, o Senhor falou que não era bom o homem estar só (2:18). Por ter sido feito para refletir a imagem de um Deus trino, que subsiste em três pessoas distintas, o homem não existe à parte dos seus relacionamentos. Por isso, Deus proveu relacionamentos para sua criatura, fazendo-lhe uma companheira. O homem não estava mais só. Agora sim, Deus olhou e disse que estava "muito bom" (1:31). O ser humano em isolamento perde a sua humanidade.

Diz o doutor Paul Tournier, eminente psiquiatra suíço: "O que é a pessoa? É o ser humano como Deus o criou e desejou, o ser humano em sua totalidade e em sua unidade – em sua globalidade: espírito, alma e corpo. Não se trata do ser humano isolado, mas do ser humano em relação a outro ser humano, à natureza e a Deus. Isto porque é através desta relação pessoal que o homem torna-se uma pessoa (...) A pessoa é constituída pelo homem e pela mulher juntos, não por nenhum dos dois em isolamento. Você se lembra da frase de Jesus: 'Não lestes que, no começo, o Criador os fez homem e mulher?' Na linguagem de Jesus, a expressão 'desde o princípio' não exprime somente anterioridade no tempo, mas significa, simbolicamente, a vontade original de Deus, sua vontade fundadora. Portanto, a complementaridade indissolúvel entre o homem e a mulher constitui o fundamento da pessoa – imagem de Deus (que representa a pessoa por excelência) – e a harmonia e a plenitude que a palavra 'pessoa' evoca."[7]

Por termos sido feitos à imagem e à semelhança da pessoa por excelência, que é Deus, temos algumas características inerentes à nossa condição. Temos intelecto, isto é, pensamos, raciocinamos, fazemos planos. Temos também vontade, ou seja, decidimos e agimos de acordo com nossas decisões. E temos também emoções. Sentimos alegria e tristeza, raiva e compaixão, mágoa e empatia. Como Deus, somos pessoas.

A grande diferença é que, onde Deus é a fonte, somos os recipientes; onde ele é o Criador, somos criaturas. Assim como um planeta não tem luz própria, mas pode brilhar ao refletir a luz do Sol, também nós podemos refletir as características pessoais de Deus quando deixamos que ele inunde o nosso ser.

Como Deus é amor, nascemos sedentos de amor. Como ele tem um propósito ao nos fazer como faz, ao nos conceder vida, precisamos saber que nossas vidas contam para alguma coisa, que está inserida num contexto maior do que nós mesmas, que têm valor por preencher um lugar único e especial no plano eterno de Deus.

Pense um pouco sobre isto. Quando é que você se sente mais viva, mais perfeitamente bem a seu próprio respeito? Não é quando se sente intensamente amada por alguém a quem também ama? E quando se sente valorizada, apreciada, como se a pessoa que é fosse indispensável ao bom andamento das coisas em que está envolvida?

Pois é nesses momentos que suas necessidades mais básicas estão sendo satisfeitas. Pena que tais momentos durem tão pouco! E por que são escassos e temporários? Porque essas coisas, por melhores e mais importantes que sejam, não podem preencher aquele *buraco negro* dentro de nós que só Deus pode preencher. Satisfazem até nossos anseios críticos, mas nunca os cruciais. Assim, são estes mesmos anseios que nos levam a buscar a fonte do gozo duradouro e eterno. Por sermos pessoas, não encontramos a satisfação plena do que é mais precioso para nós a não ser na Pessoa que nos criou à sua imagem e semelhança. Podemos negar essas coisas, mas não podemos escapar-lhes.

SOU DIFERENTE

Quando fez os seres humanos homem e mulher (Gn 1:27), Deus estava acrescentando outras características essenciais às suas criaturas, repartindo entre elas o reflexo de sua pessoalidade. Somos especificamente macho ou fêmea. Nosso sexo é decidido no exato momento de nossa concepção, dependendo do cromossomo "x" ou "y" levado pelo espermatozóide paterno que fecunda o óvulo materno. A partir do momento da fecundação, todo nosso ser se desenvolverá na direção determinada por este fator.

Nossa sexualidade é parte fundamental de quem somos, da maneira singular como vemos a vida e o mundo. Ela afeta cada área de nossas vidas. Não é por acaso que somos homem ou mulher, mas por desígnio do nosso Criador. E ele tem um plano bom para isto. Quando aprendemos a apreciar a pessoa especial e diferente que fomos feitas para ser, entendemos um pouquinho mais a sabedoria e a bondade do Deus que nos fez assim. As diferenças físicas não se limitam à ossatura e à quantidade e à disposição dos músculos, como sabemos. Diferimos na consistência e na quantidade do sangue que circula em nossos corpos, na espessura da pele, na rigidez do crânio, na resistência a moléstias infecciosas, no ritmo e na profundidade da respiração, no sistema circulatório, na maneira como nossos olhos vêem, nos sons que nossos ouvidos captam. Já deu para começar a ter uma idéia do trabalho que Deus teve para nos fazer diferentes?[8]

E esta não é a parte mais importante, porque não podemos mudar nenhuma dessas características, nem sabemos como seria se elas fossem diferentes. Vivemos com elas e pronto. Se minha visão periférica é mais ampla, mas tenho uma noção espacial menor no que diz respeito a enxergar para frente e para trás, compenso isto na hora de estacionar o carro numa vaga apertada. Ou, como prefiro fazer, procuro outra vaga. E nem penso no assunto.

Entretanto, há diferenças que afetam muito mais intensamente nossa maneira de ser e advêm da maneira como o cérebro funciona. Dividido em dois hemisférios, o cérebro humano controla todas as funções e os movimentos do corpo, mas também é o centro dos pensamentos, do raciocínio, da linguagem. O hemisfério esquerdo é a sede da linguagem, das aptidões verbais, do raciocínio lógico, passo a passo. O direito é o centro das aptidões espaciais, processando padrões de informação, ligando fatos para formar um conceito e ligando uma série de conceitos para formar um todo concreto. É o lado intuitivo.

Por ter mais ligações entre os dois lados do cérebro, o processo mental feminino é mais bilateral, ou seja, a mulher usa ambos os hemisférios para qualquer atividade mental que esteja realizando. Os dois hemisférios trabalham juntos, e algumas capacidades de um lado são reproduzidas no outro, por isso ficam mais potentes, o que faz com que a mulher se destaque nas áreas de percepção e intuição.

O cérebro masculino é mais especializado, e seu processo mental é mais unilateral, pois ele usa um hemisfério de cada vez, alternando entre os dois. Isto dá a ele maior capacidade de concentração, mais facilidade para focalizar um objetivo e alcançá-lo. É a perspectiva do caçador. Ele é mais lógico, e usa o raciocínio passo a passo para chegar a uma conclusão. Quando fala, é mais para relatar fatos e soluções do que para compartilhar sentimentos e emoções.

Por usar os dois hemisférios do cérebro ao mesmo tempo, em vez de fazê-lo alternadamente, a mulher é mais intuitiva, pois consegue *captar* detalhes que podem passar despercebidos ao homem. Assim, há coisas que ela simplesmente sabe, mesmo quando não consegue explicar como e por quê. Como foi feita para estar ligada às pessoas através de seu próprio corpo quando engravida, a mulher é mais voltada para os relacionamentos e as emoções que eles produzem. Ela está mais em contato com estas emoções e valoriza as pessoas acima dos fatos e acontecimentos. Quando fala, ela quer construir uma ponte até a outra pessoa, e por isso usa a linguagem do coração, falando não só de fatos, mas das emoções que estes fatos trouxeram.

Se nem sempre estamos conscientes das diferenças que nos separam fisicamente, as diferenças provocadas por nossos diferentes processos mentais trazem muito mais conflitos e aborrecimentos nos relacionamentos entre homens e mulheres. Mas foi para vivermos às turras que Deus nos fez assim tão diferentes?

POR QUE SOU COMO SOU

Deus determinou como seríamos e deu-se ao trabalho de nos fazer como idealizou: homem e mulher, iguais em essência, mas diferentes em forma e função. Não somos como somos por acaso.

São essas mesmas diferenças físicas, mentais e emocionais que permitem a maior intimidade possível entre dois seres humanos quando um homem e uma mulher unem-se num relacionamento de amor e compromisso. "As diferenças entre o homem e a mulher são como as diferenças nas peças de um quebra-cabeça, o que permite que eles se encaixem perfeitamente para, de novo, tornarem-se um, ajudadores idôneos um para o outro (...) Em todos os sentidos, são essas diferenças que os unem de forma tão completa e perfeita."[9]

A intenção de Deus foi que vivêssemos em relacionamentos, um completando o outro, oferecendo suas características específicas naturais para enriquecer o outro e aprendendo com ele aquilo que lhe é mais natural. "Na verdade, a complementaridade entre os sexos não é somente uma harmonia exterior que deve ser estabelecida entre dois seres distintos – o homem e a mulher – dentro do casamento e em suas relações sociais. É, também, uma harmonia interior, estabelecida no espírito de todos, homens e mulheres, entre as nossas tendências masculinas e femininas."[10]

Nossa complementaridade conscientiza-nos da nossa interdependência. Não podemos viver sozinhos. Precisamos uns dos outros. A vida da mulher é enriquecida pela convivência com o homem, o mesmo ocorrendo com o homem ao conviver com uma mulher. "Aprendendo a amar, apreciar, aceitar e entender *[nossas]* diferenças com sucesso, vamos nos tornar inteiros interiormente de modo praticamente automático. Amando o feminino, o homem torna-se mais feminino enquanto retém suas qualidades masculinas. Amando o masculino, a mulher torna-se mais masculina sem sacrificar suas qualidades femininas. Amando e respeitando essas diferenças, ganhamos o equilíbrio."[11]

No homem, Deus colocou algumas qualidades que o tornam naturalmente adequado para a tarefa que lhe é confiada: a de cuidar, proteger e prover o sustento para sua família. Daí sua grande necessidade de se sentir adequado, capaz, respeitado pelo que faz e por quem é.

A mulher, Deus fez mais apegada aos relacionamentos. Desde o momento da concepção, ela está envolvida de uma maneira única com seus rebentos, carregando-os dentro de seu próprio corpo, alimentando-os de seu próprio sangue, sentindo cada movimento da nova vida em sua própria carne. Esta afinidade define a maneira feminina de ser, tornando a mulher naturalmente mais voltada para as pessoas, mais em contato com suas emoções, mais vulnerável nos relacionamentos. Daí sua grande necessidade de se sentir amada, cuidada e protegida.

Assim, entendemos um pouco da grandiosidade do plano de Deus ao repartir entre dois seres complementares e interdependentes seus atributos, que só refletirão a fonte de onde foram copiados quando vivificados e sustentados pela água viva do amor divino, derramada em seus corações.

> No Senhor, todavia, nem a mulher é independente do homem, nem o homem, independente da mulher. Porque, como provém a mulher do homem, assim também o homem é nascido da mulher; e tudo vem de Deus.
>
> 1 Coríntios 11:11,12

Precisamos um do outro para crescer como pessoas. Precisamos um do outro para criar uma sociedade mais harmoniosa e equilibrada. Precisamos da visão masculina e da maneira feminina de ver e analisar as coisas. Por isso, foi aos dois, homem e mulher, que Deus deu a tarefa de cuidar do mundo que criou. "E Deus os abençoou e lhes disse: Sede fecundos, multiplicai-vos, enchei a terra e sujeitai-a" (Gn 1:28). Da mesma forma que nem o homem nem a mulher podem multiplicar-se sozinhos, também não podem dominar sozinhos a terra da forma como Deus projetou. De alguma forma, o fato de eu ser homem ou mulher é importante para que o plano de Deus para a humanidade seja cumprido. Tem que ser, ou Deus não nos teria feito assim.

SOU NOVA CRIATURA

À medida que vivemos nossa interdependência com outros seres humanos, seja no relacionamento entre marido e mulher ou nos relacionamentos com as outras pessoas, nos conscientizamos de que mesmo o melhor amor humano deixa de saciar totalmente o nosso coração. Pessoa alguma consegue nos amar incondicionalmente como ansiamos ser amadas. Por sermos todos carentes, o melhor amor que podemos dar ainda parte de um coração que clama por satisfação de seus próprios anseios.

Num filme de alguns anos atrás, que conta a história do rei Artur e seu reino da Távola Redonda, a princesa que está destinada a ser a esposa do rei queixa-se de estar perdendo o melhor de sua juventude por ter sido prometida em casamento antes de ver alguns cavaleiros dando a vida por ela. Reclama de que nunca verá alguém pulando no abismo, envolvendo-se num duelo ou indo para o degredo por ela. Assim, sem que alguém tenha dado por ela a vida, não pode saber o que é ser realmente amada como sonha.

A história daquela princesa evoca a verdade que se oculta no fundo dos nossos corações. Como Guinevere, também queremos alguém que nos ame a ponto de dar a própria vida por nós, pois um sacrifício como este confirmará para nós quanto somos valiosas.

E é o que aconteceu. Não apenas um cavaleiro, nem o príncipe de algum reino importante, mas o Príncipe de todos os reinos do Universo deu a vida por mim. A Bíblia revela claramente que, desde o momento em que os primeiros seres humanos pecaram, já foi prometido que um dia Deus em pessoa daria a vida para nos resgatar. Dirigindo-se à serpente, que tentou Adão e Eva à desobediência, Deus falou que o descendente da mulher lhe esmagaria a cabeça, mesmo sendo por ela ferido no calcanhar. Haveria dor, haveria feridas, haveria a morte dolorosa na cruz. Mas haveria também ressurreição, nova vida, não apenas para o próprio Deus encarnado, Jesus Cristo, como também vida nova para todos aqueles que, aceitando seu sacrifício, com ele morrerem e com ele ressuscitarem como novas criaturas.

> E, assim, se alguém está em Cristo, é nova criatura; as coisas antigas já passaram; eis que se fizeram novas.
>
> 2 Coríntios 5:17

Esta é a verdadeira identidade da pessoa que crê em Jesus Cristo e aceita o seu sacrifício. No espelho da Palavra de Deus, encontramos a imagem de quem realmente somos. É a única voz que pode nos dizer como somos e por que somos assim, pois vê o íntimo do nosso coração e revela não apenas as coisas que tentamos esconder, mas também a obra-prima da criação de Deus, a pessoa que Deus nos criou para ser. De alguma forma que não consigo começar a entender, Deus quis me fazer e tomou um cuidado especial com cada detalhe da minha criação.

Eu já existia no plano dele desde antes da fundação do mundo, pois ele me escolheu para ser santa e irrepreensível diante dele, e em amor me predestinou para si, para a adoção de filha, porque assim o quis (Ef 1:4,5). E para que eu pudesse ser tudo o que planejou para mim, ele me formou de modo "assombrosamente maravilhoso", entretecendo-me no ventre de minha mãe (Sl 139:14-16).

Cada detalhe da minha vida é importante para ele, pois conhece até o número de fios de cabelo que tenho na cabeça (Mt 10:30). Ele deu a vida para me transformar de criatura em filha sua (Jo 1:12), e agora está empenhado em terminar a boa obra que começou (Fp 1:6). As coisas que ele permite em minha vida são aquelas que podem ser transformadas em instrumento seu, para curar meu coração e me libertar das impurezas que turvam a imagem dele em mim (Rm 8:28,29).

Como ele conhece exatamente o que me projetou para ser, é o único que sabe o que existe em mim e está fora de seu plano original. Ele quer me dar a vida plena de gozo e realização que projetou para mim (Jo 10:10 e 15:11), mesmo que para isso precise disciplinar-me e mudar o rumo dos meus planos (Hb 12:6). Aquele que deu por mim seu próprio Filho, não dará graciosamente com ele todas as coisas? (Rm 8:32).

Sim, Alguém deu a vida por mim, Alguém que me ama com um amor eterno e incondicional. Ele conhece a minha sede e se oferece para saciá-la com seu amor e seu propósito para mim: "Se alguém tem sede, venha a mim e beba. Quem crer em mim, como diz a Escritura, do seu interior fluirão rios de água viva" (Jo 7:37,38). Água pura, fresca, cristalina para o coração sedento!

Entretanto, há uma condição para que eu possa beber desta água. Tenho de ir à Fonte, apresentar-me a Jesus com todo o meu ser, abrindo o coração para que ele possa derramar ali a sua água viva. E isto significa abrir mão de minha autonomia, de meus controles, de minha atitude de vítima. Enquanto mantiver erguidas estas barreiras de proteção, estarei também mantendo Deus fora do reduto do meu coração. E por me amar tanto, ele vai orquestrar os eventos da minha vida para me desarmar e me jogar em seus braços fortes e amorosos, como sabe que anseio fazer.

6

RESTAURANDO MINHA VERDADEIRA IDENTIDADE

Já disse o conhecido escritor C.S. Lewis que não é de novas verdades que precisamos, mas de ser relembrados das mesmas antigas verdades, vez após vez. Isto é porque o nosso modo natural de viver está muito ligado às coisas que podemos tocar e ver. Elas nos rodeiam e parecem formar uma realidade concreta, autêntica.

Assim, demora algum tempo para aquelas coisas que não podemos ver se tornarem uma realidade igualmente concreta, autêntica e até mais confiável para nós. Não é tanto porque desconfiemos do que Deus diz, mas porque ainda não aprendemos a confiar como é preciso para que haja uma mudança real em nosso modo de viver.

Minha vida funcionou razoavelmente bem por um bom tempo. A família me mantinha ocupada, mas satisfeita. Eu dava e recebia amor em doses suficientes para achar que tinha tudo que podia desejar. Moramos fora do Brasil por alguns anos, quando meus quatro filhos estavam no final da primeira infância e no início da adolescência. Isolados da família maior, forjamos elos muito fortes entre nós que nos mantiveram unidos numa convivência harmoniosa e agradável. Não tivemos grandes conflitos quando as crianças entraram na adolescência e a deixaram, ingressando na idade adulta.

De todos os pontos de vista, eu conseguira construir, com minhas próprias mãos, a vida perfeita que tanto desejava. Eu amava a Deus, buscava servi-lo com sinceridade, mas não a ponto de lhe entregar o controle total. Sabia que ele era um Deus todo-poderoso, amoroso e bom, mas da minha família cuidava eu, mesmo enquanto lhe pedia que cuidasse dela para mim.

Entretanto, como não fui feita para ter todo este controle, o esforço foi ficando acima de minhas forças. Meus filhos cresciam, e suas vidas estavam se complicando. O fardo de prover para eles todas as coisas boas que eu queria que tivessem estava se tornando intoleravelmente pesado.

Na sua grande e terna misericórdia, Deus queria dar-me a vida abundante que Jesus prometeu, e não a vida limitada que eu estava levando. Ele queria quebrar a servidão que o perfeccionismo – o meu controle de tudo e de todos ao meu redor – exercia sobre mim, a feia crosta de impurezas que encobria seu reflexo em mim.

O QUE O SENHOR ESTÁ FAZENDO COMIGO?

No relato da criação, Deus revela que fez os seres humanos à sua imagem, conforme a sua semelhança. Quando refletimos de alguma forma esta imagem e esta semelhança, cumprimos seu propósito ao nos criar. Este propósito não foi alterado pelas mudanças que sobrevieram à raça humana. Entretanto, agora o material que Deus tem de usar para fazer cada um de nós está contaminado pelo pecado, como disse o salmista: "Eu nasci na iniqüidade, e em pecado me concebeu minha mãe" (Sl 51:5). Mesmo assim, ele pode fazer todas as coisas, e nenhum dos seus planos pode ser frustrado (Jó 42:2).

Embora hoje sua imagem em nós esteja distorcida e deformada pelo nosso desejo de viver para nós mesmos primeiro, a única coisa que muda no plano dele é que aquilo que antes seríamos ao nascer agora é o fruto de um longo processo de transformação, de restauração. Por isso, não é difícil entender que cada detalhe de nossas vidas seja direcionado por ele para nos conduzir ao fim para o qual nos criou. Como nosso Criador, Deus sabe que jamais poderemos viver a vida livre e abundante com que sonhamos se não voltarmos ao ponto de refletir a sua imagem: "Sabemos que Deus age em todas as coisas para o bem daqueles que o amam, dos que foram chamados de acordo com o seu propósito. Pois aqueles que de antemão conheceu, *também os predestinou para serem conformes à imagem de seu Filho*, a fim de que ele seja o primogênito entre muitos irmãos" (Rm 8:28,29, NVI, grifo da autora).

Assim, é preciso que as coisas que escondem ou deturpam a imagem de Deus em nós sejam quebradas, removidas, pois elas nos prendem, nos tolhem e nos impedem de ser a pessoa que Deus nos projetou para ser. A imagem escondida por trás da feia crosta que obscurece o brilho da imagem de Deus precisa ser revelada. E o processo, longo e, muitas vezes, doloroso, é chamado refinamento.

Dentro deste propósito, Deus vai operando a nossa restauração através de todas as coisas que permite em nossas vidas. Todas. As boas, as más, as horríveis, as maravilhosas, as aparentemente indiferentes, as insignificantes. Ele não promete que nada de mal nos acontecerá, mas que todo mal que permitir transformará no bem supremo que projetou para nós: o de restaurar em nós a sua imagem, conformando-nos à imagem do seu próprio Filho, que é a imagem perfeita de Deus: "*[Jesus]*, que é o resplendor da glória e a expressão exata do seu Ser" (Hb 1:3).

COMO OURO REFINADO

Quando eu era menina, gostava de observar meu avô, que era dentista, em seu trabalho no laboratório que montou ao lado do consultório. Havia ali algumas coisas fascinantes, mas éramos terminantemente proibidos de entrar quando ele não estava. Entretanto, muitas vezes, quando ia trabalhar lá, ele me chamava para ficar conversando. Nunca recusei um convite seu. Eu amava ouvir as histórias que ele contava e observava seus movimentos lentos e concentrados enquanto trabalhava. Havia horas em que ele se calava no meio da história que estava contando e, como eu sabia que era porque o que estava fazendo exigia sua atenção total, ficava quieta, esperando até ele poder voltar a falar.

Mesmo tendo sido chamada por meu avô, eu não podia ficar muito perto, pois ele trabalhava com instrumentos perigosos. Depois de colocar uns óculos de proteção, ele acendia a tocha, que era tocada por um fole que ele acionava com o pé. Num cadinho, uma vasilha funda presa a um cabo comprido, ele colocava o ouro que precisava ser purificado para o uso a que estava destinado. Vovô acendia a tocha, cuja chama era azulada, quase invisível, de tão quente. Enquanto ele chegava a tocha ao cadinho, eu observava de longe. Sabia que quando o metal começasse a borbulhar, vovô se concentraria totalmente no que estava fazendo, pois o ponto de retirar o calor era muito importante.

Ele me explicou que o calor intenso do processo de fervura separava o ouro de outros metais e impurezas que o tornavam opaco e difícil de trabalhar. Somente o ouro puro servia aos seus propósitos. Assim, ele ia retirando as impurezas que subiam à tona quando o metal borbulhava e repetia o processo tantas vezes quantas fossem necessárias para produzir um metal puro, maleável e brilhante.

Muitas vezes, o que sobrava ele despejava em uma pequena forma. Ao esfriar, o que demorava um bom tempo, aquele metal parecia um espelho polido e brilhante, que refletia perfeitamente a imagem daquele que o havia trabalhado e refinado.

Como vovô fazia com o ouro que desejava usar, Deus usa o calor das provações, das tribulações que permite em nossas vidas para nos refinar, para retirar as impurezas que nos tornam rijos, difíceis de trabalhar, resistentes ao propósito a que nos destinou.

O processo de refinamento é mencionado diversas vezes na Palavra de Deus. Ele diz que, aqueles que separou para ser seu povo, colocará no fogo e os refinará como prata e purificará como ouro (Zc 13:9). Ele nos submete à prova e nos refina como a prata (Sl 66:10). A nossa fé é mais preciosa do que o ouro refinado pelo fogo, mas o processo é o mesmo, pois é no calor das provações (1 Pe 1:6,7) que ela mostra se é ou não genuína e resulta em louvor, glória e honra quando Jesus for revelado – ou refletido – em nós.

Como o ourives atento, Deus sabe exatamente quanto calor e quanto tempo são necessários para que o processo de refinamento seja eficaz. Se o calor for insuficiente, não cumprirá sua finalidade. Se parar um pouco antes do ponto de ebulição, as impurezas permanecerão e o metal continuará imprestável, escuro, opaco, escondendo em vez de refletindo a imagem do refinador.

A refinação é um processo, e como tal, opera ao longo de um período de tempo. Deus o usa para ir retirando aos poucos de nossas vidas aquelas coisas que obscurecem ou distorcem sua imagem em nós. Ele começa com as que são mais aparentes, mais óbvias, os comportamentos que desagradam a Deus: vícios que prejudicam nossos corpos, hábitos como a mentira e a desonestidade, língua ferina, brigas e animosidades. Mas depois, ele passa a trabalhar naquelas coisas que podem não ser necessariamente ruins, mas que ainda controlam nossa maneira de ser. E é aí que o processo vai se tornar extremamente doloroso.

Na minha vida, o processo de refinação que Deus conduzia estava apertando, e o calor já começava a incomodar. Alguns fracassos sérios e incontroláveis em minha vida *puxaram o tapete* da falsa segurança debaixo dos meus pés. Fui lutando como pude, me segurando, tentando manter o que levara tanto tempo para construir. Mas quando o casamento de minha filha caçula se desfez, a imagem da família cristã perfeita, abençoada por Deus por ser tão obediente, caiu por terra. De repente, vi-me em pé sobre um vazio onde antes eu achava que existia chão sólido, seguro.

Você se lembra daqueles desenhos animados em que algum bicho, numa carreira desabalada, ultrapassa a beira do precipício sem perceber e paira uns instantes no ar, perplexo, antes de se arrebentar lá embaixo? Foi o que senti. Quando vi, estava caindo, caindo, sem ter mais nada em que segurar. Tudo a que me havia agarrado por tanto tempo rebentava em minhas mãos sem deter-me a queda.

A imagem que eu trabalhara tanto para construir rachou, deixando exposta a fragilidade de uma pessoa ferida e confusa. Foi com certa amarga satisfação que lancei ao rosto de Deus: "Nunca mais o Senhor me pega à frente de uma classe de escola dominical falando sobre seu plano para o casamento. Muitas vezes já ensinei que, se um dos cônjuges seguir seus mandamentos, ele e o Senhor formarão uma maioria imbatível que restaurará o relacionamento. E agora, o que vou falar? Não sei mais nada! Só sei que nada sei!"

Quebrara-se a aparente perfeição da minha vida. Eu já não sabia quem era, nem o que havia feito para que este aspecto tão importante da família desse errado, ou o que mais poderia ter feito para assegurar a continuidade do meu mundo como eu queria que ele fosse. E como achava que Deus também queria. Os fundamentos da minha fé borbulhavam ao calor do sofrimento.

O FOGO DO OURIVES

Quando as pessoas e os relacionamentos que me davam segurança escaparam ao meu controle e coisas que eu achava que nunca poderiam acontecer numa família que amava e honrava a Deus atingiram a minha, cheguei ao fundo do abismo. Foi quando percebi que, até então, a minha felicidade dependera de coisas que realmente não podia controlar, por mais que me esforçasse. As pessoas a quem amava nem sempre agiam da maneira como eu queria, como eu achava certo. Senti na carne a barreira que nos separa de alguém a quem amamos, que podemos até estar abraçando, mas que toma a decisão de se afastar de nós de maneira definitiva.

Questionei minha fé, as promessas de Deus. Como ele podia permitir que coisas tão ruins acontecessem comigo – logo eu, que o servira com todas as minhas forças desde pequenina, que sempre procurara obedecer ao que ele mesmo ensinava em sua Palavra? Ele não era fiel? Não era poderoso? Não me amava?

As respostas não vinham, e, durante algum tempo, minha vida perdeu o sentido. Nada parecia importar. Eu vivia como um autômato, fazendo as coisas que precisava fazer, mas com a alma e o coração totalmente apáticos, desinteressados de tudo. Parecia que Deus não se importava comigo, que deixava as coisas acontecerem à revelia, que não interferia a meu favor quando seria tão fácil para ele fazê-lo. Eu não podia enxergar bem algum no que estava acontecendo com a minha família, e não podia crer que Deus agisse através de algo que ele mesmo disse ser fruto da dureza do coração das pessoas. Questionei tudo que constituía a base das minhas crenças. Só não questionei minha fé em Deus. De certa forma, isto fazia parte de mim, e eu não seria eu se não cresse.

E Deus usou esta fé pequenina e abalada como o ponto de partida para o processo de restauração, que foi lento, mas progressivo e seguro. Se eu cria no Deus da Bíblia, e ele não estava correspondendo às minhas expectativas, então, concluí, eram as minhas expectativas que eu deveria questionar.

Comecei do zero, revendo todas as coisas que acreditava a respeito de Deus e de suas promessas para mim. Percebi, então, haver coisas que eu esperava dele e que ele jamais prometera. Vi que estava, de certa forma, usando a fórmula que descobrira para obter de meus pais aquilo que eu queria. Já adulta, estava usando a mesma estratégia com Deus, achando que ela faria minha vida funcionar como eu queria: 2 + 2 = 5. O primeiro "2" era: "Deus me ama e é poderoso para me dar tudo que achar bom para mim." O segundo "2" era: "Vou fazer todo o possível para agradá-lo." O "5" era: "Ele terá de me dar a felicidade da maneira como a entendo."

Enquanto este resultado era algo que estava em minhas mãos, dependendo do que eu podia fazer, era eu quem determinava o que era felicidade. "Eu serei feliz e realizada se todos os meus filhos estiverem bem, se meu marido me amar e me tratar bem, se meus alunos apreciarem as minhas aulas, se eu for prestigiada pelas editoras etc." Nada de errado com isto, não é verdade? Mas a questão é que, de certa forma, eu continuava no controle, retendo minha autonomia, não precisando depender totalmente de Deus e de suas idéias do que era bom para mim.

Por isso, eu tinha de chegar ao ponto da impotência total, de não haver nada que eu pudesse fazer para alterar o rumo do que estava acontecendo. De mãos totalmente atadas, fui mais ou menos obrigada a entregar a Deus o controle que por tanto tempo pensei ter, embora ainda não visse esta entrega como a bênção que era.

RESTAURANDO A IMAGEM

Aos poucos, carinhosamente, Deus mostrou-me a fragilidade de todos os meus relacionamentos, em contraste com o amor, a fidelidade e a proximidade constantes que ele me oferecia. Comecei a ver que nenhum ser humano poderia me dar a segurança que eu almejava. Meu marido, um homem profundamente amoroso e carinhoso, que sempre me apoiou e encorajou, ainda assim poderia me faltar um dia. Como ele também não é dono de sua própria vida, não pode prometer que estará sempre ao meu lado. E por mais amoroso que ele seja, ainda há horas nas quais não pode me dar todo o amor por que anseio. Nestas horas, preciso buscar em Deus a água fresca que saciará totalmente a minha sede.

Meus filhos viveriam suas próprias vidas, seguindo os rumos que Deus determinasse para eles. Eu teria de vê-los sofrer muitas vezes, sem nada poder fazer além de amá-los e orar por eles. Eu não lhes tinha dado a vida, mas Deus a deu, através de mim. Ele é o dono da vida deles e o único que pode cuidar deles em todas as circunstâncias. A realidade é que eles já eram de Deus, e não meus. Por isso, tentar ajeitar as coisas para eles se tornara um fardo tão pesado.

Foi um processo doloroso. Entregar de fato a Deus aquilo que, até então, representava para mim a própria vida parecia um ato suicida, pois ele poderia resolver me tirar todos os meus entes queridos, a minha reputação, que representavam a felicidade que eu desejava e para a qual tanto havia trabalhado. Não era isto que entrega queria dizer? Jesus disse que precisamos perder a vida para achá-la. "Pois quem quiser salvar a sua vida perdê-la-á; quem perder a vida por minha causa, esse a salvará" (Lc 9:24). Eu tentara viver a minha vida mais por meus próprios recursos, e agora me via forçada a entregar aquilo que nunca fora meu em primeiro lugar.

Por isso que, quando fui forçada a enxergar quanto era frágil e fictício o meu controle, pensei estar perdendo a própria razão de viver. Se as coisas não podiam ser como eu queria e sonhava, era melhor nem viver. Era como se estivesse abrindo mão da própria vida. Mas foi quando perdi o controle sobre tudo aquilo que eu considerava mais importante na vida que encontrei as verdades sólidas e comprovadas do amor e do cuidado de Deus. E este amor foi-me mostrado de maneiras claras e inconfundíveis, mesmo enquanto eu questionava as bases da minha fé.

Lembro-me de uma semana especial em que percebi que uma sabedoria sobrenatural guiava todas as decisões difíceis e tristes que devia tomar. Com certeza, não vinha de mim mesma. Era pleno verão, e um calor estafante envolvia a cidade de São Paulo. Na sexta-feira, precisei ir com minha filha ao centro, perto da Praça da Sé, para resolver uma questão legal referente ao problema que enfrentávamos. A multidão que apinhava a estação do metrô e as ruas por onde tive de passar, o prédio escuro e feio aonde tive de ir, a sensação de peso e inutilidade por ter de me envolver com coisas que eu jamais pensara enfrentar – tudo isso se abateu sobre mim como um pesadelo.

Voltei para casa esbaforida, desanimada, cansada, derrotada pelas circunstâncias. Fui para o quarto e fechei a veneziana para escurecer o ambiente e refrescá-lo um pouco. Liguei o ventilador de teto e me joguei sobre a cama, sentindo um pouco de tontura. Não queria ver ninguém, conversar com ninguém, nem saber que existia algo fora daquelas quatro paredes que me abrigavam. O telefone tocou quase imediatamente. Senti forte tentação de não atender, mas, pela força do hábito, acabei pegando o aparelho, tentando não parecer mal-educada ao dizer "alô".

Era o pastor Eude Martins, para quem eu trabalhava como tradutora. Ele começou falando de trabalho, mas vi que não era esta a finalidade de sua ligação. Então ele entrou no assunto, perguntando:

— Dona Wanda, está tudo bem com a senhora?

Embora nos conhecêssemos havia muitos anos, não tínhamos intimidade para eu lhe contar o que estava passando. Por isso, desconversei:

— Estou indo, pastor. Mas por que o senhor pergunta?

> Sua resposta surpreendeu-me a ponto de me causar arrepios.
>
> — É porque eu normalmente não oro pela senhora, mas esta semana toda o Senhor me tem tocado para orar pela senhora. Por isso, resolvi telefonar e perguntar se há alguma coisa específica pela qual eu possa orar.
>
> — Ah, pastor, se o senhor soubesse... Preciso demais de suas orações. Não vou lhe contar tudo o que está acontecendo, mas, por favor, continue orando para eu enxergar o que Deus está querendo de mim nesta situação.
>
> As palavras que aquele pastor amigo me disse a seguir têm sido uma fonte de consolo e ânimo para mim desde aquele dia.
>
> — Irmã, pode estar certa de que isso tudo é arte do inimigo para desanimá-la. Mas quando Deus convoca seus filhos para interceder por alguém, a vitória já está garantida. A senhora não está esquecida no céu, pois Deus está cuidando da senhora. Se não passarmos por aflições, Dona Wanda, não temos o que dizer às pessoas. Deus só pode usar pessoas quebrantadas para ministrar a outras pessoas.

Ele falou de coisas que eu já sabia, mas ouvir essas verdades de um mensageiro do Senhor foi como sentir o frescor causado pelo adejar das asas de um anjo no meio do calor do deserto. Ainda bem que eu havia tirado as minhas sandálias, pois vi claramente que o lugar onde estava era santo. A presença do Senhor era palpável, assim como fora toda aquela semana. Eu realmente não ficara esquecida no céu.

Com ânimo renovado, voltei a reexaminar as verdades sobre as quais havia construído minha vida e descobri onde minha velha fórmula estava errada. Você se lembra dela? 2 + 2 = 5? O primeiro "2" era sólido, seguro: Deus me ama e tem poder para me dar tudo que achar que é bom para mim. O segundo "2" é que não representava a verdade, não era sólido: "Vou fazer tudo para agradar a Deus e, assim, ele me dará o que preciso para ser feliz." Pensei que era "2", mas não era. Talvez fosse um "3", e, por isso, o resultado final saiu alterado. O amor de Deus por mim é incondicional, não depende de qualquer coisa que eu faça para lhe agradar. Ele me amou primeiro, de maneira perfeita, e continua me amando, mesmo quando falho miseravelmente naquilo que ele me fez para ser. Por isso, tudo que eu fizer para mostrar quanto o amo será apenas uma reação a seu amor por mim.

Minha obediência, fazer as coisas que sei que agradam a Deus, é uma bênção em si. Como já dizia meu avô, se o velhaco soubesse como é bom ser crente, por velhacaria seria crente. A vida de quem segue os princípios de Deus, mesmo que não seja pelos motivos certos, é muito mais feliz, menos conturbada. Os princípios de Deus valem para todos os seres humanos. Afinal, foi ele quem nos fez e sabe como funcionamos melhor. Foi ele quem colocou a sua Lei no coração das pessoas. Mesmo para aqueles que não o aceitarem como Pai, a melhor maneira de viver ainda é seguindo seus mandamentos.

Deus deseja a minha obediência para o meu próprio bem. E eu obedecia, embora realmente o amasse, só que mais para obter o que tanto desejava do que por uma livre e empolgada demonstração do meu amor por ele. Era mais o senso de obrigação que ditava o que eu fazia ou deixava de fazer. Por causa desta distorção, o resultado final estava errado.

O segundo "2" da fórmula, que representa uma verdade firme, concreta, real e segura, é que Jesus fez tudo o que Deus requeria para eu ser feliz ou bem-aventurada, nos termos dele. Por isso, o "5" era a resposta errada, pois significava a felicidade como eu a via, nos meus termos. Por melhores que sejam estes termos, minha visão é limitada por minha humanidade. Não conheço o amanhã, não sei o que é realmente melhor para mim. Deus é o único que sabe, e ele só permitirá em minha vida o que contribuir para cumprir o propósito bom para o qual me criou.

Ele, o Deus todo-poderoso, está envolvido em cada detalhe da minha vida. Nada me atingirá que não passe primeiro por suas mãos sábias e amorosas. E, mesmo quando eu estiver passando por aflições e dificuldades, ele estará comigo, pois prometeu que jamais me abandonaria: "De maneira alguma te deixarei, nunca jamais te abandonarei. Assim, afirmemos confiantemente: o Senhor é o meu auxílio, não temerei; que me poderá fazer o homem?" (Hb 13:5,6).

Ao entender esta verdade libertadora, senti como se a crosta de distorções que eu via quando olhava no espelho começasse a rachar e a se soltar. Tive um vislumbre de como poderia ser a minha vida sem aquele fardo que eu carregara por tanto tempo, o que aguçou minha sede por mais.

PARTE III

PODER SOBRENATURAL

7
CURANDO AS FERIDAS DO CORAÇÃO

Recentemente, meu neto mais velho descobriu o significado da palavra "adoção". Jônatas é um garoto esperto e bom de bola. Sua grande paixão é o futebol. Ele sempre soube que era adotado, e por muitos anos teve orgulho de sua condição de filho do coração. Quando entrou para a 4ª série, participou de um projeto da classe sobre famílias diferentes, e se apresentou triunfantemente a todos os colegas como o único filho adotivo entre os 30 alunos.

Entretanto, esta mesma distinção e as perguntas dos colegas espicaçaram sua curiosidade. Chegando em casa, ele encurralou minha filha num cantinho do escritório e a crivou de perguntas sobre os fatos da adoção: quem o tivera, por que o havia dado. Wandy explicou o que já contara antes muitas vezes, sem nada esconder ou disfarçar, só que agora ele ouvia aquelas verdades com uma nova compreensão dos fatos. Ele ouviu tudo, a expressão concentrada, piscando duro para disfarçar as lágrimas que ameaçavam cair.

— E aí, mãe, dá para descobrir quem é essa mulher que me teve?

— Fácil não é, filho, mas também não é impossível.

Então, com o coração confrangido, minha filha fez a pergunta cuja resposta temia.

— Por que você quer conhecer essa mulher, meu filho?

E a resposta chocante e chorosa do garoto a pegou de surpresa:

— Porque quero dar um soco na cara dela!

Jônatas acabara de dar-se conta de que, para ter sido escolhido e adotado, algo que sempre o fizera sentir-se muito especial, ele primeiro havia sido rejeitado da forma mais dolorosa. Apesar de toda a conversa e a argumentação lógica que Wandy usou para consolá-lo, ele ficou mais de uma semana de mal... com a mãe!

Quando minha filha contou-me este fato, não sabia como agir. O menino estava testando a paciência e o amor dela, como se fosse ela quem o tivesse magoado! Alguns dias de muita tensão passaram-se naquela família. Nenhum argumento convencia o menino a mudar de atitude. Ele estava com raiva de todo mundo, e não ia deixar por menos.

Acompanhamos aquele pequeno drama com as nossas orações até que, um dia, minha filha ligou-me, radiante. Jônatas tinha feito as pazes com o mundo porque tinha feito as pazes com Deus. Desde pequenino, ele havia aprendido a levar seus problemas e medos a Jesus. Na noite anterior, Wandy o ouvira orando, pedindo que Deus tirasse toda a raiva do seu coração. E a primeira coisa que fez depois de orar foi procurar a mãe, abraçá-la apertado e pedir perdão pelas coisas que havia dito e feito. Nem é preciso dizer que o abraço foi retribuído plenamente e, aproveitando o momento de intimidade, a mãe o cobriu dos beijos que ele raramente se permite receber e retribuir.

Nem mesmo todo o amor dos pais adotivos pode eliminar totalmente a dor que Jônatas sente no fundo do coração. A adoção é uma realidade em sua vida, e os fatos que a cercaram não podem ser alterados.

Poucas pessoas sofrem uma rejeição tão definitiva quanto a que meu neto e outros filhos adotivos sentem. Mas, devido ao grande anseio de amor e valorização que temos por sermos seres pessoais, todos nós já sentimos aquela tristeza e medo que uma rejeição real ou vista como tal causa em nosso coração. E esta mágoa pode transformar-se numa ferida dolorida que dominará a nossa pessoa a tal ponto que nos identificaremos mais com o que ela faz de nós do que como Deus nos fez para ser. Por isso, precisa ser tratada. E este tratamento faz parte do processo de restauração da imagem de Deus naqueles que se tornam seus filhos. Filho tem de se parecer com o pai.

Quando a vida sobrenatural tornou-se mais real e atraente para mim, quando comecei a ver a pessoa que Deus me havia feito para ser, achei que estava entrando para a pós-graduação no meu relacionamento com ele. Eu havia aprendido tanta coisa durante aqueles anos! Entretanto, apesar de tudo que aprendera, ainda fiquei surpresa ao reconhecer que, na realidade, eu estava era me formando... no jardim da infância!

A caminhada que empreendera até o fundo do poço era o começo de uma nova etapa na minha vida de fé. Foi uma prova importante, e minha fé sobreviveu não apenas intacta, como também mais forte. Entretanto, havia muitas coisas em minha vida que Deus teria de remover para continuar sua obra de restauração.

Como nossa vida aqui neste mundo é apenas o início da vida eterna com Deus, este é o tempo de vivermos por uma realidade invisível enquanto ainda estamos rodeadas por coisas palpáveis, visíveis. E não é fácil vivermos assim. Por mais confiantes que estejamos nos cuidados de Deus por nós, ficamos abaladas quando perdemos o emprego que nos dava o sustento garantido todos os meses. Por mais confiantes que estejamos no amor de Deus por nós, sentimos a dor agonizante do abandono quando um cônjuge diz que não mais nos ama e deixa o lar. Sofremos legitimamente quando nosso nome é jogado na lama, quando nossos filhos se envolvem com drogas ou com o crime, quando nossas filhas se desviam dos caminhos em que foram criadas, quando nosso negócio vai à falência, especialmente se tivermos agido com toda a honestidade.

Entretanto, por sermos primeiramente seres pessoais, é na área dos relacionamentos que sofremos nossas maiores dores. As outras dificuldades muitas vezes nos estimulam à luta. Mas quando as pessoas, especialmente aquelas que amamos e admiramos, nos decepcionam, nos traem, nos magoam, nos criticam, temos a impressão de que um pedaço de nós foi arrancado. Sentimo-nos diminuídas como pessoas, mesmo que saibamos quanto somos amadas por Deus. Por quê? Se o amor de Deus é tão perfeito, incondicional e envolvente, provado pelo fato de ter ele morrido para nos dar vida, por que as pessoas ainda têm tão grande poder sobre nós?

A resposta está no fato de termos sido criados para viver em comunhão com os nossos semelhantes. Foi o próprio Deus que determinou não ser bom o ser humano viver só (Gn 2:18). Foi idéia dele a vida em família, a união de um homem e uma mulher para viverem juntos a vida toda, para serem primeiro um casal, depois pais, avós, tios, primos, netos, cunhados, parentes por laços de sangue e de casamento, amigos, vizinhos, colegas e toda a riquíssima gama dos relacionamentos humanos.

Afetamos a vida uns dos outros de uma maneira que nenhuma outra coisa pode fazer. A dor dos relacionamentos atinge-nos no íntimo do nosso ser. As pessoas podem abalar a nossa identidade, mesmo que estejamos firmemente ancoradas em Deus, pois são a extensão visível dos braços invisíveis do Pai. Embora homens e mulheres sejam igualmente relacionais, as mulheres, por sua própria maneira de ser feminina, por estarem ligadas através de seu próprio corpo a outros seres humanos, por terem mais afinidade com seus sentimentos, são mais diretamente afetadas pelas dificuldades dos relacionamentos.

QUE FERIDAS SÃO ESSAS?

Já vimos antes as necessidades básicas de amor e valorização com as quais todos nós nascemos por sermos feitos à imagem e à semelhança de Deus. Deus é amor, e nós precisamos de amor para sobreviver. Deus tem um propósito para as nossas vidas, e nós precisamos sentir que elas têm um propósito. Ele é o Criador, o originador de tudo, e por isso tem para dar. Nós somos criaturas, precisamos das coisas que ele tem para dar.

Por isso, há no coração de cada pessoa duas perguntas cruciais. Da resposta que recebermos a elas depende a maneira como nos veremos como pessoas. São elas: “Sou amada como sou, por mim mesma?" E: "Minha existência tem uma razão de ser, tenho valor por ser quem sou?"

Começamos a fazer essas perguntas às pessoas que nos cercam na mais tenra infância. As respostas que obtivermos determinam a imagem que fazemos de nós mesmas. Se fomos amadas e valorizadas, sentimos que ambas as perguntas foram respondidas na afirmativa. Mas como qualquer "não" vem apenas confirmar o medo que existe dentro de nós de nunca sermos amadas ou de sermos importantes por nós mesmas, é quase impossível passarmos pela infância incólumes.

Alguém, de alguma forma, por mais amoroso e sábio que seja, vai nos passar uma mensagem negativa. A mãe ocupada que não pára para dar atenção ao filho no momento em que ele a reclama, o irmão mais velho que nos escorraça de suas brincadeiras, o pai distraído com o jornal que nos pede que deixemos de amolar com nossas criancices. A lista estende-se *ad infinitum*.

Se uma negativa dessas vem num ambiente normalmente amoroso e compreensivo, seu impacto é apenas momentâneo. Mas devido à necessidade urgente de nossos corações por amor e valorização, mesmo as negativas de menor impacto acabam influenciando a maneira como passamos a nos ver. Por isso, coisas que nos ferem e limitam em nossa vida adulta muitas vezes refletem feridas mal curadas, causadas por mágoas que sofremos no passado. Delas brotam as raízes de nossas estratégias de sobrevivência, que nos controlam e determinam nossas reações a eventos de hoje. Você talvez se lembre de algo que a marcou profundamente, algo tão doloroso que a levou a prometer a si mesma: "Nunca mais isso vai acontecer comigo."

Em uma palestra que pronunciou quando esteve no Brasil, o doutor Larry Crabb contou como, quando pequeno, durante um jogo de basquete, queria muito impressionar o pai. Vê-lo sentado na arquibancada, acompanhando atentamente as jogadas do filho, deu ao garoto asas nos pés e um toque de mestre. Ele dominou a bola, rodopiou, driblou, desviou-se dos adversários e, numa corrida ágil e veloz, os cabelos loiros voando, conseguiu fazer a cesta perfeita. E no campo adversário!

Quando percebeu o que havia acontecido, o garoto nem conseguiu erguer os olhos do chão e fitar os companheiros, quanto mais o pai. Naquele momento, ele tomou a decisão de jamais se arriscar de novo para não se expor a dar com a cara no chão na frente de todas as pessoas importantes para ele. Por muitos anos, foi um gozador, que fazia piada de tudo e aparentemente não levava nada a sério.

Quando o ouvi contar este episódio, lembrei-me daquele vivido com meu pai, que narrei no capítulo anterior, e cuja importância eu nunca entendera. Se coisas corriqueiras, do dia-a-dia, marcam o coração das pessoas e determinam, em grande parte, a maneira como elas viverão dali em diante, imagine as coisas mais sérias, então, como grandes rejeições, abusos, abandono! Estas podem tornar-se feridas tão dolorosas que não permitimos que ninguém toque aquele lugar. Nem Deus.

Sabemos que, para curar uma ferida infeccionada, é preciso chegar ao cerne da infecção, lancetando o ferimento, removendo o tecido infeccionado e, depois, desinfetando. Só então pode ser aplicado o curativo que vai restaurar o tecido e fechar a ferida. Se fosse usado apenas o curativo, a única coisa que aconteceria seria um prolongamento do processo da dor, sem a menor perspectiva de cura.

Deus quer nos curar, quer remover a dor que controla nossa maneira de viver, para que possamos ter a vida abundante que nos prometeu. Quando Jesus, ao iniciar seu ministério, citou a profecia de Isaías 61:1 para falar da missão que o havia trazido à terra, enfatizou duas coisas: cura e libertação. "O Espírito do Senhor está sobre mim, pelo que me ungiu para evangelizar os pobres; enviou-me para proclamar libertação aos cativos e restauração da vista aos cegos, para pôr em liberdade os oprimidos" (Lc 4:18). Ele quer nos curar e nos libertar das coisas que nos tolhem, que ainda nos amarram e nos impedem de ser livres.

VOCÊ QUER SER CURADA?

Sabendo que a cura vai primeiro doer e pode demorar, muitas vezes preferimos recorrer a soluções mais rápidas, que tragam algum alívio imediato. Podemos procurar aliviar a dor com algo que nos traga prazer e satisfação imediatos. Algumas pessoas usam a comida para isto. Como o alimento está associado a uma sensação de conforto desde a primeira vez que o bebezinho recém-nascido mama, muitas de nós acabam usando as comidas de que gostamos, especialmente doces e chocolates, para nos trazer aquela sensação de saciedade e bem-estar por que ansiamos. E como a sensação imediata é boa, é a elas que recorremos quando sentimos a dor das nossas feridas.

Outras pessoas recorrem ao o álcool ou algum tipo de anestesiante. O objetivo é o mesmo: queremos algo que minore rapidamente a nossa dor. Há ainda aquelas pessoas que se voltam para atividades, como trabalho, compras, distrações, entretenimentos.

Lídia, por exemplo, é viciada em novela e cinema. Ela assiste às repetições das novelas que passam durante a tarde e a todas as da noite. Quando acaba o horário das novelas, ela assiste a algum filme. Entre uma trama e outra, sua própria dor é esquecida.

Judite vai às compras quando não se sente bem. Muitas vezes, gasta mais do que pode. Gasta mal, pois não tem um objetivo concreto, e sai sempre arrependida de haver gasto tanto com coisas inúteis... até a próxima vez que sentir de novo a sua dor.

Há pessoas para quem o acúmulo de bens materiais parece ser a melhor maneira de aliviar a dor. Elas estão sempre pensando em algo que "precisam" ter, trabalhando para obtê-lo. Mas assim que adquirem o objeto do seu desejo, passam a se concentrar na próxima aquisição. Enquanto se concentram em algo material, fica mais fácil ignorar a dor que sentem.

Veja bem: há pessoas que usam soluções muito mais louváveis. Elas se envolvem com atividades voluntárias para beneficiar outras pessoas, com trabalhos na igreja, com obras de caridade. Mas até estas coisas boas e admiráveis, se usadas para encobrir a dor do coração, acabam sendo apenas mais uma estratégia de sobrevivência, e não uma prova de amor. O apóstolo Paulo diz isto muito claramente: "E ainda que eu distribua todos os meus bens entre os pobres e ainda que entregue o meu próprio corpo para ser queimado, se não tiver amor, nada disso me aproveitará" (1 Co 13:3). Não é amor de verdade.

Podemos também tentar continuar vivendo com a dor conhecida. Pelo menos, com esta já estamos acostumadas e sabemos o que esperar, protegendo o lugar dolorido, como fazemos quando temos algum ferimento no corpo. Como você anda quando está com o dedo do pé infeccionado? Para evitar a dor que o simples andar lhe causa, acaba manquejando. Se alguém se dirige para o seu lado, você dá um jeito de proteger aquele pé a fim de evitar que seja pisado. Só de pensar que isto pode acontecer, ele já dói, não é mesmo?

Para não sucumbir à dor, não deixar que ela nos aniquile e nos destrua, vivemos fechadas dentro de nós mesmas. Somos como tartarugas: um corpo mole e vulnerável escondido dentro de uma casca dura e resistente. Vivemos encolhidas, limitadas por nossa própria casca, mal botando a cabeça para fora de vez em quando, lutando contra o anseio de ser tudo o que Deus nos fez para ser. O medo da dor nos leva a manter as pessoas à distância, até aquelas a quem amamos, pois não queremos nos arriscar a levar uma pisadela no lugar dolorido.

Nossas estratégias de sobrevivência são a forma como tentamos nos proteger da possível recorrência da nossa grande dor de não nos sentirmos amadas ou valorizadas, a dor da rejeição. "Nunca mais vou permitir que me digam que não estou à altura, que o que fiz não é bom o suficiente. Nunca mais vou me arriscar para não dar com a cara no chão na frente de todos. Nunca mais vou permitir que alguém me faça perder o controle." E assim por diante.

Você se lembra das mulheres que citei no capítulo 4? Irma usa o trabalho para se valorizar e para evitar a dor da rejeição que já sentiu um dia. Rosana tornou-se passiva, uma vítima, deixando-se usar e abusar por todos da família, enterrando suas queixas no fundo da alma, onde o desrespeito do marido e dos filhos transformou-se em raiz de amargura. Vanice, desesperada pelo amor do marido, tem medo de sofrer novamente o que sofreu com o pai e o mantém à distância, castigando-o por não ser capaz de apagar toda a sua dor.

Entretanto, essas duas soluções – a de tentar aliviar a nossa dor ou de ir vivendo com ela como der – apenas encobrem a dor ou a disfarçam temporariamente. Em última instância, sabemos que ela está lá, no fundo da nossa alma, e que qualquer descuido de nossa parte pode nos expor novamente ao sofrimento. Nossa vulnerabilidade nos apavora. Preferimos soluções insatisfatórias à cura que Jesus quer nos dar porque temos medo de nos expor, de sofrer de novo, de enfrentar o que pode acontecer. Sentimo-nos presas, sem escolha. "Não posso fazer nada. Não posso deixar de ser assim. Não consigo agir de forma diferente."

Mas as cadeias que nos prendem já não têm poder sobre nós. Você se lembra do que Jesus disse que veio fazer? Proclamar a libertação aos cativos. Nele, através do seu poder em nós, somos livres para abrir mão de nossas velhas estratégias de autoproteção. Mas, para isso, precisamos desejar mudar. E entregar as nossas dores mais profundas ao único Médico que pode nos libertar de vez.

O GRANDE MÉDICO

Certa vez, Jesus dirigiu-se a um tanque onde, segundo a tradição, um anjo descia dos céus e agitava as águas. A primeira pessoa que entrasse nas águas do tanque depois disto seria curada de qualquer enfermidade que tivesse. Ali Jesus encontrou, entre a multidão de sofredores, um paralítico que esperava havia 38 anos por seu momento de cura, sem ter ainda conseguido ser o primeiro a descer às águas no momento certo. Pareceria óbvio a qualquer um que o maior desejo daquele homem sofredor e persistente era o de ser curado. Entretanto, Jesus dirigiu-se a ele e fez uma pergunta estranha: "Você quer ser curado?"

A resposta daquele homem foi mais estranha do que a pergunta de Jesus. Ele fez um retrospecto de sua vida e considerou todas as razões pelas quais ainda não fora curado. Ao rever todos aqueles anos de enfermidade, ele entendeu que, da forma como esperava a cura, ela talvez nunca viesse. Quando enfrentou sua impotência para obter a própria cura, estava pronto para receber o milagre que Jesus queria lhe dar: cura instantânea, completa.

Esta também é a condição para a cura dos nossos corações. Enquanto não olharmos de frente a nossa carência, não reconhecermos a profundidade da nossa dor, não desejarmos ardentemente ser curadas e não entendermos a nossa impotência para promover nossa própria cura, não estaremos prontas para o toque libertador de Jesus.

Como aconteceu com aquele paralítico, quando a dor já parece ser a realidade constante nas nossas vidas, somos muitas vezes surpreendidas nos momentos de desesperança pela presença de Jesus à nossa frente, perguntando: "Você quer ser curada?"

O doutor Neil Anderson fala como Deus propicia o momento certo para enfrentarmos as coisas em nossas vidas que precisam ser curadas. "Deus faz tudo às claras. Sabendo disto, você pode sempre contar com ele para fazer aflorar seus conflitos do passado no momento certo para poderem ser vistos claramente e tratados. Já observei que, quando os conflitos são profundamente traumáticos, Deus permite que a pessoa amadureça até ser capaz de enfrentar a realidade do passado (...) Deus conhece as feridas ocultas em seu íntimo que talvez você não consiga ver. Quando lhe pedimos que sonde o nosso coração, ele revela aquelas manchas escuras do nosso passado e as expõe à luz no momento certo."[12]

O BÁLSAMO PERFEITO

Sem expor à luz clara da verdade a raiz de onde brota a infecção que nos contamina, não seremos curadas. Não estou advogando aqui ficar escarafunchando o passado à procura de alguma coisa ou alguém que eu possa responsabilizar por todas as minhas dores. Mas é preciso reconhecer que há duas causas primárias para o meu sofrimento pessoal: as dores que resultam daquilo que eu mesma faço e as que resultam do que os outros fazem contra mim.

Por eu ter nascido com aquela enorme necessidade de ser amada incondicionalmente e apreciada simplesmente pelo que sou, e até o final da meninice estar mais sujeita a ser influenciada do que a influenciar, é mais do que provável que venha a encontrar, nesse período da vida, algumas coisas que me afetaram negativamente. Como nenhum pai ou mãe, por mais dedicado e amoroso que seja, pode dar o amor por que ansiamos, e por os pais serem as pessoas mais importantes em nossas vidas durante essa época, o que geralmente ocorre é que são eles os responsáveis mais freqüentes por algumas de nossas dores.

Você se lembra de Irma, Rosana e Vanice, citadas no capítulo 4? Todas foram marcadas, de uma forma ou de outra, por acontecimentos da infância. Mas o mesmo aconteceu com o doutor Crabb, também citado acima. E comigo. Pessoas tão diversas, criadas em lugares totalmente diferentes, e afetadas da mesma forma em seu senso de valor pessoal.

Enquanto não enfrentarmos, à clara luz da verdade que hoje conhecemos, o fato de muitas das coisas que nos magoaram e nos marcaram serem conseqüência dos pecados e das limitações das pessoas que mais amávamos, não podemos nos dispor a perdoar-lhes as falhas, sejam elas pequenas ou profundamente contundentes. E enquanto não perdoarmos, continuaremos controladas pela dor que elas nos causaram.

Quando a conheci, Rosa era uma jovem senhora cuja vida estava em caos. Recém-casada, ela ainda não conseguira desligar-se de um caso que tivera durante um tempo em que o noivado com o atual marido fora interrompido. Ela chorava e dizia que queria quebrar o relacionamento, mas o homem sempre conseguia convencê-la a continuar se encontrando com ele.

A vida financeira daquela moça era um desastre. Estava atrasada com os pagamentos do empréstimo que fizera para estudar, e por isso seu nome estava na lista dos maus pagadores. Além disso, comprara um carro a prestação que não estava conseguindo pagar. Ela apelava para a mãe, que morava em outra cidade, e a senhora ajudava no que podia, mas a situação se tornava insustentável.

Nas primeiras sessões que tivemos, impressionou-me a quantidade de lágrimas que aquela jovem esguia e frágil conseguia chorar. Apesar das circunstâncias difíceis de sua vida naquele momento, percebi que havia algo muito doloroso por trás de tudo. Começamos a conversar, e logo ela falou na incrível tristeza que tinha pelo fato de o pai nunca ter sido parte de sua vida. A mãe engravidara, mas o pai jamais assumira a filha. A mãe se casara depois de algum tempo e constituíra outra família. O padrasto de Rosa sempre foi bom para ela, mas era do pai que ela queria a atenção e o carinho. Ele havia jogado algumas migalhas na direção dela ao longo de sua infância e sua adolescência. Quando ela quis fazer faculdade, ele falou que se responsabilizaria pelos pagamentos do crédito educacional, se ela o conseguisse. Só que nunca o fez.

Procurei ajudar Rosa a ver que a primeira coisa que precisava fazer para colocar ordem em sua vida era cortar o relacionamento com o outro homem pela raiz. Ela queria fazer isto, mas, ao mesmo tempo, dizia que ele lhe dava mais carinho e atenção do que o marido. E, com mais alguns baldes de lágrimas, perguntava: "Como vou viver sem esse carinho?" Mas ela mesma percebia que o modo como estava vivendo a vida não lhe estava dando a felicidade com que sonhava. Foi por isso que resolveu que iria buscar o caminho de Deus.

Apegando-se com Deus, ela criou coragem para afastar o outro homem de sua vida definitivamente. Vi ainda algumas tentativas de alongar o processo, usando, para isto, a desculpa de que ela lhe devia dinheiro, e precisava pagar a dívida para ficar realmente livre dele. Mas acabou concordando que, se ele não dava o número da conta para ela poder fazer o pagamento e ficava exigindo que lhe pagasse em pessoa, estava abrindo mão do dinheiro, pois ela entendeu que não deveria encontrar-se nem mais uma vez com ele. E o caso morreu por aí.

Ela começou a investir sua energia emocional no casamento. Amava o marido, mas achava muito pouco o envolvimento dele no relacionamento. Resolveu, então, dar o primeiro passo e tornar seu lar e sua vida tão agradáveis que o marido passasse a querer estar ali, e com ela.

Apesar de todas essas mudanças, Rosa ainda não conseguia libertar-se da necessidade de ver o pai envolvido de alguma forma em sua vida. Ela tentou diversas coisas, como escrever cobrando o pagamento da dívida, mandar cartão no Dia dos Pais, telefonar mesmo quando ele mal tinha conversa com ela ao telefone. Todas as vezes que fazia uma tentativa mal-sucedida, Rosa voltava a sofrer toda a questão do abandono novamente.

Comecei a falar-lhe da necessidade de perdoar o pai pelo abandono de todos aqueles anos, pelo não-cumprimento de promessas que havia feito. Ela começou a entender que, de certa forma, cobrara dele que se responsabilizasse por seus estudos como uma maneira de mantê-lo preso à sua vida, um compromisso que ele nunca quisera assumir. A dor era mais forte porque ele pagara faculdade particular para todos os outros filhos, e isto deixava Rosa mais do que nunca consciente de que era considerada menos importante do que os outros filhos dele.

Perdoar o pai significava abrir mão de qualquer esperança de envolvimento dele em sua vida, e isto parecia morte para aquela moça. Baldes e mais baldes de lágrimas vertidas. Parecia que seu próprio coração se liquefazia e saía pelos olhos. Eu a abraçava e chorávamos juntas, orando para que Deus sarasse aquela ferida tão dolorosa. E ele o fez.

Rosa escreveu ao pai uma longa carta, discriminando tudo o que sempre esperara dele, e dando por perdoada cada uma daquelas dívidas. Assumiu a dívida do crédito educativo e dispôs-se a fazer os pagamentos, limpando seu nome. Abriu mão do carro que pouco usava e que não conseguia pagar, passando-o adiante e liquidando todos os pagamentos. Começou a procurar seriamente um emprego. Sujeitou-se a um ou dois trabalhos temporários que lhe deram a experiência que faltava antes de conseguir uma boa colocação.

Durante esse tempo todo, procurou uma igreja, começou a freqüentar os trabalhos e a estudar com afinco a Palavra de Deus. Leu diversos livros sobre casamento, sobre relacionamentos e sobre crescimento espiritual. Disse-me que esses livros foram como professores particulares que teve, e que responderam a muitas de suas perguntas.

Num dos últimos contatos que tivemos, Rosa havia recebido um telefonema do pai, agradecendo a carta e falando-lhe com muito carinho de quanto a amava, e pedindo igualmente perdão por ter sido um pai tão relapso. Aquela linda moça é agora uma radiante mulher.

8

O PODER LIBERTADOR DO PERDÃO

Quando Deus nos mostra que há feridas não curadas em nossas vidas, precisamos perdoar aqueles que nos magoaram, pois é o perdão que rompe as correntes que nos prendem à antiga imagem que temos de nós mesmas, a que tínhamos antes de nos saber amadas e valorizadas pelo amor eterno e imensurável de Deus. Li recentemente que perdoar é libertar um prisioneiro e depois descobrir que o prisioneiro é você mesmo.

Perdoar de coração é uma das coisas mais difíceis que temos de fazer nesta vida. Muitas vezes, apesar de todos os nossos esforços em perdoar, continuamos sendo corroídas por sentimentos negativos que nos perturbam e nos roubam o gozo e a capacidade de deixar de ser magoadas pelo fato ofensivo.

Muitas pessoas dizem: "Perdoar, eu perdoei, mas não consigo esquecer." O que estão realmente dizendo é que querem perdoar, mas que, de fato, continuam sentindo-se feridas pelo que aconteceu. Isto significa que o evento que causou a dor ainda tem poder sobre elas, ainda as fere.

Há dois aspectos envolvidos no ato de perdoar. Primeiro, reconhecer a dor que alguém nos causou. Segundo, aceitar que a pessoa não pague pelo que fez. Se quisermos perdoar alguém que nos magoou, irritou, lesou ou, de alguma forma, nos prejudicou a ponto de produzir em nós sentimentos negativos que nos tiram o gozo e a alegria, temos de tratar dos sentimentos e da dívida.

Primeiro é preciso admitir que os sentimentos são uma parte natural da vida. Eles simplesmente existem como reação a circunstâncias boas ou más. Se alguém nos agrada e trata bem, sentimos prazer e alegria. Se alguém nos maltrata, nos magoa, sem querer ou de propósito, sentimos tristeza, raiva, ressentimento. Isto é tão natural quanto a dor física que sinto se você pisar no meu pé. Negar a dor emocional causada pelas ações impensadas, egoístas e mesmo malignas e cruéis de alguém é o mesmo que enterrar sementes que produzirão amargura e rancor no subconsciente, que têm poder para nos roubar o gozo e a paz. Esses sentimentos não desaparecerão, mas ficarão germinando dentro de nós, florescendo em atitudes negativas que passarão a dominar as nossas vidas.

Segundo, embora os sentimentos sejam a conseqüência natural de como as circunstâncias nos afetam, são também uma indicação da maneira como estamos avaliando os atos que os causaram. Posso desejar, até ardentemente, que as pessoas me tratem bem, me agradem. Mas, se eu precisar disto para me sentir valorizada como pessoa, terei criado uma dependência de alguém que tem as mesmas necessidades e desejos que eu, outro carente como eu.

Quando Jesus usou a palavra "dívida" para ilustrar o perdão em Mateus 18:23-35, quis mostrar um aspecto fundamental do ato de perdoar. Dívida refere-se a algum direito nosso. Se você me deve alguma coisa, tenho todo o direito de esperar a restituição. Não estou pedindo nada que não seja, por direito, meu. Quando perdôo esta dívida, entretanto, estou assumindo uma perda de algo que deveria ser meu, estou agindo como doador. Assumo eu mesma a responsabilidade pela perda, pelos danos causados.

Suponha que você me tome emprestada uma quantia razoavelmente grande, prometendo pagar em dois meses, mas, passado este prazo, você esteja em condições financeiras que a impossibilitem de cumprir o que prometeu. Ao perdoar a dívida, estarei com o meu capital diminuído na mesma proporção, isto é, estarei mais pobre na mesma proporção da dívida que perdoei. Se eu estiver contando com esse dinheiro para cobrir uma necessidade ou para adquirir algo que desejo, vai ser bem difícil perdoar, pois terei de me privar de algo que gostaria de ter para que você fique livre.

Se, porém, eu tiver acesso a uma fonte inesgotável de dinheiro, e perdoar esta dívida apenas signifique que a mesma quantia é imediatamente reposta, fica bem mais fácil perdoar, não é verdade? Jesus mostrou como o homem da parábola deveria ter perdoado a quem lhe devia, porque havia primeiro recebido o perdão de uma dívida muito maior. O seu perdão seria apenas uma reação ao que já havia recebido.

Assim, também nós só conseguiremos perdoar, apagar a dívida que alguém possa ter para conosco, quando estivermos conscientes de que muito mais do que isso já nos foi perdoado por Deus. A medida do nosso perdão existe na proporção do reconhecimento da nossa dívida para com Deus, que já foi perdoada, e da riqueza infinita que o amor de Deus nos confere.

Outro aspecto que Jesus ressalta em sua ilustração é a conseqüência de não perdoarmos. O homem da história foi entregue aos verdugos, ou atormentadores, até pagar tudo o que devia anteriormente. E isto é exatamente o que acontece quando não perdoamos. Os sentimentos naturais de tristeza e mágoa transformam-se em raiva e amargura que nos vão corroendo intimamente, roubando-nos a alegria, o gozo, a serenidade e a própria capacidade de amar.

APLICANDO O CURATIVO

Quando entendo que preciso perdoar e reconheço que quero perdoar, chega a hora de aplicar este bálsamo à ferida do meu coração, seja ela grande ou pequena. Como acontece com qualquer ferida infeccionada, é preciso abrir e limpar antes de aplicar o curativo. Por isso, tantas vezes adiamos ou nos recusamos a enfrentar este momento doloroso.

Rita é uma senhora que passou por este processo. Quando ela tinha seis anos de idade, a mãe, frustrada com o casamento, saiu de casa, levando a menina e o irmãozinho junto. Entretanto, as dificuldades de prover o sustento para os três a faziam descontar sua amargura nas duas crianças. Ritinha, pressentindo que qualquer coisa que fizessem e que desagradasse à mãe poderia trazer sérias conseqüências para os dois, começou a assumir responsabilidade pelo irmão, impedindo que ele metesse a ambos em encrencas.

Vivia sobressaltada. A mãe ainda tentou, por algum tempo, cuidar dos filhos, mas finalmente resolveu que não dava. Certo dia, arrumou uma pequena trouxa para cada um e os levou de ônibus até uma cidade onde as crianças nunca haviam estado antes. Descendo na rodoviária, caminharam alguns quarteirões até a menina, que tentava lembrar-se dos pontos por onde passavam, ficar desorientada. Em dado momento, a mãe parou numa esquina, apontou a nova rua onde haviam chegado e falou:

> — É aqui que mora sua avó. Sigam em frente até chegar à casa verde no fim da rua e batam na porta. Quando ela atender, digam que vocês vieram ficar uns tempos com ela porque não posso cuidar dos dois sozinha.

Girando nos calcanhares, a mãe afastou-se. Seu tom de voz fora tão ríspido e peremptório que a garotinha, aturdida, nem ousou questioná-la. Tomando a mão do irmão que choramingava e se encolhia de medo, Ritinha tentou acalmá-lo enquanto o coração lhe martelava nos ouvidos uma advertência surda: "E agora? E agora? E agora?"

Embora a avó providencialmente se achasse em casa e os recolhesse, os anos seguintes foram de rejeição por parte da família, de outras famílias nas quais Rita foi despejada como indesejada, de trabalhos árduos demais para uma criança, de surras imerecidas. Rita perdeu contato com o irmão, que foi criado por outra família, e cresceu cheia de rancor e ódio contra os seus e contra todos.

Quando ela começou a namorar, pareceu-lhe que finalmente a vida lhe oferecia algo bom: o amor de um homem que se importava com ela e cuidaria dela para o que desse e viesse. Mas o que veio foi o contrário – gravidez e abandono. O namorado a acusou de ter engravidado de propósito para segurá-lo, e Ritinha reagiu com toda a fúria que trazia dentro de si, agredindo-o verbalmente e jurando que jamais dependeria dele para o que quer que fosse. Criaria o filho sozinha.

Durante anos, ela lutou contra tudo e contra todos. Era uma mulher amarga, violenta, de quem todos fugiam. As únicas coisas que se salvavam em sua vida eram a sua dedicação de mãe e a competência com que dava conta do seu trabalho de secretária numa grande entidade estatal. Exímia datilógrafa, ela fazia também alguns trabalhos em casa para ajudar nas despesas. De repente, até isto lhe foi tirado. Uma moléstia desconhecida a atacou e deixou praticamente cega. Por algum tempo, ainda se recusou a admitir o que estava acontecendo, mas foi descoberta devido aos inúmeros erros que começaram a surgir nos trabalhos que datilografava.

Desesperada, ela pediu ajuda pela primeira vez na vida. A pessoa a quem recorreu era minha irmã Leda, que lhe apresentou Jesus Cristo. No meio de sua grande aflição, Rita aceitou a dádiva da salvação e se tornou uma nova criatura em Cristo. Sua vida começou a mudar, embora não da maneira que muitas vezes ela esperava. A vista continuou fraca, mas ela nunca reclamou, pois dizia que foi através da doença que pôde conhecer a Jesus. "Prefiro ser cega com Jesus do que enxergar sem ele", declarava para quem quisesse ouvir.

Certo dia, enquanto puxava uma lente de aumento para poder preencher o cheque no banco, foi notada por um dos funcionários que lhe perguntou qual era o problema. Quando ela explicou, ele falou que ela devia pedir a quitação da dívida que pendia sobre o apartamento, algo que nunca lhe havia ocorrido pedir. Seu caso foi despachado prontamente. A dívida foi suspensa e ela recebu até a quantia que havia pago após o diagnóstico da moléstia. A vida mudou muito para ela.

A cada passo do novo caminho, vinha a orientação do Senhor para o que devia fazer. Ela expressava idéias e sabedoria que iam muito além da sua escolaridade e conhecimentos, num testemunho vivo da sabedoria de Deus em ação na vida de uma pessoa comum. Vimos o crescimento espantoso que Ritinha ia apresentando.

Entretanto, havia algo que ainda a tolhia e fazia cair nos antigos padrões de comportamento. Ela havia reatado relações com a mãe, o pai, o irmão e diversos tios e um sem-número de primos, inclusive com a família do pai de seu filho, a esposa dele e outros parentes, mas era um relacionamento sofrido, cheio de esfriamentos e brigas, cobranças e acusações de todos os lados. Ela tentava falar de Deus e da salvação em Jesus a eles, mas se zangava quando eles a chamavam "fanática" e "crente".

Foi então que Rita descobriu quanto tinha de perdoar. A princípio, pareceu-lhe incrível que Deus lhe pedisse isto, tendo em vista tudo que havia sofrido na vida. Mas a voz do Espírito Santo em seu coração e os conselhos de minha irmã repetiam a pergunta de Jesus: "Você quer ser curada?" Por fim, cansada de tantas lutas e amarguras, ela se rendeu. Orientada por Leda, Rita pediu que Deus trouxesse à sua mente cada pessoa e cada ato que precisavam ser perdoados.

A primeira pessoa em quem pensou foi a própria mãe. Havia, no relacionamento delas, uma dor tão profunda que Rita recusava-se até a pensar nela. Mas era o que precisava fazer agora: olhar de frente os atos da mãe que tanto a haviam ferido, deixar que a dor novamente rolasse sobre seu coração, chorar a perda de tudo que tanto queria e não tivera e, depois, levar tudo isso ao trono de Deus e depositar a seus pés, pedir que ele repusesse o que lhe havia sido roubado.

Diz Rita que a maior dor que teve de enfrentar foi o fato de reconhecer que nunca teve e nunca teria o colo da mãe. Mesmo que agora elas pudessem ter um novo relacionamento, o anseio da garotinha por alguém que a pusesse no colo, a agradasse e abraçasse jamais seria satisfeito. Ela teria de viver o resto de sua vida com esta perda.

Rita chorou uma semana inteira por isso. A lembrança da mãe abandonando-a numa cidade desconhecida, voltando as costas enquanto ela soluçava apavorada, era como uma faca enfiada em seu coração, que a cada momento era revolvida para causar mais dor. E todas as vezes que isto acontecia, ela levava o sofrimento e as lágrimas ao trono de Deus e os depositava lá.

Aos poucos, começou a enxergar a dor da mãe, na qual nunca pensara antes. Viu a situação em que ela ficou, sozinha, com dois filhos dependendo dela e sem nenhum recurso para cuidar deles. Não que estas coisas justificassem as ações da mulher, mas agora Rita a via com olhos de amor e compreensão. E chorava por si e pela mãe. Um dia, percebeu que a antiga ferida já não doía tanto. A cura havia chegado. A ferida começava a cicatrizar.

Nas semanas seguintes, o processo foi repetido com cada pessoa que Deus lhe trouxe à mente. O perdão lavou a alma daquela mulher de toda amargura, raiva e mágoa que por tantos anos lhe contaminaram a vida. Sua atitude para com aquelas pessoas mudou. Onde antes ela agredia e cobrava, agora procurava servir, ouvir, edificar, demonstrando para elas o amor de Deus que fluía em seu coração. E à medida que a convivência daquela família continuava, cada uma das pessoas que foram perdoadas foi se achegando a Deus. Uma a uma, elas procuraram Rita e também pediram perdão. Até a família do pai de seu filho foi transformada, embora nem todos tenham aceitado a oferta de Deus.

COMO O REMÉDIO OPERA

O perdão tem de ser um modo de vida para os filhos de Deus. Jesus ensinou sobre o perdão em resposta a uma pergunta do apóstolo Pedro sobre quantas vezes devia perdoar. Ele achava que, se perdoasse até sete vezes, estaria excedendo em muito a lei do perdão, mas Jesus falou em perdoar setenta vezes sete, ou seja, sempre que houver algo que nos tenha magoado ou ferido.

Você tem alguma coisa contra alguém? Então, o processo de perdão precisa ser acionado para que você fique livre dos atormentadores. Em Marcos 11:25, Jesus ensinou que, quando estivermos orando, se tivermos alguma coisa contra alguém, precisamos perdoar, para que nosso Pai celestial nos perdoe as nossas ofensas. "Alguma coisa" é qualquer coisa que eu tiver contra alguém ou qualquer pessoa. Isto abrange todas as picuinhas que nos aborrecem, tudo o que nos irrita, nos magoa, nos faz profundamente infelizes, não importa a fonte: as desavenças com a sogra, aquela piadinha sem graça que a cunhada vive fazendo, a desatenção do marido, a malcriação do filho, a desobediência da filha, a intromissão da vizinha, a injustiça do chefe, a ingratidão do pastor e assim por diante. Enfim, tudo que produz em nós um sentimento negativo.

Cada uma dessas coisas tem de passar pelo mesmo processo de perdão para deixar de exercer poder sobre nós. Primeiro, devemos encarar de frente o sentimento negativo que o ato causou. Muitas vezes, é algo pequeno, e me considero uma tola por estar magoada com tão pouco. Mas, se pular este passo e enterrar a semente, mesmo que pequenina, ela crescerá e, um dia, terei de enfrentar o problema causado pela raiz de amargura que ela produziu.

Se estou magoada, estou magoada. O problema é meu, não da pessoa que me ofendeu. Minha também é a responsabilidade de avaliar o acontecido à luz da verdade de quem verdadeiramente sou. Fui feita para viver em relacionamentos, e por isso sou vulnerável às ações e palavras das outras pessoas, especialmente daquelas a quem amo. Mas nenhuma pessoa, por mais querida e chegada que seja, pode determinar coisa alguma a meu respeito. Sou a única responsável, não pelo que as outras pessoas possam fazer, mas pela forma como reajo ao que elas fazem.

Esta reação é determinada pela maneira como avalio a ação. Se considero que, ao ser tratada sem consideração ou amor ou respeito por outra pessoa, perco o meu valor, será difícil, ou mesmo impossível, perdoar, porque não consigo viver sem me sentir valiosa. Mas, se ao confrontar um ato desmerecedor, eu recorrer à verdade que Deus ensina a meu respeito, poderei avaliar o ato por seu verdadeiro peso.

E a verdade é que sou amada com um amor que nenhum ser humano pode me dar. Sou tão valiosa que Deus deu seu único Filho para morrer por mim. Então, da perspectiva de tamanha fortuna, posso encarar a perda de uma pequena quantia que alguém me tirou. Melhor ainda: quando vejo a outra pessoa pelos olhos amorosos e compassivos de Deus, posso colocar-me no lugar dela, sentindo as suas tristezas, a dor das suas feridas, e então consigo amá-la com o mesmo amor que Deus derrama em meu coração. Como Rita, quando se colocou no lugar da mãe e sentiu a sua dor, fico livre da minha mágoa e liberto a pessoa que me magoou para receber o amor de Deus.

VIVER PERDOANDO

O que fazer, entretanto, quando a pessoa que me magoa e ofende faz parte da minha vida diária, é alguém com quem convivo de perto? Como posso perdoar vez após vez após vez, até os 70 vezes sete, se a outra pessoa recusa-se a mudar e a cooperar para que haja bom entendimento entre nós?

Aprendendo a amar. A resposta pode parecer simplista, mas não é. O amor é a solução para todos os problemas de relacionamentos. Muitas vezes, aquela pessoa difícil na nossa vida é um meio que Deus usa para nos mostrar quanto estamos longe de seu padrão de amor ao próximo. Se ele diz que devemos amar até os nossos inimigos, quanto mais alguém que se relaciona conosco!

Convivi durante anos com uma pessoa a quem achava muito difícil amar. Era uma senhora mandona, manipuladora, que vivia me dizendo tudo o que eu fazia errado e como devia fazer para corrigir meus erros. Eu sabia que devia amá-la, mas também sabia que não conseguia chegar nem perto de tolerá-la, quanto mais amar.

Comecei a orar sobre isto. Naqueles dias, eu fazia um estudo do Evangelho de João com um grupo de senhoras. Quando chegamos ao capítulo 15, nossa líder falou do papel do galho e da videira. Ela imitou o galho querendo produzir fruto por suas próprias forças, espremendo-se para fazer brotar um frutinho. Demos boas risadas e vimos a impossibilidade de isto acontecer.

Ela falou, então, de como a seiva, que brota da raiz, circula pelo tronco e vai alimentar o galho. Aí ela faz brotar o fruto, sem nenhum esforço da parte do galho, que só precisa receber o alimento precioso e permitir que este alimento opere em sua estrutura para produzir aquilo que só ele pode produzir.

Percebi, então, com clareza, por que até então não conseguira amar de verdade aquela senhora. Eu estava tentando produzir o fruto do amor por meus próprios esforços, mas como não é daí que brota o amor, nada havia conseguido. Pedi, então, que Deus amasse aquela senhora através de mim. Eu queria ser o veículo de seu amor na vida dela.

Imperceptivelmente, minha atitude começou a mudar para com ela. E depois, mais imperceptivelmente ainda, a atitude dela para comigo começou a mudar. Amor gera amor. Alguns anos depois, pude olhar para trás e ver que, embora eu tivesse começado a amar com o amor de Deus, depois passara a amá-la com o amor que Deus gerou em meu próprio coração. Nosso relacionamento tornou-se rico e generoso, uma bênção para nós duas. Ela mudou? Palavra que não sei. Acho que mudou um pouco. Mas eu mudei. Aquela senhora foi uma lição inesquecível de amor na minha vida.

Outro aspecto prático da vida de perdão é o que fazer com nossos sentimentos negativos quando talvez a outra pessoa nem sabe ou não admite que nos magoou ou ofendeu. Convivemos diariamente com este tipo de sentimento. Minha melhor amiga se esquece do meu aniversário, e sinto aquela pontinha de tristeza no fundo do coração. Minha irmã me critica e ataca a minha opinião quando eu contava com a sua compreensão, e isto também dói. Tento me defender, e ela não permite e não volta atrás no que disse. Meu marido fala rispidamente comigo porque raspei o pára-choque do carro na viga da garagem. A presidente da sociedade de mulheres coloca outra pessoa no cargo que ocupei por muitos anos e no qual queria continuar servindo. Meu pastor abusa de suas prerrogativas, mandando para minha casa as pessoas que não está disposto a hospedar. Meu colega de escritório faz tudo para usar o meu trabalho para se promover, e assim por diante.

Posso viver catalogando cada mágoa sofrida, cada injúria, ou posso fazer como Jesus. Em 1 Pedro 2:21-23, lemos que Jesus ficou calado quando foi injuriado. Quando foi maltratado, não fez ameaças. Parece aquele conselho de encher a boca de água e contar até dez. Mas se apenas nos calarmos, não estaremos solucionando a questão dos sentimentos que essas ações provocam em nós. O segredo de Jesus encontra-se no fato de que ele não apenas deixou de revidar, "mas entregava-se àquele que julga retamente" (v. 23).

Deus é o único que pode julgar, porque só ele sonda e enxerga os corações. Então, posso entregar minhas mágoas em suas mãos. Ele julgará retamente a minha causa e usará a minha tristeza para o meu bem. "Quem intentará acusação contra os eleitos de Deus? É Deus quem os justifica" (Rm 8:33). Se eu agir de forma incorreta, Deus me corrigirá. Se sofri, mesmo agindo corretamente, ele me consolará e usará o meu sofrimento para o meu bem. Esta é a promessa de Romanos 8:28,29, que já vimos antes.

Entretanto, há outros passos práticos que precisamos conhecer na nossa vida de perdão. O primeiro deles é que perdoar alguém não significa ficar à disposição desta pessoa para ser magoada de novo, vez após vez. Não é ser saco de pancadas. Se ela continuar num padrão de comportamento que não podemos aceitar, temos de impor certos limites.

Uma jovem esposa chamada Rute enfrentava sério problema no casamento que a mãe estava quase destruindo de tanto interferir e tentar controlar. A moça tentou tudo que sabia para conviver com a situação, mas quando viu que nada do que falava ou fazia parecia surtir efeito, resolveu dar um basta ao que não conseguia mudar.

Depois de orar e pedir que o Senhor removesse a mágoa e o rancor que sentia contra a mãe, ela a chamou para uma conversa particular. Como já a havia perdoado, pôde falar clara e simplesmente que não iria mais tolerar aquele tipo de interferência em sua vida conjugal. Lógico que a mãe tentou manipular, chorando e acusando-a de ingratidão. Rute ficou firme. Depois de fazer uma cena, a mãe foi embora, prometendo nunca mais falar com a filha.

A princípio, Rute temeu que ela cumprisse a palavra. Dois meses se passaram sem comunicação entre elas. Se, por um lado, isto entristecia muito a moça, por outro os relacionamentos em casa floresceram sem a tensão que os palpites e as manipulações da mãe causavam. No entanto, Rute continuou amando a mãe e orando por ela. Um dia, o telefone tocou e uma voz muito humilde do outro lado pediu se podia dar uma passadinha por lá. Com o coração aos saltos, Rute concordou apressadamente.

Durante a conversa que tiveram, entretanto, Rute percebeu que a visita era apenas mais uma manobra da mãe. Com o coração partido, reiterou o que dissera antes, e mais uma vez aquela senhora saiu brava e ameaçando nunca mais procurar a filha ou os netos. Duas outras vezes, a mesma coisa aconteceu. Para Rute, era um suplício manter a mãe afastada. Ela se questionava se não estava sendo uma megera, se havia realmente perdoado. Neste caso, não deveria ter uma atitude diferente, recebendo a mãe de braços abertos?

Ela se lembrava da parábola do filho pródigo, de como o pai o recebera de braços abertos, apesar de tudo que ele havia feito. Mas percebeu que, no caso daquele rapaz, tinha havido arrependimento e mudança de atitude. Será, então, que era isso o que devia esperar?

Enquanto isso, seu casamento e o ambiente de seu lar estavam tão leves e agradáveis que Rute teve a certeza de estar agindo corretamente. E enfim chegou o dia em que a mãe a procurou para, pela primeira vez na vida, pedir perdão pelas coisas que havia feito. A conversa que elas tiveram abriu os olhos de Rute para o vazio do coração da mãe. De repente, era como se as duas tivessem trocado de lugar, e a mãe fosse a filha, e a filha, a mãe. Rute ministrou à mãe através do amor que havia em seu coração.

Embora as coisas não se acertassem da noite para o dia e houvesse reincidências do antigo problema, elas agora se comunicavam, e era possível um entendimento, porque as duas estavam interessadas em manter o relacionamento funcionando bem. Ambas aprenderam a se entender e respeitar de uma maneira como nunca haviam feito antes.

Por amor, Rute se manteve firme. Ao se respeitar, ela ajudou a mãe a vê-la como uma pessoa digna de respeito, o que beneficiou imensamente o relacionamento entre elas. Mas tudo isso veio depois de ela perdoar de coração a mãe. Seu coração estava livre para amar e ajudar a outra a crescer no amor que Deus a fizera para dar.

ZERANDO O SALDO

Quando conseguimos perdoar as grandes e as pequenas coisas que temos contra as pessoas com quem convivemos, estamos zerando o saldo negativo de amor em nossas vidas e permitindo que o amor de Deus preencha o vazio que nossos anseios cruciais deixam no fundo de nossos corações, aqueles que só ele pode satisfazer. Deixamos de responsabilizar pessoas igualmente carentes pela nossa felicidade e bem-estar. Não apenas baixamos nossas expectativas com relação a elas para um nível mais realista, como também aprendemos a ver a carência delas como oportunidades de levá-las a experimentar o grande amor que Deus derramou em nossos corações. Nossa vida adquire novas cores, novo significado, pois começamos a caminhar mais pela realidade sobrenatural do que pela natural. Perdoar aqueles que nos fizeram mal e amá-los é uma prova definitiva de que o poder de Deus está agindo em nossos corações.

9

QUEBRANDO ANTIGOS HÁBITOS

Olhada de fora, podia parecer uma cena tranqüila e agradável. Eu e minha filha mais velha, Wandy, sentadas nas banquetas da cozinha, no nosso cantinho de conversas, como eu gostava de chamar, falávamos de coisas muito importantes. Eleusis, marido da Wandy havia alguns anos, assumira uma posição tão desconfortável – de pé, recostado contra o armário – quanto provavelmente se sentia naquele momento. Porque a conversa era tudo, menos agradável e tranqüila.

Enquanto minha filha falava, meu mundo ia sendo sacudido, primeiro por espanto, depois por uma dor surda e penetrante que retalhava meu coração em tirinhas. O que ela me contou é que estava consultando uma psicóloga para aprender a lidar com as mágoas que tinha de mim. Eu, a mãe perfeita, que tanto me esforçara para dar aos meus filhos tudo e muito mais do que podia! E a havia magoado! E agora ela falava dessas coisas primeiro com outra pessoa, uma estranha, por não achar que podia se abrir comigo. Ela falou que não o fizera porque sabia quanto eu iria me magoar, mas naquele momento achei que preferia ser magoada antes do que depois.

Wandy chorou. Eu nem conseguia pensar, quanto mais chorar. Só depois que ela e Eleusis se foram, depois de nos abraçarmos e beijarmos e reiterarmos o nosso amor uma pela outra, é que as lágrimas vieram. Jecel, que só chegou em casa bem mais tarde, procurou consolar-me, mas foi em vão. Onda após onda de mágoa e tristeza levavam-me de novo às lágrimas. Senti raiva também, vontade de acusar minha filha de ingratidão e dar-lhe um gostinho do próprio remédio. Mas a tristeza voltava, e eu daria qualquer coisa para que aquelas coisas que a haviam ferido jamais tivessem acontecido.

Aquela conversa foi uma ferramenta poderosa que Deus usou na minha vida. Hoje aprecio a coragem de minha filha em me confrontar com suas mágoas, pois, apesar de todas as experiências por que havia passado no processo de refinamento, eu não enxergava quão profundamente arraigada em meu coração estava minha estratégia de sobrevivência, minha maneira natural de ser e agir. Aliás, eu ainda a considerava uma qualidade, não algo que Deus precisasse tirar da minha vida para eu aprender a depender inteiramente dele. Era a minha muleta, o ídolo ao qual eu recorria para me proteger das coisas que podiam me magoar, me machucar. Enquanto meu perfeccionismo fizesse minha vida funcionar, eu estava segura.

Mas agora, confrontada com minhas falhas como mãe, meu perfeccionismo auto-suficiente sofreu um golpe fatal. Naquilo a que mais me havia dedicado ao longo dos anos, dando tudo e mais um pouco de mim para garantir o melhor para os meus queridos, havia fracassado. E isto doía demais, porque mesmo tendo sempre recorrido a Deus para me dar forças e sabedoria para educar meus filhos, considerava-me a grande responsável pelo resultado. E agora, vendo que este resultado não era tão bom quanto eu pensava, que meus melhores esforços não haviam bastado para fazer de mim a mãe perfeita que eu tentara ser, ouvi de novo a voz que dizia: "Você não é suficientemente boa, podia ser melhor!"

A raiz de minha estratégia de sobrevivência ainda estava entranhada em meu coração. Portanto, era nela que Deus tinha de mexer para ensinar-me a viver na dependência total e exclusiva dele. E, para isto, ele me levou a andar pelo deserto, como fez com os israelitas tantos séculos antes. Ali, o calor abrasador e a incerteza de sobrevivência continuariam a obra de libertação e quebrantamento que o fogo do refinador havia iniciado.

UMA VOLTA PELO DESERTO

Fazia 400 anos que o povo de Deus morava no Egito. A família do patriarca José, que havia conquistado as boas graças do faraó, fora acolhida com toda a generosidade. Recebeu muitos presentes e um ótimo lugar onde se instalar. Mas, com o passar do tempo, o povo cresceu muito, pois Deus o abençoava, e os egípcios, agora governados por um faraó que não conhecera José, resolveram botá-lo debaixo de seu tacão. Os israelitas, antes livres e prósperos, tornaram-se escravos dos seus ex-benfeitores. E a escravidão foi ficando cada vez mais atroz, uma vez que, com tanta mão-de-obra disponível, a cobiça dos faraós por obras que lhes granjeassem fama crescia mais depressa do que o número de escravos.

Em seu sofrimento, o povo lembrou-se de Deus e de suas promessas e clamou por libertação. Esta história está registrada no Livro de Êxodo. Deus ouviu o clamor e enviou Moisés para libertar e conduzir o povo à terra que, muito tempo antes, havia prometido ao fundador da nação, Abraão. Ali eles descansariam de suas peregrinações, teriam fartura e delícias, habitariam casas em vez de tendas, voltariam a uma vida normal. Depois de uma breve caminhada pelo deserto e de presenciar milagres incríveis da parte de Deus, o povo chegou à Terra Prometida, que era habitada e precisava ser conquistada. Deus lhes disse que entrassem, pois ele mesmo garantiria a vitória.

Moisés mandou 12 homens espiar a terra, e eles voltaram contando que realmente era uma terra de muita fartura. Entretanto, apenas dois deles recomendaram que obedecessem a Deus e partissem para a conquista. Os outros dez relataram que os habitantes eram gigantes, e que seria arrematada loucura fazer o que Deus ordenara. Josué e Calebe enxergaram com realismo a situação, mas, lembrando-se de tudo que Deus já fizera, propuseram obedecer. Os outros dez viram apenas que a situação era difícil e ficaram presos aos seus próprios recursos, em vez de confiar em Deus. E foi a estes dez que o povo ouviu.

No Livro de Deuteronômio, encontramos de novo o povo de Deus às portas da Terra Prometida. Agora eles chegavam depois de ter vagado pelo deserto ardente por 40 longos anos. Mas Deus tinha um propósito para esta jornada no deserto. Sabendo quanto as pessoas que viveram na escravidão toda a sua vida teriam dificuldade para aprender a viver como gente livre, ele as levou deliberadamente ao deserto a fim de lhes ensinar que a verdadeira liberdade viria através da obediência aos seus mandamentos, de uma dependência total dele.

"Recordar-te-ás de todo o caminho pelo qual o SENHOR, teu Deus, te guiou no deserto estes quarenta anos, para te humilhar, para te provar, para saber o que estava no teu coração, se guardarias ou não os seus mandamentos. Ele te humilhou, e te deixou ter fome, e te sustentou com o maná, que tu não conhecias, nem teus pais o conheciam, para te dar a entender que não só de pão viverá o homem, mas de tudo o que procede da boca do SENHOR viverá o homem" (Dt 8:2,3).

A caminhada dos israelitas pelo deserto pode ter parecido a trajetória de quem estava perdido, mas a passagem afirma claramente que Deus os estava guiando durante os 40 anos. O povo bebeu água tirada das rochas, comeu maná, um alimento muito nutritivo e adocicado que caía do céu na quantidade certa a cada dia, mas demorou todos aqueles anos para aprender a confiar que Deus queria lhes dar o melhor.

Como no caso dos israelitas, a escravidão que nossas estratégias exercem sobre nós vai pesando cada vez mais com o passar do tempo. É isto que o apóstolo Paulo chama "velho homem" ou a nossa maneira natural de viver. Para as novas criaturas que somos agora, o modo de vida natural não satisfaz, pois nosso coração mudou, nossa visão da vida mudou. Por isso é que, tantas vezes, nossa caminhada parece uma série de frustrações. A nova vida que existe dentro de nós clama por plenitude, por se expressar em tudo que constitui a nossa existência. É o nosso próprio apego ao modo de vida natural que nos amarra quando deveríamos ser livres. Entretanto, esta mesma vida nova nos faz ansiar pela libertação completa que nos transformará nas pessoas que fomos criadas para ser, pessoas que reflitam a imagem do Filho de Deus.

Na nossa jornada pelo deserto, não é o número de anos que importa, mas o fato de que Deus sabe aonde está nos levando e sabe as coisas pelas quais temos de passar a fim de conhecer seu poder sobrenatural. O caminho que Deus escolhe para cada um de nós é diferente e especialmente planejado para nos levar numa jornada de aprendizado e crescimento espiritual.

No meu caso, por eu ser tão teimosa quanto os israelitas, o deserto também durou um bom número de anos.

OUTRA VOLTA PELO DESERTO

Alguns anos antes, inspirada por diversos santos mais amadurecidos a quem respeitava bastante, eu havia começado a escrever um diário. Num caderno comum, eu anotava o que estava acontecendo na minha vida naquele dia (nem sempre meu diário era *diário*), o que estava estudando na Palavra de Deus e o que entendia que Deus estava me falando naquele momento. Muitas vezes, orava por escrito, apresentando petições e ações de graças ao Senhor. Essas notas serviram como registro claro do que aconteceu e de como fui parar no deserto.

A conversa que tive com a Wandy foi uma revelação dolorosa que abalou até o cerne dos fundamentos da confiança que tinha em mim mesma, da complacência com que eu via as estratégias que representavam minha própria maneira de ser. Ali, naquela conversa na cozinha, começou minha jornada pelo deserto. Um senso de inutilidade invadiu-me. Se eu havia fracassado como mãe, o que restava de bom em tudo que fora a minha vida até então?

Meu senso de valor estava intrinsecamente ligado ao amor de meus familiares. Eu dependia dele para sentir que era alguém. Não que este amor me tivesse sido tirado, mas agora era algo ofertado mesmo imerecidamente. Minha filha me amava, apesar do que considerava minhas falhas. Por mais que eu explicasse e justificasse, não conseguia apagar as conseqüências do que acontecera. A aridez e a secura do deserto invadiram meu coração. Eu já nem sabia o que orar e o que precisava mudar na minha maneira de ser para encontrar a paz e o gozo por que tanto ansiava. Mas Deus sabia.

No meu diário, encontro a oração escrita no dia em que percebi quanto era impotente para ser tudo o que desejava ser e viver da forma como desejava viver. No fundo do coração, eu queria ser uma pessoa que não era e não conseguia ser, por mais que tentasse e me esforçasse. Eu me sentia amarrada, tolhida pelas coisas que sentia que deveria fazer para viver. Nesse momento, senti um desejo irresistível de me livrar dos fardos que teimava em carregar. Até a data está registrada: 13 de janeiro.

Enquanto orava por escrito, clamei ao Senhor por libertação. Falei quanto estava cansada de tentar controlar todos os aspectos da minha vida e das vidas dos meus queridos. Queria abrir mão deste controle fictício que nunca tive. Contei a Deus que queria isto, mas não conseguia entregar-lhe o que tanto pesava sobre mim. Pedi que minha vida fosse uma experiência sobrenatural, controlada em todos os aspectos pelo Espírito Santo, e que ele queimasse toda a palha e a sujeira que houvesse em meu coração, deixando apenas o ouro do poder de Jesus, mais brilhante e refinado do que nunca. Eu sabia que iria doer, mas, mesmo assim, ainda era o que eu queria. Bem, não o que eu desejava, mas não havia outra alternativa. Eu estava cansada de viver sob o peso de minha própria maneira de ser.

Quinze dias depois, exatamente no dia 28 de janeiro, a resposta veio. E, como para o povo de Israel, primeiro as coisas ficaram mais dolorosas. Era aniversário da minha neta, e eu estava tão amargurada que nem consegui orar por ela. Algumas coisas boas que eu desejava muito para uma de minhas filhas nos foram tiradas bem debaixo do nariz. Não era a primeira vez que este grande desejo chegava perto de ser satisfeito só para as coisas mudarem de rumo e ir tudo por água abaixo. Uma fúria irreprimível irrompeu dentro de mim, mostrando a profundidade do meu desejo. Parecia que Deus estava brincando comigo, acenando com as coisas que eu desejava, mas que ele jogava para mais longe quando eu chegava perto.

Sentimentos que eu nem sabia que podia ter vieram à tona e sacudi um punho rebelde contra Deus. Era como se estivesse dizendo: "Chega! Já vi que o Senhor não vai me dar nunca as coisas que desejo e fica me fazendo de boba. Procuro explicar seus planos sempre que as coisas são adiadas, dizendo para mim mesma: 'Ah, então é por isso ou por aquilo, porque ele vai fazer outra coisa melhor.' Chega disso. Deixe que me viro sozinha. Estamos de mal."

Eu havia pedido que Deus queimasse tudo em mim que me impedia de viver a vida plena que desejava e agora estava em chamas. Um fogaréu. Na margem do diário, anotei mais tarde: "Você pediu!!!"

O povo de Israel clamou ao Senhor por libertação, mas, quando Moisés iniciou as negociações com faraó, o rei primeiro apertou tanto o jugo que eles se arrependeram de ter pedido socorro. O mesmo povo que clamava por libertação um dia, reclamava do que estava acontecendo no outro. Como eles não podiam saber o que Deus estava fazendo exatamente e ainda não confiavam nele a ponto de descansar na sua provisão e na sua palavra, sua reação foi resmungar contra ele e preferir que as coisas voltassem a ser como eram antes.

Como é fácil esquecer o horror da escravidão quando a liberdade com que tanto sonhamos parece apenas uma ilusão! Trocamos uma série de desventuras por outra. E ainda temos mais responsabilidade. Não parece valer a pena, como reclamaram muitas vezes os israelitas. Sua lembrança da vida no Egito foi ficando mais distorcida à medida que as dificuldades aumentavam, e eles chegaram a temer pela própria sobrevivência. Chegou o dia em que eles apenas se lembravam das coisas boas que tinham tido no tempo da escravidão, suspirando pela volta dos "bons tempos antigos".

Foi por isso que, apesar de terem sido milagrosamente conduzidos até a porta da terra de descanso, não puderam entrar. Não estavam prontos para ela. Para realmente poderem desfrutar o descanso e a fartura que ali encontrariam, precisavam primeiro aprender quem Deus é e quanto dele eles dependiam.

Eu também.

RUMO AO DESCANSO PROMETIDO

Deus explica que tinha motivos claros para levar o povo naquela volta pelo deserto. "Recordar-te-ás de todo o caminho pelo qual o SENHOR, teu Deus, te guiou no deserto estes quarenta anos, *para* te humilhar, *para* te provar, *para* saber o que estava no teu coração" (Dt 8:2, grifo da autora).

O primeiro deles era o de humilhar, de provar aquelas pessoas para lhes revelar o que estava em seus corações. Claro que Deus já sabia qual seria a reação diante da prova. Elas, entretanto, não sabiam. Não sabiam quanto ainda estavam presas aos ídolos e costumes do Egito, nem com que facilidade voltariam as costas ao Senhor quando surgissem as dificuldades da jornada. Não sabiam avaliar o preço da liberdade e o privilégio de ter a presença visível do Senhor do Universo ao seu lado.

Elas precisavam entender algumas coisas da nova realidade de suas vidas. Precisavam aprender a confiar inteiramente no Deus que as havia tirado da escravidão. Apesar de todos os milagres que presenciaram, na hora "h" deram para trás, preferindo a realidade conhecida, não importava quão pesado o jugo, ao novo caminho de liberdade e vida sobrenatural.

Parece estranho e cruel que Deus queira nos humilhar, pois não pensamos em humilhação como sendo algo bom e desejável. Antes, ela nos lembra rebaixamento, diminuição, vergonha, perda de algo precioso, que é a nossa dignidade. Mas, então, por que Deus levou o povo ao deserto para o humilhar e provar, mostrando o que estava escondido em seus corações?

Enquanto não enxergamos quanto somos incapazes de agir de forma a agradar a Deus, por melhores que sejam os nossos motivos e os nossos atos, não podemos começar a entender a extensão do amor e da graça de Deus para conosco. E enquanto não entendemos um pouco melhor tudo que Deus já fez por nós, não conseguimos confiar na bondade e na sabedoria de tudo que ele permite em nossas vidas.

A pessoa humilde é aquela que não pensa de si mais do que deve, que se conhece intimamente, que não alimenta ilusões a seu respeito. No nosso caso, humildade é nos enxergar como Deus nos vê, pois só ele enxerga tudo que vai nos nossos corações. Nós podemos nos enganar a nosso próprio respeito e até enganar outras pessoas, mas não a Deus. "Eu, o SENHOR, esquadrinho o coração, eu provo os pensamentos" (Jr 17:10)

Quando Deus mostrou o que havia no fundo do meu coração, não gostei nada. A primeira coisa que me veio à mente foi uma justificativa. Eu nunca pedi nada a Deus que não fosse bom. Então, por que ele ficava abrindo possibilidades, mas nunca me dando o que tanto desejava? Eu tinha razão de estar brava com ele. Aquilo não era coisa que se faça. Tive a petulância de me justificar diante de Deus e cobrar dele o atendimento do meu desejo bom.

Meu desejo, no fundo legítimo porque realmente não era de algo pernicioso, mas bom em todos os sentidos, havia se transformado numa exigência feia e indevida porque eu é que queria determinar o que era bom para mim. A antiga auto-suficiência que atacou Adão e Eva no jardim do Éden, de volta e plenamente ativa.

Tive de admitir: no fundo, apesar de tudo que eu sabia sobre o amor de Deus, não queria que ele mandasse de fato na minha vida, se era assim que ele iria agir. E fiquei sem falar com Deus uns dias. Mas, na aridez que passou a reinar em meu coração, a sede pela presença de Deus levou-me à conclusão de que não conseguiria nem queria viver longe dele. Se era para viver pelos termos dele, então, que fosse.

Minha rendição foi, primeiro, desolada, depois, conformada. Afinal, ele é maior, mais poderoso, mais forte do que eu. Quem sou eu diante dele? Quem sou eu para questioná-lo? Coisas que eu já sabia, trechos da conversa de Jó com Deus, advertências bíblicas sobre a nossa pequenez diante dele vieram à minha mente e me derrotaram. Entreguei os pontos. Mas ainda me sentia um tanto justificada. Afinal, não era uma coisa ruim que eu estava pedindo. E os argumentos começavam de novo.

A verdade é que eu ainda não me arrependera. Procurando entender o que estava sentindo, fui vendo quantas expectativas tinha a respeito do que Deus devia me dar através dos meus filhos, e que seria mais uma forma de confirmar seu amor por mim e por eles. Eu estava mais interessada no que ele podia me dar do que em viver diante dele, deleitando-me na sua pessoa e nos seus caminhos.

Enxergar todas essas coisas me fez ver também que eu precisava realmente pedir perdão. Mas algo me impedia. Não havia arrependimento, não havia dor. Apenas convicção e conformação. Meu coração continuava frio, insensível.

A conversa que tive com uma de minhas irmãs trouxe finalmente as lágrimas e a dor do arrependimento. Ela me ajudou a ver o que eu resistia enxergar. Fui sacudida pela enormidade da minha pretensão, da minha arrogância em dizer a Deus o que ele deveria fazer. Mas o que doeu de fato foi saber quanto eu havia ofendido e entristecido o coração terno do meu Pai. Derramei minha alma diante dele, numa confissão arrasada de tudo de feio que existia dentro de mim. Depois de ser tão abençoada por tantos anos, eu me voltara contra Deus como uma filha ingrata e insensata. Não restava mais nenhuma ilusão de como eu era por dentro, de como muitas vezes procurava Deus pelo que queria que ele fizesse por mim, em vez de querer retribuir o muito que ele já me dera.

Falar em humilhação. A minha foi completa. Entretanto, estranhamente, também senti uma nova liberdade para ser eu mesma. O que eu vira era apenas uma parte do que Deus já sabia desde o início que havia ali dentro. E, mesmo assim, ele me amava e havia dado a vida por mim. Então, eu já não precisava me proteger, esconder-me atrás do meu perfeccionismo, que se revelou um falso deus, um ídolo ao qual eu recorria para fazer minha vida funcionar, mas que falhou naquilo em que eu mais dependera dele.

Como disse o escritor C.S. Lewis, quando uma pessoa olha para Deus, ou se vê como um cisquinho sujo e insignificante, ou, deslumbrada pela visão de Deus, ela esquece de si mesma. Ele achava preferível esquecer de si mesmo. Eu também.

Assim, olhando para Deus com olhos tornados mais realistas pela visão de minhas próprias deficiências, eu, como os israelitas, estava pronta para a segunda lição da jornada pelo deserto: a da obediência sem questionamento. "Recordar-te-ás de todo o caminho pelo qual o SENHOR, teu Deus, te guiou no deserto estes quarenta anos, para te humilhar, para te provar, para saber o que estava no teu coração, *se guardarias ou não os seus mandamentos*" (Dt 8:2, grifo da autora).

O caminho da libertação para o povo de Deus passava e ainda passa pela obediência. No entanto, obedecer não é uma tendência natural das pessoas. A criança, desde pequenina, já contesta as ordens dos pais, querendo determinar para si o que deve fazer. A semente do mesmo desejo de autonomia que levou nossos primeiros pais à ruína está presente no coração de cada um de nós. No entanto, agora, como então, precisamos obedecer para o nosso próprio bem.

Pense na analogia da criancinha cujos pais a proíbem de atravessar a rua sozinha. Para ela, aventureira, pode parecer uma chatice. Mas qualquer um de nós sabe quanto ela precisa obedecer a esta ordem para não correr o enorme risco de ser atropelada e talvez morrer ou ficar paralítica. Os pais dão esta ordem apenas por desejar o bem do filho. E provavelmente imporão certa disciplina, se ele desobedecer, para reforçar o conceito de obediência.

Na nossa relação com o Pai celestial, acontece exatamente a mesma coisa. Ele, que nos fez, sabe o que é bom para nós e como devemos viver para ser felizes. Por isso nos deu alguns mandamentos a que precisamos obedecer. E tem mais. Ele espera que obedeçamos prontamente e sem resmungos. Obediência relutante ou tardia não é obediência de fato. É resignação, é ceder a uma força maior que a nossa, é algo que só nos afeta exteriormente.

Sempre, desde o Paraíso, Deus deseja a nossa obediência porque nos ama e só quer o nosso bem. Você se lembra de que os primeiros seres humanos tinham liberdade de fazer o que quisessem, menos uma coisa? A proibição de comer o fruto de uma única árvore era a prova de sua obediência. Diante de tal fartura, a abstenção daquele fruto não podia ser considerada penosa, mas, mesmo assim, eles falharam. Os mandamentos de Deus não são penosos (1 Jo 5:3), mas só quando obedecemos comprovamos esta verdade.

Há uma coisa mais importante ainda na obediência a Deus. A vida que temos como filhos dele é uma vida que transcende o visível e invade o sobrenatural. Se não obedecermos, ficaremos presos ao que é natural e jamais conheceremos a realidade sobrenatural que é a dominante em nossas vidas a partir do momento em que nos tornamos filhos e filhas do Deus eterno e invisível.

Um filme produzido há alguns anos ficou muito famoso. Todos na minha família assistiram, mas eu nunca senti vontade de ver. Era *Indiana Jones e a última cruzada*. Quando o filme já estava meio antigo e passava diversas vezes na TV, um sobrinho estava morando comigo e me chamou para assistir. Para fazer-lhe companhia, senteime a seu lado e vivi aquelas aventuras com os heróis na tela.

Uma das cenas me chamou a atenção. O herói buscava encontrar um tesouro, e para isto contava com um mapa enigmático que o fez passar por diversas provas. Era um teste de fé. A prova final consistia em atravessar a pé um despenhadeiro sem fim. Por isso eu havia resistido tanto a assistir ao filme. Este tipo de aventura mexe com meu estômago, e agora eu estava ali, junto com o herói, sentindo o coração martelando as costelas.

Indiana, o indefectível chapéu na cabeça, está parado à beira de um abismo, as costas premidas contra o paredão do túnel de onde saiu. No outro lado do abismo, ele vê a estrada que deve trilhar para chegar ao cobiçado tesouro. Pelas instruções do mapa, sabe que deve dar o passo da fé para transpor a salvo o abismo. Ele suspira fundo, fecha os olhos, murmura a definição bíblica de fé: a certeza de coisas que se esperam, a convicção de fatos que se não vêem.

Tendo repetido estas palavras, ele estende o pé sobre... o nada. Eu, que tenho fobia de altura, sinto meu estômago dar nó. Criando coragem, o homem na tela se inclina de leve e apóia o peso sobre aquele pé. Nesse exato momento, uma ponte se estende sob seus pés e ele a atravessa, lépido e feliz, até seu destino.

Aquela cena impressionou-me bastante por representar tão realisticamente a aventura da vida sobrenatural. Se aquele homem não tivesse dado o passo, não apenas testando o espaço para saber o que aconteceria, mas apoiando todo o seu peso sobre o que não via, não teria atravessado o abismo e conquistado o tesouro, nem teria agora a prova de algo antes invisível.

Sempre pensei naquele primeiro passo como a prova máxima da obediência: pisar o invisível, apostar a vida em algo que não vejo com os olhos naturais, mas em que deposito toda a minha confiança. Só que, na caminhada da vida, nenhuma ponte sólida e visível estende-se sob meus pés até o outro lado de uma única vez. O apoio só se concretiza quando novamente piso o invisível, um passo de cada vez.

Temos de entender esta verdade porque muitas vezes os resultados imediatos da obediência não são os mais agradáveis. Mesmo hesitantemente, os israelitas obedeceram e saíram do Egito, mas logo adiante depararam com a primeira grande provação. Apanhados entre os inimigos e o mar Vermelho, pensaram que seu fim havia chegado e se queixaram do libertador e da libertação. Mas Deus havia preparado aquele momento para mostrar um grande livramento, um livramento sobrenatural. Se eles estivessem caminhando tranqüilamente pelo deserto, sem ninguém a persegui-los, não teriam visto o poder de Deus em ação. Esta experiência constituiu um marco na história do povo de Israel a relembrar-lhe sempre a fidelidade e a proteção de Deus sobre seus filhos.

Se quisermos provar o poder sobrenatural de Deus em nossas vidas, precisamos obedecer naquilo que sabemos ser a sua vontade. Seus mandamentos são claramente expressos: falem sempre a verdade; não se envolvam em rixas e gritarias; mantenham puros os seus corpos e relacionamentos com pessoas do sexo oposto; sempre que possível, mantenham a paz entre as pessoas; tratem a todos com dignidade e respeito; e assim por diante.

Além disso, temos um resumo dado por Jesus como referencial para podermos avaliar todas as decisões que tivermos de tomar: amar a Deus sobre todas as coisas e ao próximo como a nós mesmos. Tudo que viole estes dois mandamentos violará todos os outros.

Como isto funciona na prática, no dia-a-dia? Se estivermos mesmo dispostas a obedecer a Deus, o Espírito Santo nos trará à mente o mandamento que está em jogo no momento. Aí, fica por nossa conta obedecer ou não. Lembro-me bem de uma vez em que isto aconteceu comigo. Eu e meu marido estávamos num embate cerrado por causa de... espelhos de tomada!

A casa que construíamos continha todas as tomadas elétricas que alguém poderia desejar. Esta era a parte dele, o engenheiro eletrônico. A minha era a aparência, a cor das paredes, os arremates. Mas na questão dos espelhos, havíamos trombado porque as únicas que satisfaziam seu critério rigoroso quanto à parte elétrica não tinham espelhos que satisfizessem o meu gosto. Os interruptores eram pretos e os espelhos, de cores que não me agradavam de jeito nenhum.

Tentei todos os argumentos estéticos que conhecia. Não o convenci. Ele tentou todos os argumentos técnicos que conhecia. Não me convenceu. Viajávamos para um trabalho que eu ia fazer fora de São Paulo e, depois de mais argumentos daqui e dali, estávamos os dois calados, cada um firme no seu ponto de vista e bastante aborrecido com a turronice do outro. Foi então que ouvi o cicio do Espírito Santo no meu coração: "Submeta a sua vontade à de seu marido."

Apesar de eu estar indo falar exatamente sobre isto no meu trabalho, minha primeira reação foi a de objeção: "Mas, Senhor, isso é tããão importante para mim! E as outras tomadas, as que são branquinhas como eu quero, não são ruins. Não é por usarmos estas que vamos ter um sistema elétrico ruim!" O Espírito insistiu: "Você sabe o que deve fazer." Eu ainda retruquei: "Sim, Senhor, mas veja só..."

Usei todos os argumentos que havia usado para convencer meu marido com o Espírito Santo. Ele não mudou de idéia, mas usou outros argumentos. Sua voz era tão doce, tão amorosa, que derreteu todas as minhas objeções. "Filha, veja tudo que estou dando a você. Uma casa linda, do jeito como você nem imaginava que poderia ter. O que são algumas tomadas perto do que você está ganhando? Obedeça, que é para o seu bem, e deixe as conseqüências comigo."

Quem resiste a um argumento desses? Ele usou tudo o que tenho ensinado ao longo dos anos, mas que muitas vezes ainda acho difícil praticar. Quando nos submetemos a Deus através da obediência, ele assume a responsabilidade pelas conseqüências e as transforma em bem para nós.

Depois dessa conversa, resolvi obedecer. "Sim, Senhor, e obrigada por se importar." A princípio, parecia que eu estaria entregando algo que tudo em mim dizia para reter, que naquele momento representava a minha própria maneira de ser. Você pode estar surpresa: "Tudo isso por causa de um espelho de tomada?" Não, tudo isso era a minha vontade sendo quebrantada. Por isso foi tão difícil. Nunca sei quando vai acontecer, quando vai ser preciso morrer de novo para mim mesma, mas Deus sabe em que ponto me tocar. Até num espelho de tomada!

Estendi a mão ao Jecel e, quando ele me olhou sem saber o que eu estava fazendo, falei, sem qualquer ressentimento: "Estou dando a mão à palmatória, de coração. Use as tomadas que você achar melhor." Pensei que ele ia até caçoar de mim, mas apenas tomou minha mão e a beijou. Nenhum dos dois perdeu porque ambos ganhamos. Ele usou as tomadas que achava melhor, e eu vi seu amor e seu carinho por mim subir alguns pontos. Dali por diante, ele se desdobrou ainda mais para me satisfazer o gosto em todas as outras coisas.

Você quer saber o que aconteceu com os espelhos das tomadas? Havia um tom prateado que combinava muito bem com as teclas dos interruptores e não ficava muito em evidência nas paredes marfim. E hoje sou até grata porque as teclas escuras nunca mostram marcas de dedo. Os lucros da minha obediência são imensuráveis porque vão muito além dos visíveis. E esta experiência constitui um marco poderoso na minha caminhada da fé. Quando me defrontar com outra situação parecida, será mais fácil ceder, porque posso olhar para trás e ver a prova de que a obediência a Deus é para meu próprio bem.

Mas havia ainda um terceiro propósito na jornada em que Deus guiou seu povo através do deserto. "Ele te humilhou, e te deixou ter fome, e te sustentou com o maná, que tu não conhecias, nem teus pais o conheciam, *para te dar a entender que não só de pão viverá o homem, mas de tudo o que procede da boca do SENHOR viverá o homem*" (Dt 8:3, grifo da autora).

No deserto, a vida era totalmente diferente daquela com que os israelitas estavam acostumados. No vale fértil do rio Nilo, havia fartura de alimentos. Muitas vezes, eles recordaram com nostalgia das coisas boas que tinham para comer quando escravos. Logo no início da caminhada, "toda a congregação dos filhos de Israel murmurou contra Moisés e Arão no deserto", dizendo: "Quem nos dera tivéssemos morrido pela mão do SENHOR, na terra do Egito, quando estávamos sentados junto às panelas de carne e comíamos pão a fartar!" (Êx 16:2,3).

Aquelas pessoas estavam acostumadas a uma alimentação adequada e até rica enquanto viviam no Egito. Agora que estavam livres, mas impossibilitadas de se alimentar como gostariam, sentiam falta da vida anterior, convenientemente esquecidas de que pagavam caro por sua comida, com o trabalho escravo a que eram submetidas. Entre ser livres e passar fome, ou ser escravas, mas ter farta alimentação, elas estavam preferindo voltar à escravidão.

Entretanto, a fome que sentiam também tinha um propósito. Deus poderia ter provido antes a alimentação que tinha em mente para o povo. Entretanto, era preciso que eles se sentissem realmente famintos para poder apreciar o maná. Ainda viviam saciados o suficiente para desejar apenas mais variedade. Mas quando bateu a fome verdadeira, estavam prontos para apreciar aquilo que Deus tinha para lhes dar em matéria de alimentação.

Deus proveu para a fome daquelas pessoas, dando o que era melhor para elas, o que elas precisavam para sobreviver naquele clima árido, e não exatamente o regime que escolheriam se pudessem. "Lembramo-nos dos peixes que, no Egito, comíamos de graça; dos pepinos, dos melões, dos alhos silvestres, das cebolas e dos alhos. Agora, porém, seca-se a nossa alma, e nenhuma coisa vemos senão este maná" (Nm 11:5,6).

O maná, uma substância leve e adocicada que eles colhiam a cada dia, foi o que os sustentou durante os muitos anos de sua peregrinação. Não se sabe ao certo sua composição, mas estudiosos acham que ele conteria tudo o que o organismo precisa em termos de alimento. Os israelitas podem ter enjoado de comer a mesma coisa dia após dia, mas Deus tinha um propósito específico para tirar de suas vidas todas as coisas que eles consideravam boas e substituí-las pela única coisa de que realmente precisavam: aprender a viver numa dependência total do seu Senhor.

Enquanto estivermos colocando qualquer outra pessoa ou coisa no lugar que só Deus pode ocupar, estaremos como aquele povo, caminhando vacilantes, com um pé em cada canoa. Quando, porém, confrontamos nossa total incapacidade de prover para nós mesmos as coisas mais básicas da vida, como o alimento sem o qual não sobrevivemos, estamos prontas para ser alimentadas com o Pão da Vida, Jesus, o Verbo encarnado. "Declarou-lhes, pois, Jesus: Eu sou o pão da vida; o que vem a mim jamais terá fome; e o que crê em mim jamais terá sede" (Jo 6:35).

No deserto, despojadas de todos os recursos de que lançamos mão para satisfazer nossas necessidades básicas de amor e valorização, nossa fome e nossa sede nos levam à única fonte permanente e abundante que pode nos saciar. O mesmo Deus que nos fez assim, carentes, já providenciou a satisfação completa destas carências. Só temos de buscá-la e nos apropriar dela. Em Jesus, o Pão da Vida e a Água Viva, podemos saciar o nosso coração nos seus anseios mais profundos e prementes

Mas, muitas vezes, é só depois que todos os outros recursos naturais e visíveis nos são tirados que, forçados pela necessidade imperiosa dentro de nós, nos voltamos para ele. Por isso, Deus nos deixa passar fome. Na sua grande misericórdia e em seu amor por nós, ele não permite que aquilo a que recorremos na hora do aperto funcione, pois quer dar a única coisa que satisfará permanentemente.

E quando eu recorrer a Jesus para satisfazer as minhas necessidades básicas emocionais, tão prementes quanto minha necessidade de alimentos para sobreviver fisicamente, viverei saciada. Mesmo que tudo ao meu redor esteja em ruínas, meus relacionamentos em cacos, meu senso de valor próprio calcado aos pés daqueles que considero importante, enfrentando calamidades e até a morte, sei que sou amada porque Jesus, o Filho do Deus soberano do Universo, deu a vida por mim. E meu valor reside não no que eu faça ou deixe de fazer, mas no fato de Deus ter pensado em mim desde antes da criação do mundo (Ef 1:4), tido o cuidado de me entretecer da forma como fez, porque tem um propósito bom e especial para mim. E nada do que estou passando aconteceria se ele não o permitisse, para o meu bem supremo, que é o de ser transformada à imagem de seu Filho.

Quando me aproprio destas verdades, o deserto transforma-se num passeio onde meu Pai e eu caminhamos juntos, e a cada dia vou aprendendo um pouco mais a respeito dele, e, por isso mesmo, a cada dia, apaixono-me mais por quem ele é. Este amor enche meu coração de alegria, gozo e paz, mesmo no meio das provações. A partir daí, tudo se encaixa no seu devido lugar.

A nossa volta pelo deserto tem mais uma finalidade, expressa na mesma passagem que temos estudado, Deuteronômio 8, um pouco adiante, no versículo 16: "No deserto *[o Senhor]* te sustentou com maná, que teus pais não conheciam; para te humilhar, e para te provar, e, afinal, te fazer bem." É o nosso bem que Deus deseja sempre. E por isso nos adverte repetidamente que temos uma escolha: a de vivermos por nossos próprios recursos limitados, que muitas vezes vão falhar e nos deixar morrer de fome, ou vivermos confiadas nos dele, que nunca nos faltarão.

Embora Deus deseje a nossa obediência, nós é que precisamos obedecer, se quisermos viver bem. É uma questão de bom senso. Já vimos antes quanto ele deseja isto. Diz ele: "Quem dera que eles tivessem tal coração, que me temessem e guardassem em todo o tempo todos os meus mandamentos, para que bem lhes fosse a eles e a seus filhos, para sempre!" (Dt 5:29.) Note o ponto de exclamação que encerra a passagem. Dá para a gente ouvir o gemido do coração de Deus, seu anseio profundo pela nossa obediência, porque ele quer tanto o nosso bem e sabe que esta é a única forma de conquistá-lo.

Se nos humilha e nos prova, é porque precisamos destas coisas para nos enxergar como ele nos vê e aprender que, sem ele, sem o seu poder agindo em nós para nos transformar de criaturas insensatas em filhos e filhas obedientes, nada podemos fazer. O cristão que foi disciplinado e provado pelo Pai é uma pessoa mansa, amável, mas firme e com um senso de propósito que nenhuma circunstância da vida pode destruir.

Minha caminhada pelo deserto começou a quebrar meu controle sobre a minha vida e as vidas dos meus queridos, controle este que nunca tive, mas que queria exercer. Quando admiti que não podia controlar essas áreas tão importantes para mim, comecei a depender verdadeiramente de Deus para tudo, desde as necessidades mais básicas, as coisas pequenas e aparentemente insignificantes, aos meus desejos mais preciosos.

Muitas vezes, o que tive de entregar era algo tão importante para mim que enfrentar o fato de que Deus talvez não o desse a mim era como morrer. Morrer para mim mesma, para os meus desejos, por melhores que fossem, se eles não estivessem no plano de Deus para mim. Só podemos fazer isto – colocar a vontade de Deus acima da nossa –, não com resignação, mas com verdadeira submissão, quando cremos do fundo do nosso ser que Deus é digno da nossa confiança; que mesmo que ele não nos dê o que tanto desejamos, nos dará o que é melhor para nós, o que vai cooperar para restaurar em nós a imagem que ele colocou quando nos formou e que o nosso pecado distorceu e tornou feia. E esta confiança sustenta-me quando outras situações difíceis têm ocorrido. Já experimentei e sei que o meu Deus é fiel e bom.

Agradeço o fato de Wandy, embora tendo pais terrenos imperfeitos, ter um Pai celeste perfeito, que cura todas as mágoas e as feridas que seus pais terrenos causaram. Aquela nossa conversa foi o início de uma nova fase no nosso relacionamento, agora como duas mulheres adultas, que aprenderam a se amar de uma forma especial e profundamente satisfatória, com toda honestidade e vulnerabilidade. Hoje, conto minha filha mais velha como uma de minhas maiores e mais íntimas amigas.

NA TERRA DA PLENITUDE

Depois de minha volta pelo deserto, experimentei um período de muito gozo e tranqüilidade. Achei, então, que, uma vez na Terra Prometida, eu permaneceria lá automaticamente. Quem já havia aprendido as duras lições do deserto não iria esquecê-las jamais. Só aquele povo teimoso dos tempos bíblicos fazia isto. Certo? Errado!

A permanência no descanso de Deus é algo que começa no deserto, mas deve ser praticado dia-a-dia, hora-a-hora e até minuto-a-minuto, conforme as circunstâncias. Como a vida natural é muito mais real por ser visível e palpável, ela nos afeta mais imediatamente. E por as situações que vivemos mudarem constantemente, estamos sempre tendo de aprender novas lições de dependência e confiança.

Pense em como a prática funciona em todas as áreas de nossas vidas. Por exemplo, aprendi a dirigir por pura necessidade. Por mim, preferia muito mais usar o carro como passageira, ainda mais porque meu marido é um ótimo motorista e eu poderia descansar na habilidade dele. Entretanto, comecei a ver que, se eu não aprendesse a dirigir, ficaria dependendo de outros motoristas não tão habilidosos quanto ele. A princípio, foi difícil. Eu tinha de pensar no que fazer, seguindo, é claro, as orientações do Jecel. Quase deu briga na ocasião, mas, aos poucos, fui dominando a mecânica da coisa e me tornei uma motorista cautelosa e competente.

Como nem sempre eu tinha um carro disponível, nunca pratiquei o suficiente para me tornar desembaraçada. Sempre que precisava voltar a dirigir, passava pelos mesmos problemas de quando havia começado a aprender, pois não havia praticado o suficiente para libertar-me dos passos do aprendizado.

Quando nossos filhos entraram na adolescência, vi-me repentinamente no papel de motorista oficial de quatro jovens ativos e envolvidos em diversas atividades. Foi quando também voltei a estudar e comecei a trabalhar. Tinha de dirigir todos os dias por todos os cantos de São Paulo. Quando me dei conta, estava dirigindo com maior naturalidade, sem jamais pensar na coordenação dos movimentos que tinha de fazer com a embreagem e a troca de marcha, freio e acelerador. A prática tornou algo que era difícil para mim em uma atividade natural do meu dia, algo em que eu não precisava nem pensar para executar bem.

Outro exemplo que sempre me vem à mente quando penso na prática é o uso do teclado. Quando comecei a traduzir, tive de aprender datilografia, pois os trabalhos deveriam ser entregues datilografados e com duas cópias. Talvez para você, que é da era do computador, isto seja até incompreensível, mas faz parte da minha história. Eu não sabia datilografar. Meu primeiro livro foi traduzido a mão, e depois o Eleusis, na época namorado da Wandy, se dispôs a ajudar a futura sogra com a datilografia. Percebi que não teria outro jeito, a não ser aprender a usar o teclado, e entrei para um curso de datilografia.

Naquela época, vi uma pessoa digitando um texto no teclado de um computador grande, na universidade onde minha irmã estudava, e fiquei fascinada. Ela mantinha os olhos fixos no texto que copiava e ocasionalmente os desviava para conferir o que aparecia na tela, mas quase nunca olhava para o teclado sobre o qual seus dedos voavam firmes e competentes. Lembro-me de ter pensado: "Será que um dia vou conseguir fazer isto?" Na ocasião, parecia impossível.

No entanto, após aprender a localizar as letras no teclado sem olhar para ele (pelo menos não o tempo todo), comecei a empregar este conhecimento no meu trabalho. Nem percebi quando comecei a fazer o mesmo que aquela senhora, concentrada na tradução, sem me preocupar com o que meus dedos faziam competentemente. Para falar a verdade, usar o teclado tornou-se tão natural que, às vezes, acho que até pensar eu penso com a ponta dos dedos.

É isso que a prática faz. Ela nos liberta de ter de pensar no que estamos fazendo para usar a habilidade aprendida para outra finalidade maior e mais útil. Já não tenho de pensar nos movimentos que preciso fazer para dirigir meu carro, mas estou livre para pensar aonde quero ou preciso ir e como chegar lá com segurança. Já não preciso ficar olhando o teclado ou o texto na tela, mas minha mente fica liberta para se preocupar com o sentido do que estou traduzindo ou com as idéias que estou escrevendo. À medida que vamos praticando aquilo que já aprendemos, somos transformadas em pessoas livres para desempenhar com naturalidade as funções que antes nos pareciam tão difíceis.

É assim que, à medida que praticamos a entrega a Deus nas circunstâncias normais da nossa vida, ela vai se tornando cada vez mais parte do nosso modo de vida. Quando percebemos, estamos vivendo esta vida de dependência o tempo todo. E quando descansamos em Deus para tudo, as circunstâncias adversas transformam-se em brechas na vida natural, através das quais experimentamos a ação e o poder sobrenatural de Deus.

Você, com certeza, já leu aquele famoso poema *Pegadas na areia*. Ele fala da caminhada normal da vida, em que havia dois pares de pegadas na areia, lado a lado. Dava para ver claramente que o Senhor caminhava junto com você. Porém, justamente nos momentos mais difíceis, só havia um par de pegadas. Você foi abandonada, ficou caminhando sozinha? Mas a resposta vem do próprio Senhor: quando suas forças faltaram, ele, como um pai amoroso toma nos braços o filhinho exausto, estava carregando você no colo.

Essa vida de descanso, de sentir o poder de Deus operando em nossa fraqueza, é uma libertação tão grande da responsabilidade por nossa própria vida que, uma vez experimentada, só nos faz ansiar por mais. Situações de perseguição, angústia e injúria podem transformar-se em lições preciosas de como temos um Deus que trabalha a nosso favor: "Porque desde a antiguidade não se ouviu, nem com ouvidos se percebeu, nem com os olhos se viu Deus além de ti, que trabalha para aquele que nele espera" (Is 64:4).

Houve uma ocasião em que algo desagradável pesava sobre nossa família. Wandy se havia envolvido num acidente no qual atropelara um motociclista. Ela, embora tivesse atravessado uma rua preferencial, realmente não teve culpa, pois o motociclista fez a ultrapassagem errada sobre um ônibus que ela conseguia ver, e antes do qual calculou acertadamente que poderia atravessar com segurança o cruzamento. Embora o motociclista tivesse pouquíssimos ferimentos e ela houvesse prestado todos os socorros necessários, fazendo tudo que a Lei requer (para nós todos, aquela noite chuvosa transformou-se em pesadelo!), o caso foi parar na Justiça e se transformou num processo contra ela que se arrastou ao longo de mais de um ano.

Embora ficasse claro que não havia um caso contra ela, o promotor não desistia e a convocava para sessão após sessão. Na última dessas sessões, quando a situação dela devia ser julgada definitivamente, senti uma enorme ansiedade que nada conseguia debelar. Sentíamos que havia algo maligno por trás da insistência do promotor, que mais parecia interessado em contar pontos em seu currículo do que em fazer valer a justiça. Conhecendo as falhas da justiça dos homens, senti que estávamos totalmente indefesos diante do que estava por acontecer.

Fui desempenhando as atividades normais do meu dia, mas sentia-me tão tensa que era como se minhas costas fossem feitas de aço. Eu tentava relaxar, mas não conseguia. Ficava raciocinando que Deus é soberano, que ele estaria cuidando de tudo, mas, mesmo assim, quando sentei-me ao computador para trabalhar, travei, tanto física quanto mentalmente. Não conseguia dar mais nenhum passo.

Sem saber o que fazer, levantei-me dali e fui para o meu quarto. Tranquei a porta e me coloquei de joelhos diante de Deus. Falei com ele, chorei diante dele, pedi-lhe socorro, fiquei em silêncio sem saber mais o que falar. E o Senhor começou a acalmar meu coração de uma forma tão palpável que foi como se estendesse a mão e tirasse todo aquele peso das minhas costas. O alívio foi tão grande que comecei a chorar.

Percebi então que eu havia feito de tudo para me acalmar, inclusive usando argumentos sólidos sobre a soberania de Deus, mas estava falando comigo mesma, quando deveria estar falando com Deus. Há algo real, sólido, mesmo que invisível, em entrarmos na presença de Deus. É ali que se encontra o descanso que absorve a nossa ansiedade.

Daquela experiência, ficou-me uma certeza muito forte do cuidado de Deus por nós e de quanto podemos descansar nele. Depois que voltei ao meu escritório, apanhei a Bíblia e comecei a ler alguns versículos no Livro de Jeremias, quando uma passagem saltou-me aos olhos: "Assim diz o Senhor: Não se glorie o sábio na sua sabedoria, nem o forte, na sua força, nem o rico, nas suas riquezas; mas o que se gloriar, glorie-se nisto: em me conhecer e saber que eu sou o Senhor e faço misericórdia, juízo e justiça na terra; porque destas coisas me agrado, diz o Senhor" (Jr 9:23,24).

Aquela mensagem, naquele exato momento, não podia ser apenas coincidência. O Senhor estava falando claramente que se agrada – ou tem prazer – em fazer juízo, justiça e misericórdia na terra. Bem aqui onde vivemos, e estamos sujeitos à justiça imperfeita e muitas vezes tendenciosa dos homens. Ele julga retamente, pois conhece todos os fatos e não tem inclinações pessoais ao julgar. Podemos descansar nele para temperar sua justiça com misericórdia!

Enquanto não levei diretamente a Deus a minha ansiedade, não pude receber o seu descanso. Enquanto não reconheci minha total incapacidade, não pude recorrer ao seu poder. Enquanto não reconheci minhas frustrações, não pude ser sustentada. Enquanto não reconheci minhas dores, minhas feridas, não pude ser curada.

Enquanto não reconheci minha sede, minha fome, não pude ser saciada pelo Pão do Céu e pela Água Viva que é Jesus.

Eu havia aprendido o caminho. Agora que sabia como chegar à Terra Prometida da presença de Deus, onde encontro o descanso de todas as minhas preocupações e ansiedades, restava-me a prática destes passos todas as vezes que alguma coisa me tirasse a paz que Jesus prometeu dar, mesmo no meio da maior provação.

Minha filha voltou ao tribunal e falou que o processo havia sido misteriosamente arquivado. Ninguém lhe deu razão alguma para o que aconteceu. Claro que nos regozijamos com aquela intervenção clara e poderosa do Senhor na vida de uma de suas filhas, mas se a resposta tivesse sido diferente, ainda assim teria vindo do Senhor e sua paz estaria guardando os nossos corações.

À medida que praticamos viver cada detalhe de cada área de nossas vidas confiando que, através de tudo, Deus está promovendo o nosso bem, vamos aprendendo a ver a beleza dos seus caminhos e dos seus pensamentos para nós e enxergando cada vez mais o seu poder em ação a nosso favor. Confiar torna-se cada dia mais o nosso modo de vida, algo em que não precisamos sequer pensar. É confiando que vivemos, mesmo nas situações mais dolorosas que possam advir.

O pastor Bill Hybells conta, em um de seus livros, que gosta de olhar sua congregação multinumerosa quando é cantado o hino *Tu és fiel, Senhor*. Os mais jovens cantam com fervor, mas os mais experimentados, os que foram provados, cantam com uma convicção que enche seu coração de admiração, gratidão e determinação de permanecer firme no caminho que aqueles santos já seguiram. E eu digo amém. Quero o mesmo para mim.

10

IDENTIFICANDO O INIMIGO

Depois de um fim de semana tranqüilo, a segunda-feira amanheceu clara e ensolarada. Iniciei as atividades normais do meu dia com grande ânimo. Lá pelo meio da manhã, entretanto, estava no fundo do poço. A repetitividade das tarefas que precisam ser feitas a cada semana para manter a casa em ordem foi me abatendo, fazendo com que me sentisse uma inútil. Quando comecei a pensar que a vida não tinha mais nada para me oferecer, que era melhor deitar e morrer, levei um susto.

Após um semestre muito puxado, minha vida estava entrando no ritmo mais calmo com que eu sonhara por muito tempo. Agora eu teria mais sossego para estudar, ler e escrever, além das outras atividades de escola dominical e palestras que eu tanto amava. No dia anterior, tivera a oportunidade de ministrar a uma classe de adultos e a algumas pessoas de forma particular e especial. Sentira-me útil nas mãos do Senhor, realizada e feliz. No entanto, mal começava a semana, eu estava sentindo justamente o oposto.

No meio de tudo que sempre desejara e pedira a Deus, eu estava desanimada e sem vontade de fazer nada. Aquela não era eu. Não podia ser! Amo tudo o que tenho para fazer. Amo cuidar da minha casa, mesmo com suas tarefas repetitivas. Aprendi a apreciar o conforto e o bem-estar que a realização dessas tarefas proporciona à minha família, mesmo que elas, em si, sejam um tanto monótonas e nada desafiadoras.

Aprendi também a tornar o tempo de trabalhar nelas útil de outras maneiras. Por exemplo, aproveito o tempo de passar roupa para ouvir as músicas que não tenho outra hora para escutar ou fitas de palestras que me instruem e ajudam o tempo a passar mais rápido.

Então, não podia ser o trabalho de segunda-feira que me estava deixando assim. Nem o de domingo, que fora tão desafiador e rico. De repente, percebi que estava sob ataque! E ataque de um inimigo astuto, que tem estratégias para me fazer cair no desânimo, para me anular naquilo que Deus me deu para fazer. Ele sabe exatamente onde atacar, o bandido! No meio de tantas bênçãos que Deus me havia concedido, eu estava frustrada, vendo as bênçãos como fardos que eu não tinha vontade de carregar. Havia perdido toda a alegria que sentira no domingo e o prazer que normalmente sinto ao cuidar da casa tão linda que Deus me deu.

Estava sendo enganada por alguém que está sempre buscando meios de roubar a alegria dos filhos e filhas de Deus. Ele nos conhece, sabe onde nos atacar e as melhores armas para usar. Embora não tenha poder sobre a nossa vida, pode tentar nos derrubar e atrapalhar o processo do nosso crescimento espiritual, fazendo com que vivamos derrotadas, sem gozo, sem vitórias no nosso viver diário.

QUEM É ESSE INIMIGO

Além das conseqüências naturais da nossa própria humanidade e das falhas do mundo imperfeito em que vivemos, que nos tolhem e limitam o poder de Deus nas nossas vidas, não podemos ignorar que existe um inimigo que nos ronda e que tem desígnios maldosos. Embora sua história comece antes da nossa, ele aparece pela primeira vez no cenário humano no jardim do Éden para estragar a felicidade que os primeiros seres humanos desfrutavam lá.

A Palavra de Deus nos revela que Satanás era um querubim. Embora fosse chamado "sinete da perfeição", cheio de sabedoria e formosura, que assistia diante do trono de Deus, ungido e estabelecido pelo próprio Deus, ele é uma criatura, não Deus (Ez 28:12-15). Sua posição elevada fez com que seu coração se enchesse de orgulho, e ele desejou usurpar o trono de Deus. "Como caíste do céu, ó estrela da manhã, filho da alva! Como foste lançado por terra, tu que debilitavas as nações! Tu dizias no teu coração: Eu subirei ao céu; acima das estrelas de Deus exaltarei o meu trono e no monte da congregação me assentarei, nas extremidades do Norte; subirei acima das mais altas nuvens e serei semelhante ao Altíssimo" (Is 14:12-14).

Por sua rebeldia, ele foi expulso do céu, tornando-se inimigo de Deus e, portanto, inimigo de todos aqueles que foram criados por Deus. Já no paraíso, Satanás aproximou-se de Eva e a enganou, distorcendo as palavras de Deus e lançando dúvidas em seu coração quanto à bondade e à sabedoria de Deus, induzindo-a a seguir seus passos e se rebelar contra Deus. Por isso, todos os seres humanos, descendentes de Adão e Eva, já nasceram no engano em que caíram os primeiros pais, achando que a vida pela qual nossos corações anseiam pode ser encontrada por nossos próprios recursos, independentemente de Deus.

O diabo é identificado na Escritura por diversos nomes que nos revelam claramente com quem estamos lidando: "maligno", ou seja, o autor de todo o mal (1 Jo 5:19); "tentador" (1 Ts 3:5); "príncipe deste mundo" (Jo 12:31); "deus deste século" (2 Co 4:4); "príncipe da potestade do ar" (Ef 2:2); "acusador dos irmãos" (Ap 12:10). Jesus o chamou de "mentiroso" e "assassino desde o princípio", "pai da mentira" (Jo 8:44).

Embora viesse a existir muito antes de nós, ele não é infinito nem conhece todas as coisas, pois também é criatura. Embora lhe tenha sido permitido reinar no mundo por enquanto, Deus impõe claros limites à sua atuação. Na história de Jó, por exemplo, fica bem claro que o diabo sabia que não podia tocar em Jó enquanto Deus não permitisse (Jó 1:10-12). Também no caso de Pedro, Jesus o advertiu que Satanás havia pedido permissão para peneirar os discípulos como trigo, mas Jesus rogou por eles, para que sua fé não desfalecesse (Lc 22:31,32).

Satanás tem poder e nos conhece bem. É um inimigo que não podemos desprezar. Quando foi expulso do Céu, tornou-se não apenas um rebelde, mas também o grande inimigo de Deus. Tudo que ele havia sido criado para ser está hoje a serviço do alvo de manter os seres humanos em rebelião contra Deus. Assim, sua missão é a de obscurecer o entendimento das pessoas para que elas não percebam a verdade de seu pecado, de sua situação de dependência total de Deus e, aceitando a Jesus, venham a ser salvas e lhe escapem ao poder. "Mas, se o nosso evangelho ainda está encoberto, é para os que se perdem que está encoberto, nos quais o deus deste século cegou o entendimento dos incrédulos, para que lhes não resplandeça a luz do evangelho da glória de Cristo, o qual é a imagem de Deus" (2 Co 4:3,4).

Quando aceitamos a salvação que nos é oferecida por Jesus ao tomar sobre si nossos pecados, tornamo-nos filhos e filhas de Deus, passando automaticamente do domínio das trevas, onde reinam o engano e a mentira, para o reino da luz, onde impera a verdade. A luz da revelação é o Verbo de Deus, Jesus Cristo. Desde o Éden, está prometida a sua vinda para derrotar o inimigo (Gn 3:15). Entretanto, embora derrotado, este inimigo ainda não foi confinado ao abismo, seu destino final. E enquanto esta hora não chega, ele luta com o desespero de um condenado para manter nas trevas aqueles que ainda não aceitaram ao Senhor Jesus.

No caso daqueles que já lhe escaparam quando se tornaram filhos de Deus, sua estratégia é outra. Sabendo que não lhes pode roubar a salvação, usa seu conhecimento das nossas fraquezas para nos acusar, inquietar, roubando-nos muitas vezes a alegria, o gozo e a paz, que são nossa herança em Cristo. Embora saiba que já estamos salvos, usa estratégias e táticas bem projetadas para nos fazer viver vidas derrotadas e sem poder, que não dão glória a Deus. E, infelizmente, muitas vezes, com a nossa ignorância e a nossa cooperação, ele consegue seu intento.

ESTRATÉGIAS E CILADAS

Quantas vezes você passa por uma experiência como a que citei acima? No meio do que deveria ser um momento de grande alegria e paz, de repente se vê pensando em coisas que a levam ao desânimo e à tristeza. Reuniões festivas acabam em briga. Trabalhos na igreja são perturbados e prejudicados por coisas aparentemente inofensivas.

Numa situação como essas, podemos estar sendo alvo de uma cilada do diabo. As Escrituras alertam-nos para a existência e a obra desse inimigo astuto, cujo alvo é o de nos apanhar em esquemas bem projetados para nos atrapalhar a vida, a caminhada sobrenatural com Deus. "Sede sóbrios e vigilantes. O diabo, vosso adversário, anda em derredor, como leão que ruge procurando alguém para devorar" (1 Pe 5:8).

A figura é apavorante, não? Se o diabo se apresentasse assim, provavelmente fugiríamos dele na hora. Mas ela é usada para termos a idéia exata da força e da *fome* do inimigo por nós. Ele vive nos rondando, e não desiste com facilidade. Às vezes, apresenta-se disfarçado de anjo de luz. Como diz o apóstolo Paulo, não é de admirar que alguns homens finjam-se de obreiros de Deus, "porque o próprio Satanás se transforma em anjo de luz" (2 Co 11:14). Para poder enganar as pessoas, o diabo se disfarça de anjo, o que faz parte de sua estratégia para nos apanhar.

Seu ataque não é aleatório. É bem planejado e direcionado especificamente às nossas fraquezas. Quando o apóstolo Paulo nos alerta contra os ataques deste inimigo, diz que ele nos arma ciladas. "Revesti-vos de toda a armadura de Deus, para poderdes ficar firmes contra as ciladas do diabo" (Ef 6:11). A palavra "ciladas" vem do termo grego que significa "método" ou uma forma bem ordenada de capturar alguém. Satanás nos conhece bem. Embora não possa ler os nossos pensamentos, é um observador astuto da natureza humana e sabe onde somos mais aptos a cair.

Em 2 Coríntios 2:11, Paulo fala que os cristãos não devem abrir vantagem para Satanás, ignorando os desígnios que ele tem para nos derrubar. "Para que Satanás não alcance vantagem sobre nós, pois não lhe ignoramos os desígnios." A palavra traduzida por "desígnios" vem do termo que significa "percepção", exercício das capacidades mentais, do intelecto. Usada aqui, ela indica que esse inimigo usa suas capacidades mentais, ou seja, todo o seu poder de raciocínio, para determinar onde seu ataque será mais eficaz. Como um hábil detetive, ele não brinca em serviço.

O alvo das ciladas e desígnios do inimigo é a nossa mente. Mesmo não podendo ler nossos pensamentos, ele nos observa atentamente e sabe colocar pensamentos em nossa cabeça que se apresentam como se fossem nossos. Ele sabe que, se desconfiássemos de ser ele o autor desses pensamentos, nós os rejeitaríamos prontamente, por isso os disfarça como se fossem nossos.

Veja o que aconteceu com Davi, um homem do coração de Deus. "Então, Satanás se levantou contra Israel e incitou a Davi a levantar o censo de Israel" (1 Cr 21:1). Você não acha que um homem tão íntimo de Deus teria rejeitado a idéia prontamente se tivesse percebido de onde ela viera? Como o diabo conseguiu enganar Davi? Tocando num desejo de saber o tamanho de seu exército. Davi foi tentado a confiar mais nas forças humanas do que nas divinas. E o diabo foi tão astuto que fez Davi ignorar até o conselho sábio de seu general de não trazer culpa sobre Israel, fazendo o que desagradava a Deus.

No comecinho da Igreja Cristã, houve um casal que acolheu os pensamentos que Satanás colocou em suas mentes e teve um fim fulminante por ter dado ouvidos a ele. Ananias e Safira, seguindo o exemplo de outros cristãos, venderam uma propriedade e, de comum acordo, trouxeram parte do que haviam conseguido aos apóstolos como se fosse o total da venda. Pedro o repreendeu, dizendo: "Ananias, por que encheu Satanás teu coração, para que mentisses ao Espírito Santo?" (At 5:2,3).

Segundo o apóstolo, o problema não foi o fato de não desejarem dar o dinheiro todo, mas o de permitirem que Satanás enchesse seu coração, levando-os a mentir ao Espírito Santo. O diabo os conhecia bem e enxergou que seu apego aos bens materiais era um lugar bom para colocar uma cilada. E eles caíram na tentação.

TENTAÇÃO

A palavra "tentação", no original, pode ser traduzida de duas formas diferentes. Uma delas é "prova" ou "provação". Ou seja, um teste à nossa fé. É assim que é traduzida em Tiago 1:2, onde lemos que devemos nos alegrar ao passar por provações, pois elas têm a função de confirmar a nossa fé.

O outro significado é "sedução" ou induzir alguém a agir de certa forma, seja para o bem ou para o mal. Quando usada no sentido de indução ao mal, é algo de que devemos fugir. Jesus pediu a Deus que não nos deixasse cair em tentação. O problema não é ser tentado. Como esta arma faz parte do arsenal do nosso inimigo, mais cedo ou mais tarde vamos ser atacados por ela. O problema é cair em tentação, ou seja, fazer aquilo que somos tentadas a fazer.

Jesus foi tentado em tudo que pode nos tentar, mas nunca pecou. Deus permitiu que ele fosse tentado para hoje poder compadecer-se das nossas fraquezas. "Porque não temos sumo sacerdote que não possa compadecer-se das nossas fraquezas; antes, foi ele tentado em todas as coisas, à nossa semelhança, mas sem pecado" (Hb 4:15).

E justamente por compreender e se compadecer das nossas fraquezas, Jesus é o nosso socorro no momento em que somos atacados pela tentação. "Acheguemo-nos, portanto, confiadamente, junto ao trono da graça, a fim de recebermos misericórdia e acharmos graça para socorro em ocasião oportuna" (Hb 4:16).

As tentações são projetadas especificamente para cada uma de nós. O que é tentação para mim pode não ser para você. O inimigo conhece as nossas fraquezas, sabe em que áreas de nossas vidas seu ataque será mais eficaz. Entretanto, temos a promessa de Deus que nenhuma tentação nos sobrevirá que nos seja impossível resistir. "Não vos sobreveio tentação que não fosse humana; mas Deus é fiel e não permitirá que sejais tentados além das vossas forças; pelo contrário, juntamente com a tentação, vos proverá livramento, de sorte que a possais suportar" (1 Co 10:13).

A história de José, em Gênesis 39, mostra como deve agir um filho de Deus face à tentação. José, um rapaz forte e disposto, estava na idade em que, segundo dizemos hoje, teria os hormônios em ebulição. E foi nesta área que o inimigo colocou forte tentação diante dele. A esposa de seu senhor apaixonou-se por ele e começou a fazer de tudo para que se deitasse com ela.

Imagino que uma egípcia sofisticada como ela soubesse todas as artes da sedução e as usasse com eficácia contra o jovem inexperiente. Entretanto, não conseguiu seu objetivo. José não se deixou enganar pelo que ela lhe estava oferecendo – pecar contra Deus –, por mais que sua carne o desejasse, e fugiu da tentação com todas as suas forças, deixando para trás as próprias roupas no afã de escapar.

A melhor arma contra a tentação, depois de identificá-la como um afastamento do caminho de Deus, é fugir. Com todas as forças. Não fique achando que você é forte, que pode acariciar uma tentação sedutora e depois sair correndo. Você vence a tentação na hora em que ela se apresenta. Ou corre sérios riscos.

Uma história em quadrinhos mostra bem como a tentação nos seduz. Certa mulher está lutando para seguir um regime. É época de festa, e ela vê doces e chocolates por todos os lados. Veja como sua resolução vai se enfraquecendo quando ela não fica firme assim que a idéia de satisfazer seu desejo por doces lhe entra na mente. Em dez quadrinhos, ela cai com tudo.

- Quadro 1: Vou dar uma volta, mas não passo perto do supermercado.
- Quadro 2: Vou passar pelo supermercado, mas não entro.
- Quadro 3: Vou entrar no supermercado, mas não passo pelas gôndolas de guloseimas.
- Quadro 4: Vou dar uma olhadinha nos doces, mas não toco neles.
- Quadro 5: Vou tocar, mas não compro.
- Quadro 6: Vou comprar, mas não abro.
- Quadro 7: Abro, mas não cheiro.
- Quadro 8: Cheiro, mas não provo.
- Quadro 9: Provo, mas não como.
- Quadro 10: Como, como, como, como![13]

A batalha contra a tentação é vencida no primeiro quadro, ou seja, assim que a idéia entra em nossas mentes. Se não lhe dermos as costas e sairmos correndo na direção oposta, para o trono de Deus, onde acharemos socorro na hora da necessidade, ela se tornará cada vez mais forte, mais difícil de resistir.

É preciso lembrar que, muitas vezes, mesmo sabendo que estaremos fazendo algo errado, não queremos resistir. Satanás sabe o que nos seduz e nos apresenta algo que desejamos. Por isso, a luta é muito difícil. Mas não estamos indefesos, como veremos logo adiante. Deus já proveu as armas de defesa e ataque de que precisamos para sair vitoriosos contra o inimigo e contra nossos próprios desejos, quando eles forem contra a boa, perfeita e agradável vontade de Deus.

ACUSAÇÃO

A acusação é outra arma que Satanás usa para nos derrotar, para nos fazer acreditar que nada mudou em nossas vidas quando aceitamos a Jesus. Ele aponta nossas falhas o tempo todo, não para que possamos corrigi-las, mas para nos fazer viver derrotadas. Lembre-se de que ele é chamado de "acusador dos irmãos".

No entanto, "agora, pois, já nenhuma condenação há para os que estão em Cristo Jesus" (Rm 8:1). É uma revelação até incompreensível esta, de que todos os pecados que cometemos e que ainda viermos a cometer já estão cobertos pelo sangue precioso de Cristo, derramado na cruz por todos nós. Se não há nenhuma condenação para nós que estamos em Cristo, quando um pensamento acusador entrar em nossa mente, podemos saber que vem do acusador, porque ele não tem o menor interesse em nos corrigir quando estamos errados. Não, sua intenção é a de nos desanimar, deprimir, acabar com o nosso gozo. Por isso, em vez de especificar, ele generaliza: "Você não tem jeito mesmo, não presta. Nunca vai fazer nada direito. E fica por aí, dizendo que é cristão, falando em Deus! Ah, ah! Essa é boa!"

Quando um pensamento nos acusa, precisamos aprender a distinguir entre a voz do Espírito Santo, que nos repreende para nos corrigir e nos levar de volta ao caminho da justiça, e a voz do inimigo, que quer nos fazer afundar numa culpa que já foi expiada. A voz do Espírito Santo em nossa consciência cita algum erro específico, pois visa a nossa santificação. "Você não devia ter mentido. Isto entristece seu Pai." Ou: "Você gritou com seu marido. Peça perdão a ele." Ou ainda: "Você falou mal do sermão do pastor. Com isto, não edificou nem o pastor nem a pessoa com quem falou. Use suas palavras para edificar os irmãos, não para prejudicá-los." E assim por diante. É uma vozinha suave. Precisamos estar atentos ao que ela nos diz.

O Espírito fala também através da Palavra, com voz forte e penetrante. E pode falar também através da voz de outras pessoas: do pastor, durante um sermão; do professor da escola dominical; do dirigente do estudo bíblico; do marido ou da esposa; e até de um irmão ou irmã, numa conversa informal. Se estivermos atentos, seremos admoestados por todos esses meios.

Quantas vezes tenho ouvido a voz de Deus através das palavras de outras pessoas: do pastor, de um professor, de um irmão ou irmã, de um de meus filhos, do meu marido. Você se lembra daquela vez em que ele falou comigo através das palavras penetrantes de minha irmã?

E, além desses, como não poderia deixar de ser, ele fala muitas vezes através dos livros bons e inspiradores que leio. São mensagens que Deus está escrevendo através da vida de seus filhos que vivem mais perto da nossa realidade cultural. A verdade nunca muda, mas a maneira como precisamos vivê-la em nossos dias pode tornar-se confusa. As experiências de outros irmãos, passadas até nós através dos livros, nos ajudam a entender melhor a cultura atual na qual estamos inseridos e a melhor maneira de viver a nossa fé dentro dela.

MENTIRA

Em tudo, o poder de Satanás é o da mentira. Jesus falou claramente que a razão pela qual as pessoas não compreendiam as suas palavras era o fato de preferirem dar ouvidos às mentiras do diabo, em quem não há verdade alguma (Jo 8:43,44). É próprio do diabo mentir, porque ele é mentiroso, o pai da mentira.

Além de mentir descaradamente, ele também é especialista em distorcer a verdade. Mesmo quem jamais se deixaria levar por uma mentira pode cair por uma meia-verdade. Não foi o que aconteceu com Eva no jardim do Éden? O diabo tomou as palavras de Deus e as distorceu, levando a mulher a acreditar ser ele quem falava a verdade.

Lembre-se de que seu alvo é a nossa mente, a nossa perspectiva sobre as coisas que nos cercam. Quando ficamos limitadas por nossos sentidos, pelo que eles podem perceber naturalmente, perdemos a dimensão sobrenatural da vida, de quem realmente controla todas as coisas ao nosso redor e os eventos de nossa existência. E é aí que voltamos a pensar que nós é que devemos controlar as nossas vidas para conseguir a plenitude que desejamos.

Quando parece que Deus não está agindo a nosso favor, o diabo nos tenta a pensar que então Deus não está agindo, ponto final. A verdade de que os pensamentos de Deus são muito mais altos do que os nossos parece um pobre consolo, talvez até uma desculpa esfarrapada quando não vemos o menor sinal de sua intervenção. Queremos ver um resultado que não vem. E começamos a duvidar de tudo o que já sabemos a respeito de Deus.

NOSSO CONTRA-ATAQUE

Ao tomar conhecimento de que temos um inimigo ansioso por nos devorar, que é esperto e usa estratégias bem projetadas para nos fazer cair em suas ciladas, podemos ficar inquietas, amedrontadas. Mas, embora poderoso, nosso inimigo já foi derrotado por Jesus, como estava predito desde o início do mundo. Por isso, somos mais do que vencedoras por meio daquele que nos amou (Rm 8:37). Embora seja o príncipe deste mundo, Satanás não é maior do que aquele que está em nós (1 Jo 4:4). E, se estamos vivos em Jesus, "aquele que nasceu de Deus *[nos]* guarda, e o maligno não *[nos]* toca" (1 Jo 5:18).

Não só não nos toca, como foge de nós quando fincamos o pé contra ele. "Sujeitai-vos, portanto, a Deus; mas resisti ao diabo, e ele fugirá de vós" (Tg 4:7). Se estivermos sujeitas a Deus, desejosas de lhe obedecer, podemos ficar firmes contra os ataques do diabo, e ele fugirá de nós. Para isso, o Senhor mesmo proveu uma armadura que nos protege e dá condições de vencer o maligno, qualquer que seja o ataque que venha em nossa direção.

> Revesti-vos de toda a armadura de Deus, para poderdes *ficar firmes* contra as ciladas do diabo; porque a nossa luta não é contra o sangue e a carne, e sim contra os principados e potestades, contra os dominadores deste mundo tenebroso, contra as forças espirituais do mal, nas regiões celestes. Portanto, tomai toda a armadura de Deus, para que possais resistir no dia mau e, depois de terdes vencido tudo, permanecer inabaláveis. *Estai*, pois, *firmes*, cingindo-vos com a verdade e vestindo-vos da couraça da justiça. Calçai os pés com a preparação do evangelho da paz; embraçando sempre o escudo da fé, com o qual podereis apagar todos os dardos inflamados do Maligno. Tomai também o capacete da salvação e a espada do Espírito, que é a palavra de Deus; com toda oração e súplica, orando em todo tempo no Espírito e para isto vigiando com toda perseverança e súplica por todos os santos.
>
> Efésios 6:11-18, grifo da autora

A armadura de Deus é completa. Protegidas por ela, podemos permanecer firmes contra qualquer ataque das forças espirituais do mal. Nos tempos antigos, os combates eram travados corpo a corpo, e a armadura tinha a finalidade de proteger os órgãos vitais dos soldados. Graças a ela, muitos deles sobreviviam às mais ferozes batalhas. Entretanto, era preciso tomar toda a armadura, pois cada um de seus componentes oferecia um tipo especial de proteção.

O mesmo faz por nós a armadura de Deus. Ela nos defende dos ataques do maligno, que são como dardos inflamados lançados em nossa direção, com uma pontaria invejável. Ele conhece muito bem as nossas fraquezas e sabe onde nos atacar com mais eficácia. Mas temos com que nos defender. Podemos usar a couraça da justiça quando somos por ele acusados, pois "quem intentará acusação contra os eleitos de Deus? É Deus quem os justifica" (Rm 8:33). O escudo da fé defende o nosso coração, os nossos órgãos vitais. Quando o ataque vem nesta direção, precisamos depender de sua robustez para nos proteger. E uma fé robusta é forjada na profundidade do conhecimento de quem Deus é e de nossa posição como filhas suas.

O capacete da salvação protege nossas cabeças e, por conseguinte, nossas mentes. Aqueles que estão salvos têm agora a mente esclarecida e renovada constantemente pela luz da Verdade. Mesmo a pessoa mais humilde e iletrada tem a sabedoria que vem de conhecer a Deus e, portanto, uma visão correta da realidade deste mundo.

Entre todo esse equipamento de defesa, encontramos também a única arma ofensiva que podemos usar para contra-atacar o inimigo. É a espada da Palavra de Deus. Quando Jesus foi tentado por Satanás no deserto, antes de iniciar seu ministério, o inimigo jogou sujo, como fez com Eva, citando até a própria Palavra para convencer Jesus a fazer o que ele dizia. Entretanto, o Senhor refutou cada uma de suas afirmações com a espada da Palavra de Deus, dizendo: "Está escrito." E contra esta afirmação, o diabo não teve argumento.

O mesmo pode acontecer conosco. Quando nossas mentes são invadidas por dúvidas, mentiras, acusações, devemos confrontar o que estamos pensando com a verdade da Palavra de Deus. Por este motivo, é importante manejar bem esta arma. Na hora do ataque, temos de estar preparadas, sendo hábeis no conhecimento de como refutar os ataques de Satanás. Você conhece bem o que "está escrito" ou fica impotente diante de um ataque do diabo?

Além de poder contar com a proteção da armadura, os soldados precisavam exercitar-se para poder carregar o peso dela sem perder a agilidade e as forças na hora da luta. Por isso, a armadura devia ser adequada ao tamanho de cada um. Entretanto, se não se exercitasse constantemente, o soldado se cansaria logo e poderia ser atacado em partes que a armadura não cobria, ficando logo fora de combate. No caso da armadura espiritual, o exercício vem através da oração. É constante: "Orando em todo tempo no Espírito."

Para cada técnica de ataque, nossas armas de defesa são o exercício da oração e o conhecimento da Palavra. E conhecimento profundo. Se soubermos apenas uns versículos desconectados, sem saber como eles estão inseridos na verdade do plano maior de Deus, será difícil manejar bem a espada da verdade. "Procura apresentar-te a Deus aprovado, como obreiro (...) que maneja bem a palavra da verdade" (2 Tm 2:15).

Uma amiga muito querida estava mal de saúde e muito fragilizada pelo tratamento rigoroso que fazia. Eu a acompanhava de perto em sua luta, principalmente na parte espiritual. Certo dia, percebi que ela não estava nada bem e fui visitá-la em seu apartamento do sétimo andar. Sentadas em sua sala, conversamos sobre suas dúvidas. Pedi a ela que me contasse o que a estava atormentando para podermos orar especificamente pelo problema.

Ela falou que, na noite anterior, havia acordado no meio da noite, ouvindo uma voz que lhe dizia para jogar-se pela janela. Desesperada, ela orou e orou, pedindo que Deus levasse todo o seu pensamento cativo à obediência de Cristo, mas continuou ouvindo a tal voz. Duas vezes ela chegou a ir até a janela, mas algo a impediu de fazer o que a voz dizia. Concluindo seu relato, ela me perguntou:

— Dona Wanda, por que Deus não me atendeu e levou meu pensamento cativo? Por que continuei ouvindo aquela voz depois de ter pedido desesperadamente que ele a fizesse calar?

Não soube imediatamente o que responder. Nunca me havia deparado com uma situação daquelas. Pedi à minha amiga que pegasse sua Bíblia.

— Vamos examinar direitinho o que diz nesta passagem que você está citando, Simone. Deve haver alguma coisa que não estamos entendendo.

Quando ela me trouxe a Bíblia, abrimos em 2 Coríntios 10 e achamos os versículos a que ela havia recorrido na hora de aflição: "Porque as armas da nossa milícia não são carnais, e sim poderosas em Deus, para destruir fortalezas, anulando nós sofismas e toda altivez que se levante contra o conhecimento de Deus, e levando cativo todo pensamento à obediência de Cristo" (vv. 4 e 5).

> — Simone, Deus já nos deu as armas de que precisamos. Agora nós é que devemos usá-las. Nós é que precisamos levar todo pensamento cativo à obediência de Cristo. Isto significa confrontar cada pensamento com a Verdade de Jesus, contra-atacando o inimigo com a espada da Palavra. Deus a impediu de obedecer à voz que você ouviu, mas a tarefa de substituir os pensamentos negativos com a Verdade da Palavra de Deus era sua. Você pode resistir ao diabo. Este poder já lhe foi dado. Ataque-o com a Verdade e ele fugirá de você, pois a mentira não resiste à luz da Verdade.

Embora estivéssemos familiarizadas com aquelas verdades, eu e Simone não havíamos aprendido a manejá-la bem, e ela, na hora de um ataque feroz, quase sucumbiu por estar despreparada. Ainda bem que ela se exercitava bem na oração, e soube aonde correr na hora em que precisava de ajuda urgente, através da súplica por socorro.

A VERDADE DE JESUS

Uma das coisas mais importantes que já aprendi em minhas lutas contra os desígnios do diabo é juntar as duas armas mais importantes que tenho: a oração e a espada da Verdade. Quando vejo alguma situação em que Satanás parece estar levando a melhor, começo a orar para que a Verdade de Jesus brilhe na mente das pessoas envolvidas e na situação em si.

As respostas têm sido nada menos do que impressionantes. Pecados ocultos têm vindo à tona, cegueira espiritual tem sido removida, decisões difíceis são definidas. A luz da Verdade já resplandece nas trevas, e as trevas não prevaleceram contra ela (Jo 1:5). Onde este facho poderoso for apontado, as mentiras, as acusações e as ciladas do inimigo serão reveladas, e, assim, seu poder contra nós é aniquilado.

Lembre-se de que o diabo, mesmo com todo o poder de que dispõe para procurar roubar-nos a alegria e a paz, que são nossa herança em Cristo, está sujeito a Deus. E Deus usa até as nossas lutas para nos "aperfeiçoar, firmar, fortificar e fundamentar. A ele seja o domínio, pelos séculos dos séculos. Amém!" (1 Pe 5:10,11).

PARTE IV

LIVRE PARA SER QUEM DEUS ME FEZ PARA SER

11
ESSENCIALMENTE FEMININA

Meu marido e eu moramos fora do Brasil e viajamos muito depois que nossos filhos cresceram. Primeiro, era em função do trabalho dele; depois, de nossas férias. Ele gosta de dirigir, e já fizemos juntos longas viagens de carro. A parte de navegador sempre coube a mim. Jecel fazia o plano geral da viagem e eu ficava incumbida de ir traçando no mapa o caminho que devíamos seguir e avisá-lo sobre mudanças de rumo e desvios.

Acontece que minha noção de direção não é lá grande coisa, e muitas vezes indiquei um caminho errado. Para ele, que também é piloto de pequenas aeronaves e tem um senso inato de direção, meus erros eram incompreensíveis. E eu me sentia péssima quando me enganava. Sentada ali, ao lado dele, sem nada mais para fazer além de seguir o mapa, era humilhante não saber dizer para que lado ele devia virar.

Na época em que comecei a estudar as diferenças entre os homens e as mulheres, li um artigo que explicava terem os homens o senso espacial, que é localizado na parte frontal do cérebro, mais bem desenvolvido. O autor dizia que isto explicava o fato de as mulheres, muitas vezes, precisarem virar o mapa na direção em que estão indo para poder determinar o rumo que precisam seguir. Ao ler aquilo, caí na risada. Alguém havia descoberto o meu segredo!

A informação foi um alívio para mim. Eu não era boba nem limitada, apenas feminina. Meu cérebro foi feito diferente do masculino e funciona melhor de formas que, para meu marido, parecem incompreensíveis. Agora, quando viajamos, viro o mapa de cabeça para baixo, se for preciso. E aprecio mais ainda a segurança com que ele determina o rumo a tomar, quando acabamos nos perdendo por outros motivos. Ele foi feito para isto. Aleluia!

Não estou querendo dizer que somos apenas o resultado de nossas características femininas, que elas determinam exclusivamente a maneira como vamos viver. Como seres inteligentes, podemos aprender e desenvolver aquilo que não é o mais natural para nós (é só virar o mapa de cabeça para baixo e pronto). Se for necessário. Quando aprendo a apreciar a pessoa que sou porque Deus se deu ao trabalho de me fazer feminina, diferente dos homens, sinto-me totalmente livre para ser como sou, e livre também para apreciar de coração as características especificamente masculinas dos homens com quem convivo. Uma verdadeira bênção!

Mas além das características femininas que são comuns à maioria das mulheres, somos indivíduos. Há uma imensa variedade dentro da categoria mulher, pois Deus nos fez assim: "Que variedade, Senhor, nas tuas obras! Todas com sabedoria as fizeste; cheia está a terra das tuas riquezas" (Sl 104:24), já disse o salmista. Não há duas mulheres exatamente iguais. Nossas capacidades estão distribuídas ao longo de uma vasta gama de diferentes habilidades. Há mulheres de todos os tipos, desde as mais doces e introspectivas, como Maria de Betânia, até as mais ativas e extrovertidas, como sua irmã Marta.

Dentro desta variedade, no entranto, há uma coisa básica que Deus colocou em nós para enriquecer nossas vidas e de todos que convivem conosco. É a nossa essência feminina, nossa força e fonte do nosso valor como seres humanos. A feminilidade é algo intrínseco à nossa maneira de ser como pessoas feitas à imagem e à semelhança de Deus.

Quando aprendo a me ver pelos olhos do Deus que me fez como sou e a apreciar o fato de minha feminilidade fazer parte do maravilhoso plano de Deus para suas criaturas, encontro a verdadeira libertação que me permite ser a pessoa essencialmente feminina que Deus me criou para ser e oferecer minha feminilidade como uma dádiva onde quer que eu viva e atue.

O MISTÉRIO DA FEMINILIDADE

Quando Deus fez o ser humano à sua imagem, conforme a sua semelhança, ele o fez como homem e mulher. Está claramente registrado em Gênesis 1:26,27 que a nossa criação foi projetada pelas três pessoas da Trindade, no acordo perfeitamente harmonioso e amoroso que caracteriza seu relacionamento: "Também disse Deus: Façamos o homem à nossa imagem, conforme a nossa semelhança (...) Criou, Deus, pois, o homem à sua imagem, à imagem de Deus o criou; homem e mulher os criou."

Assim, o fato de sermos homem e mulher é necessário para que reflitamos, em nossa finitude, a pessoa infinita de Deus. Não há como exagerar a importância deste ponto. A nossa existência como homens e mulheres é o que Deus planejou para mostrar diferentes aspectos da sua Pessoa.

Segundo um autor, o mistério, a beleza, a terna vulnerabilidade da mulher refletem algumas características de Deus. A mulher, como mulher, diz algo ao mundo sobre como Deus é.[14] O homem, na sua masculinidade, reflete alguns aspectos de Deus, e a mulher, em sua feminilidade, reflete outros. E como Deus não tem corpo, esta semelhança só pode se dar no âmbito da alma, da essência do que é ser masculino e feminino.

Quando os homens olham para as mulheres, vêem algumas características de Deus que neles mesmos são pouco desenvolvidas. Talvez seja o mistério, a beleza, a terna vulnerabilidade de que fala o autor citado acima. Por isso são tão atraídos por elas. E o mesmo acontece quando as mulheres olham para os homens. A atração entre os sexos vai muito além da sexual. É a atração da complementação, o desejo de sermos a pessoa plena que só quando novamente nos tornamos um podemos vir a ser.

Como já vimos antes, esta interdependência entre o homem e a mulher é um lembrete constante da nossa dependência total daquele que nos fez assim, e cuja imagem refletimos, em parte, por sermos como somos. Afinal, o apóstolo Paulo afirmou que "como provém a mulher do homem, assim também o homem é nascido da mulher; e tudo vem de Deus" (1 Co 11:12). E o mistério de como nos completamos de maneira tão peculiar e perfeita está ligado ao mistério do relacionamento que existe entre Cristo e sua Noiva, a Igreja (Ef 5:32). Percebemos este mistério e, sentindo que somos parte dele, o amamos, mesmo sem conseguir explicá-lo.

A ESSÊNCIA DA FEMINILIDADE

Durante os anos em que trabalhei como tradutora, defrontei-me muitas vezes com alguma palavra cujo sentido específico era difícil de ser expresso em nossa língua. Em meu dicionário predileto, era fácil ver quais eram essas palavras. Havia anotações por todos os lados em volta dos significados que o dicionário já fornecia. Para cada contexto, a tradução melhor era apenas uma entre as muitas disponíveis.

Talvez por meu treinamento e pelas dificuldades que tornavam cada tradução um desafio, estou sempre muito atenta à importância das palavras. Por isso, chamou-me tanto a atenção a palavra que Deus empregou quando disse que faria a mulher. Quando, em Gênesis 2:18, Deus falou que não era bom o ser humano masculino estar só, disse que, para completá-lo, faria uma auxiliadora que fosse da mesma espécie que ele. A palavra usada para "auxiliadora" é a que pode ser transliterada do hebraico como *ezer*, e que significa, literalmente, "cercar", "proteger" ou "ajudar, socorrer".

Esta palavra aparece duas vezes no capítulo 2 de Gênesis para se referir à pessoa que Deus disse que faria para complementar o homem. "Farei para o homem alguém que esteja ao lado dele para ajudá-lo, alguém da mesma espécie que ele." Se você ler a passagem que fala da criação no capítulo 1, verificará que todos os seres vivos se reproduziam "conforme a sua espécie".

O homem, depois de criado, recebeu a incumbência de dar o nome aos animais. Ao fazer isto, deve ter observado que todos tinham outro de sua espécie que os completava com características sexuais opostas. "Para o homem, todavia, não se achava uma *ezer* que lhe fosse idônea", ou que fosse da mesma espécie que ele (Gn 2:20).

Foi então que Deus criou a mulher, tirando um pedaço do homem para fazê-la. Sua criação diferiu da do homem propositalmente. Homens e mulheres são da mesma espécie, mas têm características diferentes para poderem exercer as funções diferentes para as quais Deus os criou. A palavra "auxiliadora", em si, já sugere a existência de alguém que precisava de ajuda. No plano perfeito de Deus, havia um lugar que apenas a mulher, como Deus a fez, poderia ocupar. Se não, ele não a teria feito assim como é.

Dentre as mais de 80 vezes que a palavra *ezer* aparece no Antigo Testamento, quase todo escrito em hebraico, ela é usada em sua forma verbal (auxiliar, ajudar, socorrer, amparar) ou como substantivo (ajuda, socorro, auxílio, amparo), duas vezes em Gênesis 2 para se referir àquela que Deus faria para ajudar o homem e 54 vezes para se referir a Deus como o Ajudador de seu povo (se quiser conferir algumas dessas passagens, veja Êx 18:4; Dt 33:7, 26, 29; Sl 20:2; 33:20; 109:26; 115:9, 11; 121:1,2; 124:8; Is 41:10, 13, 14; 50:7, 9; Os 13:9).

Não dá para deixar de sentir a dignidade que Deus conferiu à mulher quando disse que faria alguém que refletiria a sua característica de ajudador. E para que ela pudesse fazer aquilo para o qual foi criada, Deus a capacitou com o que o doutor Paul Tournier chama de "aguçado senso da pessoa". Por isso, costumo dizer que as mulheres são as ministras dos relacionamentos no plano de Deus para o governo da sua criação.

Somos intensamente pessoais. Interessamo-nos pelas pessoas, por seu bem-estar, por aquilo que está relacionado a elas. Criamos elos com as pessoas. Quando falamos, usamos a linguagem do coração, das emoções. Queremos nos ligar às pessoas, criar uma ponte que nos una a elas, compartilhar nossos sentimentos, nosso coração.

Personalizamos nosso ambiente, nossas coisas. Para a mulher, sua casa, seu ambiente de trabalho, é parte de quem ela é, parte da sua pessoa. Por isso, muitas vezes tem mais dificuldade para se adaptar a mudanças, pois deixa parte de si para trás. Lembro-me de que tive uma casa de que gostava muito quando meus filhos eram pequenos. Depois que nos mudamos, sonhei com ela anos seguidos. Parece que sempre que a saudade apertava, eu voltava até lá nos meus sonhos e revia aquela parte da minha vida.

Somos ligadas às pessoas de uma maneira que os homens não podem ser, pois é em nossos corpos que nossos filhos são gerados e nutridos até nascerem. E mesmo depois do nascimento, nossa conexão com eles é única, pois os alimentamos também com nossos próprios corpos. Mesmo aquelas que jamais concebem e têm filhos sentem esta mesma conexão que poderia ocorrer se, por acaso, a situação mudasse.

As mães sentem o que os filhos estão sentindo de uma forma especial. Há pouco tempo, assisti a uma série de reportagens feitas pela rede BBC de televisão inglesa sobre as diferenças entre homens e mulheres, documentadas por estudos importantes. Um dos episódios mostrava uma família em que, por conveniência e escolha própria, o pai ficava em casa com as crianças e a mãe saía para trabalhar fora. Ela era engenheira e trabalhava numa firma que exigia sua presença ali. Ele era projetista, e preferia trabalhar em casa, indo ocasionalmente visitar os clientes para quem desenvolvia os projetos.

Segundo testemunho do próprio pai, tudo que a mãe fazia em casa ele aprendeu a fazer, e a vida familiar seguia um ritmo normal. Havia uma coisa, porém, que ele não conseguiu aprender, por mais que tentasse: não conseguia detectar quando um dos filhos estava precisando de uma conversa especial, de mais atenção. Entretanto, no momento em que a mãe entrava em casa, ela já percebia o problema e sabia o que fazer para restaurar o bem-estar da criança. Era o sentido da pessoa, inato na mulher, em funcionamento. O pai, por mais amoroso e dedicado que fosse, não era o especialista nesta área.

Somos intuitivas. Apreendemos certas coisas, mesmo sem conseguir explicá-las logicamente. A maneira mais subjetiva que temos de ver o mundo nos permite apreender intuitivamente certos mistérios da fé. Não se pode ler os evangelhos sem notar como Jesus foi mais compreendido pelas mulheres do que pelos homens. A primeira pessoa a quem ele declarou ser o Messias foi uma mulher (Jo 4, a história da mulher samaritana). Maria de Betânia foi quem entendeu que a morte do Senhor estava próxima, apesar de ele ter declarado isto explicitamente aos discípulos, e tal sensibilidade a levou a ungi-lo antecipadamente para o túmulo (Mc 14:3-9).

Somos mais relacionais. Falamos sempre de coisas pessoais porque nos interessamos por elas. Quando escreveu seu livro sobre as mulheres, Paul Tournier disse que foi aconselhado por algumas amigas a escrever na primeira pessoa, sobre coisas pessoais, pois assim suas leitoras se identificariam mais com o que ele dizia.

Sei que estou falando aqui de coisas que todas nós sabemos, pois vivemos diariamente com esta realidade. O que precisamos nos lembrar constantemente, entretanto, é que a feminilidade foi criada por Deus porque tinha um propósito bom para ela. Quando deu ao ser humano a tarefa de cuidar do mundo que havia criado, o Senhor falou aos dois, homem e mulher. "E Deus os abençoou e lhes disse: Sede fecundos, multiplicai-vos, enchei a terra e sujeitai-a" (Gn 1:28).

Esta é a ordem de Deus para o bom governo da Criação. Requer o toque masculino, sim, mas também o feminino. Somente quando o homem e a mulher trabalham juntos, em cooperação respeitosa, podem cuidar do mundo de forma sábia, abrangente, construtiva e enriquecedora. Somente quando os dois fazem sua parte específica é que ambos lucram, em todos os sentidos.

O MINISTÉRIO DA FEMINILIDADE

Meu marido é um apaixonado engenheiro eletrônico. Como tal, ele é exigente em coisas que, para muitas pessoas, o que funcionar razoavelmente já serve. Você se lembra do nosso embate na questão das tomadas que ele fez questão de usar quando construímos nossa casa? Pois é. Somente o mais perfeito era aceitável para ele. E ele tem uma razão boa para isto: conhece a força e os efeitos da eletricidade e os respeita o suficiente para cuidar bem deles.

Os peritos são assim, concentrados e exigentes em sua área de conhecimento, justamente por entender do assunto e enxergar a importância de todos os elementos relacionados a ele colaborarem para seu bom funcionamento. As mulheres, com seu aguçado senso da pessoa e por valorizarem a importância dos relacionamentos, são exigentes nesta área.

Recentemente, quando tratávamos das questões relativas às diferenças entre homens e mulheres, Fernando, um pastor jovem, perguntou-me: "Dona Wanda, por que as mulheres estão sempre insatisfeitas com seus relacionamentos? Por que estão sempre querendo mudar as pessoas?"

Será que não é pelo mesmo motivo que levou meu marido a fincar o pé na questão das tomadas? Se as mulheres são, naturalmente, as peritas na questão dos relacionamentos, vão se concentrar na importância dos problemas que existem nele e fazer de tudo para saná-los. Não vão se contentar com menos do que o melhor. Diversos psicólogos e conselheiros cristãos cujos livros já li e/ou traduzi falam que, em toda a sua longa experiência profissional, trabalhando com milhares de casais, é quase sempre a mulher a primeira a enxergar que seu casamento está com problemas e procurar ajuda. Os maridos, quando as acompanham, em geral o fazem relutantemente, achando que elas estão exagerando.

As mulheres têm um ministério na área dos relacionamentos para o qual Deus as capacitou de forma especial. Este é o dom da feminilidade, e está intrinsecamente ligado à nossa maneira feminina de ser. Não podemos deixar de nos importar com os relacionamentos, sob pena de anular a nossa feminilidade. E mulheres sem feminilidade não podem realizar seu potencial como pessoas.

Entretanto, se vivermos a nossa feminilidade a partir de um coração vazio, carente, nosso dom natural se transformará em exigência, manipulação, controle para obter aquilo que é importante para nós. Se formos impelidas por nossas necessidades básicas como pessoas, nossas capacidades naturais se tornarão uma triste caricatura do que a mulher foi criada para ser. Em vez de boas comunicadoras, passamos a ser falantes. Nosso interesse pelas pessoas pode nos levar às cobranças, às manipulações, às fofocas e à maledicência. Nossa habilidade de focalizar o imediato, o cotidiano, as pequenas coisas que são importantes para o bem-estar das pessoas pode transformar-se em imediatismo, em estreiteza de idéias.

Mas o plano maior de Deus para nós abrange também os efeitos negativos das nossas carências básicas. Ele não está no céu, torcendo as mãos, sem saber o que fazer ao ver sua bela criação indo para o beleléu. Em sua perfeita sabedoria e seu perfeito conhecimento, o Senhor usa a vulnerabilidade em que nossas características nos colocam para nos trabalhar e capacitar para sermos tudo aquilo que ele nos criou para ser. E quando aprendemos a apreciar a nossa feminilidade, podemos ensinar nossos familiares a apreciá-la também, pois é para o bem deles que Deus nos fez assim como somos.

Veja o que aconteceu com um casal famoso da Bíblia, conforme está registrado em Gênesis, nos capítulos 16 e 21. Abraão e Sara, um casal de bastante idade, já havia desistido de ter o filho que Deus lhes havia prometido. Sara, tomando a dianteira de Deus, resolveu o problema de uma forma que era comum naquela época, dando a serva para o marido, a fim de ter um filho através dela. A serva engravidou, e isto logo trouxe sofrimento para toda a família. Houve atritos sérios entre Sara e Hagar, e o Senhor precisou intervir para solucionar a crise.

Depois que a promessa de Deus se cumpriu e a própria Sara teve um filho com Abraão, Ismael, o filho da escrava, começou a caçoar do menino e a criar encrencas maiores ainda dentro daquela casa. Sara exigiu que o marido resolvesse o problema que ela mesma havia criado, mandando embora Hagar e o filho. Dá para imaginar o que Abraão sentiu. Embora não parecesse ter grande afeição por Hagar, o filho dela era seu filho também. "Pareceu isso mui penoso aos olhos de Abraão, por causa de seu filho" (Gn 21:11). Uma situação insustentável.

Sara causou o problema, embora com a plena cooperação do marido. Ainda assim, Deus disse a Abraão: "Não te pareça isso mal por causa do moço e por causa da tua serva; atende a Sara em tudo o que ela te disser" (Gn 21:12). Apesar do mau conselho de Sara, Deus não renegou a importância do papel que ela tinha não apenas no bem da família, mas no plano maior do próprio Deus para todos os descendentes deles. Em outras palavras, ele falou a Abraão: "Atenda ao que Sara está dizendo e deixe comigo os resultados. Eu mesmo cuidarei de seu outro filho. Ele não perecerá, mas também será abençoado por ser seu filho."

Deus confirmou para Abraão a importância que sua esposa tinha como co-herdeira das promessas que ele lhes havia feito. Ele nos fez como fez, e sabe que é através das decepções, dos sofrimentos e das lutas que enfrentamos nos relacionamentos que nos quebrantamos e permitimos que ele trabalhe poderosamente em nossos corações. É quando os relacionamentos humanos falham que estamos mais propensas a recorrer a Deus, a depender de seu amor incondicional e constante para encher nosso coração a ponto de transbordar para aqueles com quem convivemos.

Marília é uma jovem senhora cuja infância foi marcada pela infelicidade. Seus pais se separaram quando ela era bem pequena ainda, e ela ficou morando com a mãe. Embora a amasse muito, a falta que sentia do pai a fazia chorar todas as noites até dormir. Alguns anos se passaram, e sua mãe adoeceu e veio a falecer. A menina foi morar com o pai e sua nova esposa. Agora era da mãe que ela sentia falta. Nunca se sentiu à vontade no novo lar do pai e ansiava pelo momento de deixá-lo e viver sua própria vida.

Quando conheceu Vítor, achou que, enfim, a felicidade lhe sorria. Era um belo rapaz, trabalhador, educado, que a tratava como uma princesa. Eles se casaram e tiveram dois filhos perfeitos e inteligentes. A convite de um casal amigo, foram a uma igreja e ouviram a mensagem do amor maior de Deus. Marília sentiu que finalmente achara a resposta para todas as suas dúvidas e aceitou imediatamente a oferta de se tornar filha deste Deus maravilhoso. Vítor também.

"Agora", pensava ela, "sei que precisei passar por todo aquele sofrimento para avaliar a felicidade que tenho hoje." O casal entrosou-se na igreja e começou a se dedicar ao ministério de casais. Marília sabia que não poderia ser mais feliz. Eles passaram por algumas dificuldades financeiras e mudaram de cidade, mas nada abalava a confiança daquela mulher no amor e no cuidado de Deus. Até que...

Sem qualquer prenúncio, Vítor anunciou que a estava deixando. O relacionamento humano de que dependia para sua felicidade falhou, e Marília viu-se no meio de um turbilhão de emoções: raiva, humilhação, angústia, tristeza, desespero. Tentou de tudo para fazer o marido mudar de idéia. Nada adiantou. Ele foi advertido pelos líderes da igreja, mas também não funcionou. Parecia que nada podia alcançá-lo. Pouco depois, ele se apresentou para visitar os filhos com uma *namorada*.

A maior luta de Marília, entretanto, foi na área de sua fé. Ela achava que, agora que era filha de Deus, estaria livre das coisas que a haviam tornado infeliz na infância e na juventude. Mas parecia que não estava melhor como filha de Deus do que quando nem o conhecia. Que Pai era esse que permitia um sofrimento maior ainda na vida de uma filha sua? Era um pai como Vítor, que deu as costas ao bem dos filhos, que seria sua presença ao lado deles, para buscar seus próprios prazeres?

Marília nunca fez segredo de suas dúvidas. Algumas pessoas da igreja chegaram a afastar-se porque o questionamento dela as incomodava. Não tinham respostas para lhe dar. Marília continuou na luta, muitas vezes brigando com Deus, questionando sua bondade, mas nunca desgrudando dele.

Nos anos que se seguiram, Marília passou por outras dificuldades. A vida de uma mãe que precisa criar seus filhos sozinha é cheia de percalços e dificuldades que ela não precisaria enfrentar se tivesse o companheiro ao seu lado. Aos poucos, entretanto, a fidelidade de Deus em cuidar dela e dos filhos foi ficando clara. Apesar de ainda questionar o que Deus está fazendo em sua vida, pois não consegue enxergar bem algum em tudo que aconteceu, ela está aprendendo a confiar, mesmo no meio da escuridão (Is 50:10).

Aqueles que acompanham a sua caminhada já podem ver quanto ela tem mudado. Está sendo transformada numa pessoa linda. Já perdoou Vítor e consegue até orar por ele e dispor-se a ajudá-lo, se ele precisar dela, não como esposa, mas como uma filha de Deus que só deseja o bem dele. Com sua atitude, tem ajudado os filhos a amar o pai e a se preocupar também com ele. Todos têm a esperança de um dia ver Vítor restaurado à comunhão com Deus, mesmo que suas vidas continuem separadas como estão agora.

MINISTRANDO À FAMÍLIA

O ministério da mulher dentro de casa é tão desafiador e completo que fico pasma ao ver que esta missão foi reduzida a mero trabalho – e um trabalho tedioso, ainda por cima. Quando falávamos da importância do papel da esposa e mãe dentro de casa num dos nossos cursos sobre família, um jovem executivo aparteou: "Se é esta a função principal da mulher, então ela não precisa estudar!" Quando lhe perguntei o que ele achava serem as tarefas da mulher no cuidado da família, ele respondeu prontamente: "Ora, a senhora sabe: lavar, passar, cozinhar, limpar bumbum de bebê..." Por esta lista, nenhuma mulher vai querer este papel mesmo!

No exemplo daquele pai que trocou de lugar com a mãe, os trabalhos de cuidar da casa ele conseguiu fazer bem. O problema surgiu na hora de cuidar das pessoas que ali viviam, especialmente os filhos pequenos. Faltava-lhe alguma coisa que nem mesmo sua enorme boa vontade conseguiu compensar.

Quem temos nós de mais dignos de investirmos tudo o que somos capacitadas a fazer bem do que as pessoas da nossa família? Se nós, mulheres, não valorizarmos o nosso trabalho como ajudadoras de nossos maridos e educadoras de nossos filhos, não sei quem irá fazê-lo. Ao desempenharmos esta missão, precisamos estar sempre conscientes de duas coisas importantes. Primeiro: embora a parte do serviço da casa seja a menos importante, ela tem uma função específica. Uma casa bem organizada e bem mantida é uma bênção, um lugar de descanso, de refrigério. Você já entrou em alguma casa em que, só por estar ali, sente uma sensação de paz e bem-estar? A casa que é cuidada com amor, com um senso de ministério, é acolhedora, abençoadora. Pode não ser muito elegante nem enfeitada, mas terá aqueles toques especiais que mostrarão quanto as pessoas que moram ali são valorizadas.

É preciso muita capacidade e tino administrativo para cuidar bem de uma casa. São pessoas diferentes que moram ali dentro, com necessidades e exigências diversas. Criar um ambiente que sirva bem a todos é um desafio! E uma responsabilidade nossa, como mulheres.[15] Podemos recorrer a todo tipo de ajuda, mas será sempre a nossa casa, e uma vitrine da importância que damos à nossa família.

Além disso, servir é a missão de todo filho de Deus. Jesus nos deu o exemplo de serviço humilde e falou claramente que era para seguirmos os seus passos. Depois de lavar os pés dos discípulos, tarefa geralmente executada por um escravo do mais baixo escalão, ele disse: "Compreendeis o que vos fiz? Vós me chamais o Mestre e o Senhor e dizeis bem; porque eu o sou. Ora, se eu, sendo o Senhor e o Mestre, vos lavei os pés, também vós deveis lavar os pés uns dos outros. Porque eu vos dei o exemplo, para que, como eu vos fiz, façais vós também" (Jo 13:12-15).

Se, para servir à nossa família, precisarmos executar serviços humildes, repetitivos, cansativos, estaremos seguindo o exemplo de Jesus. E também é bom lembrar que há inúmeros outros trabalhos feitos fora de casa que são igualmente cansativos e tediosos. O que diferencia o trabalho da casa é o fato de não haver remuneração financeira para a dona da casa que o executa. Mas, se o fizermos por amor, para o bem daqueles que estão sob nossos cuidados, qualquer trabalho pode ser gratificante e compensador. Depende do nosso foco. Se olharmos o trabalho em si, ele parecerá apenas um serviço. Se olharmos quem se beneficia, ele adquirirá a dignidade de um ministério.

A segunda coisa importante que precisamos considerar com relação aos trabalhos domésticos é que eles são a parte menos importante de nossa missão dentro de casa. Devem ser feitos com eficiência e presteza, com a ajuda de todas as facilidades a que pudermos recorrer, para liberar o nosso tempo para o verdadeiro trabalho doméstico, que é o de transformar o lar em um centro de formação e apoio às pessoas. É para esta tarefa que devemos nos preparar, usando os nossos dons naturais e todos os recursos de desenvolvimento de nossa capacitação a que pudermos recorrer, porque é na área de nossa mais forte atuação que vamos ser desafiadas em tudo que somos.

É dentro de casa, no casamento e na convivência com os filhos ou com outros familiares, que nos expomos mais, que somos mais vulneráveis. Portanto, é ali mesmo que vamos ser mais provadas, trabalhadas. Podemos ser muito competentes e admiradas fora de casa, mas se nossa vida dentro do lar estiver fracassando, nenhum sucesso alcançado lá fora pode compensar esta falta. Nem para nós, nem para os nossos queridos. E nós sabemos disto – intuitivamente.

MINISTRANDO FORA DE CASA

Apesar de ser a parte mais importante de nossa vida, o ministério dentro do lar não é o único para o qual o Senhor nos capacitou. O mundo em que vivemos hoje precisa, mais do que nunca, do toque feminino. É um mundo tão avançado tecnologicamente, mas ainda muito carente no cuidado com as pessoas. E as portas têm sido abertas para a ocupação feminina em quase todas as áreas das atividades humanas.

Vemos as mulheres invadindo o mercado de trabalho e ascendendo a altos cargos no mundo dos negócios, aumentando sua participação na área da política e até mesmo na área religiosa. Embora, em algumas partes do mundo, a situação das mulheres ainda seja de opressão e marginalização, nas outras elas estão gozando quase todos os privilégios da plena cidadania.

Acredito que realmente estamos vivendo uma era em que a influência da mulher pode ser forte e marcante. E creio também que este momento da história não está acontecendo por acaso. Como o Senhor da história, é o próprio Deus quem nos está dando hoje o espaço e a abertura nos quais devemos exercer plenamente o ministério da feminilidade, levando o toque feminino a todas as áreas da vida. Mas, se as mulheres não estiverem conscientes de seu valor como mulheres, acabarão se adaptando ao mundo que encontram, em vez de ministrar-lhe com sua feminilidade.

Quando entendemos a importância de sermos mulheres, de sermos como somos, pois é assim que refletimos alguns aspectos da pessoa do Deus que nos criou, ficamos verdadeiramente liberadas. Nossa auto-estima não depende de como as outras pessoas reagem a nós, de como elas nos tratam, se nos apreciam ou não. É no espelho de Deus que nos miramos, e pelos olhos dele que nos vemos. E ele disse que o fato de sermos homens e mulheres é muito bom (Gn 1:31). E tinha de ser mesmo. Foi idéia dele!

Quando vejo minha feminilidade, minha sensibilidade às pessoas, pelos olhos daquele que me fez assim, começo a enxergar novas oportunidades de empregar a capacidade que Deus me deu, o que me traz o mais rico e completo senso de realização. Estou fazendo minha parte no plano maior de Deus, seja qual for a situação em que me encontre. Torno-me criativa, empreendedora, vivendo segura dentro do propósito de Deus para mim. Posso fazer coisas inéditas, se Deus para isto me chamar.

A Bíblia dá exemplos de mulheres que viveram situações incríveis para sua época, quando para isso foram chamadas. Uma, como Débora, que já era uma juíza, foi elevada à posição de comandante do exército de seu povo. Outra, como Ester, era uma moça comum, que foi levada ao palácio de um rei poderoso e incrédulo para trazer livramento a todo o seu povo. As filhas de Zelofeade pediram ao Senhor que mudasse as leis por ele mesmo estabelecidas, por se sentirem lesadas em determinada situação. Elas foram ouvidas e atendidas.

Em meio a essas que foram chamadas para mudar a história, houve muitas outras que, através de seu ministério feminino, construíram a história do povo de Deus. É o caso de Noemi, registrado no Livro de Rute. Ela nada fez de extraordinário. Foi esposa, mãe, sogra, sofreu, perdeu tudo que tinha significado para ela. E, no fim, parece ter-se contentado com bem pouco. Na última cena em que ela aparece na história, está apenas acalentando no colo um bebezinho, que nem seu neto de sangue era. Mas este bebê fazia parte da genealogia do rei Davi, e mais adiante, do próprio Senhor Jesus. Nas mãos de Deus, a mulher que faz aquilo que tem diante de si, seja levando um exército à guerra, cativando um rei ou acalentando um bebê, está realizando o propósito para o qual foi criada, e este fato terá conseqüências eternas, mesmo que no momento pareça insignificante.

Por que padrão estamos medindo o sucesso e a realização? Se for pelo de Deus, quem dá um copo de água fria a quem tem sede está fazendo algo tremendamente importante. Se tiramos tempo para ministrar a uma pessoa magoada, ouvir um coração aflito, afagar alguém entristecido, dar um telefonema ou fazer uma visita a alguém que, de repente, nos vem à mente, estamos sendo a extensão do coração do próprio Deus. Se não temos tempo para essas coisas, estamos ocupadas demais, ponto final.

COMO EXERCER O MINISTÉRIO DA FEMINILIDADE

Uma das maiores dificuldades que encontramos para exercer o nosso ministério é o fato de nem sempre sermos valorizadas pelo que somos. Muitas vezes, ao oferecermos nossa perspectiva, nosso ponto de vista feminino, somos rejeitadas, ridicularizadas até. Por isso, é essencial entendermos o papel que Deus tem para nós, como mulheres, no seu plano, lembrando-nos constantemente de que foi ele quem nos fez como somos, e tinha para isto um propósito bom. É diante do nosso Criador que devemos nos colocar quando duvidarmos do valor da nossa feminilidade.

Tenho aprendido que há três passos essenciais que preciso dar quando encontro dificuldade em meus esforços de ministrar. Primeiro, entendo que a dificuldade pode ser resultado de minha própria falha (como aconteceu com Sara, nem sempre meus motivos e ações são certos) ou por causa da falha de compreensão e aceitação da parte da outra pessoa. Depois, examino meus motivos diante de Deus, em oração. Estou tentando controlar, manipular ou realmente ajudar, ministrar? Quando oro a respeito do que está acontecendo, adquiro uma perspectiva de quem está realmente no controle de tudo. Entrego a ele o que estou tentando fazer e também o resultado.

Aí estou livre para oferecer os benefícios da minha feminilidade sem exigir que eles sejam aceitos. É uma dádiva de tudo o que sou, desejando, mas não exigindo, o retorno deste investimento em termos de bem na vida da outra pessoa. A minha atitude, e até o tom da minha voz, indicam que a pessoa é livre para aceitar ou rejeitar o que estou oferecendo. É neste clima de liberdade completa que os corações se abrem um para o outro e ambos são enriquecidos pela perspectiva do outro.

Recentemente, eu e meu marido estávamos num impasse a respeito da decisão dele de trocar o nosso carro por um mais novo e mais bem aparelhado. Ele usava todos os argumentos que conhecia para me convencer de que sua decisão estava certa, mas eu sabia, mesmo sem conseguir explicar, que não precisávamos de um carro mais novo, que aquela era uma despesa desnecessária, e nada me convencia do contrário. A questão estava pesando entre nós.

Comecei, então, a orar a respeito do assunto, disposta a ouvir a voz de Deus na questão. Ele me mostrou alguns aspectos que eu não havia considerado, um deles sendo que eu e meu marido somos totalmente diferentes em alguns aspectos, e coisas que são importantes para ele podem parecer totalmente irrelevantes para mim. Mais uma vez (não era a primeira), Deus me mostrou que o fez como fez e que, se houvesse algum problema espiritual relacionado com a decisão, ele é o único que tem poder para trabalhar no coração e na mente das pessoas.

Quando Deus aquietou meu coração, pude conversar com Jecel, expondo meu ponto de vista, oferecendo minha opinião como uma ajuda na decisão dele, mas sem exigir nenhuma mudança nos planos. Ao ver-se assim liberado do peso da minha exigência, ele me falou de coisas profundas do seu coração sobre como enxerga o ministério da mordomia dos bens que Deus nos tem dado.

Minha apreciação e amor por ele subiram alguns pontos, e, ao mesmo tempo, senti-me valorizada e apreciada por ele me ter permitido olhar no fundo do seu coração e compartilhar um pouco da pessoa que realmente é. Eu nunca teria chegado a este lugar pela força da exigência e dos argumentos, mas fui acolhida ali, quando ofereci minha perspectiva como uma dádiva que poderia ser livremente aceita ou recusada.

OS LIMITES DO MINISTÉRIO FEMININO

Exercer o ministério da feminilidade, tanto dentro de casa como fora dela, não significa dizer sempre "sim", nos dispor a tudo que é pedido de nós. As mulheres, feitas por Deus para serem as ajudadoras, têm a tendência natural de ultrapassar os próprios limites, no afã de se dar aos outros, e acabam prejudicando aqueles que pensam estar servindo. Muitas vezes, as mulheres – não exclusivamente, mas principalmente elas – facilitam que alguém a quem amam permaneça num caminho errado por se acharem responsáveis pela felicidade dessa pessoa.

É o caso comum da supermãe que serve o filho de tal forma que ele se transforma numa pessoa incompetente, precisando de ajuda para as mínimas coisas. O verdadeiro amor faz a mãe ensinar o filho a ganhar independência gradativamente, e depois se omitir algumas vezes para que a criança aprenda as coisas que lhe serão indispensáveis mais tarde.

A esposa do homem viciado em álcool ou outro produto que produz dependência química, ou do viciado em algum tipo de comportamento prejudicial, como a pornografia, ou do que se envolve em atos ilegais, que fecha os olhos para os erros do marido ou, o que é pior, evita que ele sofra as conseqüências de seus erros não está sendo uma ajudadora, mas uma facilitadora do erro. Na área judicial, ela seria chamada de cúmplice. Na área dos relacionamentos, co-dependente, ou seja, aquela que facilita a continuidade da dependência da outra pessoa.

O verdadeiro amor admoesta, disciplina, corrige. Disciplina é um ato de amor, não de punição. "O Senhor corrige a quem ama" (Hb 12:6). Quando deixamos de amar assim, estamos favorecendo as falhas da pessoa amada e privando-a de crescer como pessoa e como filha de Deus.

A medida e o limite da minha dedicação devem ser o amor, e o verdadeiro amor sempre busca o bem da pessoa amada. Favorecer as exigências, o egoísmo, a autoconcentração do outro é não se importar de fato com as conseqüências que tal atitude trará em sua vida. O verdadeiro amor dá a própria vida pelo outro, mas de forma que o sacrifício beneficie o outro, e não o destrua.

E como saber quando colocar as necessidades da outra pessoa acima das nossas sem favorecer o egoísmo dela? Embora seja uma questão muito complexa para ser respondida em poucas palavras, tão variadas são as situações em que podemos estar envolvidas, há uma regra simples, que podemos aplicar sempre que estivermos em dúvida: o que a outra pessoa está fazendo é errado? Se é o caso de um marido que espanca a esposa ou os filhos, que está cometendo adultério, que se embriaga com freqüência, que não assume a sua parte no sustento do lar, não tem responsabilidade financeira, que está envolvido com algum tipo de crime... a lista é longa e variada.

Se o que a outra pessoa estiver fazendo for errado pelos critérios da Lei de Deus, a mulher que ama precisa tomar uma atitude que, muitas vezes, vai contra sua própria natureza de ajudadora. Se o outro não lhe der ouvidos, rejeitando a oferta de sua ministração, ela deve orar, entregar a outra pessoa para Deus e deixar de se interpor entre ela e as conseqüências de suas ações.

Muitas vezes, pensando estar amando bem, nos colocamos entre a disciplina que Deus está exercendo e a pessoa amada, assumindo e absorvendo as conseqüências das coisas erradas que ela está fazendo. Desta forma, ela ficará achando que pode continuar agindo assim impunemente, e não terá motivo algum para mudar.

É o caso do marido que espanca a esposa. Quantas mulheres assumem a culpa pelo acontecido, achando que foram elas que provocaram o acesso de raiva do companheiro, deixando assim de procurar ajuda ou tomar a atitude de não permitir que esse tipo de comportamento continue?[16]

Outro parâmetro que deve ser usado para avaliar o limite da nossa ministração é: o que ocorre está me destruindo como pessoa? Ninguém pode dizer até onde alguém consegue suportar certos tipos de maus tratos sem ser destruído por eles. Somente a própria pessoa pode determinar isto, em oração. Sabemos, com certeza, que Deus não nos manda provação que não consigamos suportar, mas que podemos recorrer a ele para socorro no momento oportuno. Às vezes, este socorro assume a forma de força sobrenatural para permanecer na situação destrutiva, às vezes a forma de libertação. Apenas a própria mulher pode determinar até onde ela consegue agüentar sem ser afetada em sua essência. Ninguém mais pode determinar isto por ela.

Somente quem ama perfeitamente pode julgar perfeitamente. E Deus é o único que ama perfeitamente. Quando estamos cheias do seu amor, podemos exercer o nosso ministério de uma forma sobrenatural. Ele nos capacita a ser as pessoas que nos criou para ser, apesar da situação de fragilidade em que nossas características naturais nos colocam.

MINISTRANDO COMO JESUS MINISTROU

O melhor exemplo de como exercer este ministério da pessoa vem do próprio Senhor Jesus. Ele, a expressão exata de Deus, reunia em si todas as características masculinas e também as femininas, como Deus as fez, para abençoar o mundo e as pessoas. Foi o único ser humano em quem essas características foram perfeitas. Não há nada de efeminado com relação a Jesus, mas ele era um homem cheio de ternura para com os sofredores, que chorava em público quando estava triste, e que colocava as pessoas acima de qualquer trabalho.

Ele pregava, ensinava às multidões, mas o vemos em contatos pessoais, dando atenção a pessoas consideradas tão indignas que até seus seguidores admiravam-se de ele estar conversando com elas. É o caso da mulher samaritana, narrado em João 4. É difícil entendermos hoje toda a barreira que Jesus teve de transpor para dar atenção àquela mulher. Em primeiro lugar, os judeus não se relacionavam com os samaritanos, considerados raça mestiça, de segunda classe. Depois, o judeu jamais conversava com uma mulher em público. Isto era considerado uma indignidade, um perigo.

Além disso tudo, aquela mulher, em particular, era conhecida por sua vida desregrada, o que Jesus sabia por causa das circunstâncias – ela foi buscar água no poço naquela hora de muito calor por não ser uma figura bem-vinda entre as outras mulheres – e porque conhece os corações. O que você faria se alguém assim a procurasse em um lugar público?

No entanto, Jesus sentiu a dor daquela mulher, que já fora rejeitada por cinco maridos e agora, desesperada de algum relacionamento que lhe restaurasse um pouco a dignidade perdida, resignava-se a morar com um homem que não era seu marido, em caso flagrante de adultério.

Jesus chama a atenção dela, falando primeiro das coisas materiais que os cercam: água, sede, poço. Mas, logo em seguida, passa a falar do que sabe que se esconde no coração daquela mulher: a sede de amor e de valorização que lhe corroía a alma. E a reação dela é imediata. "Senhor, quero essa água." Só então ele começa a tocar no lugar daquela dor, em algo que ela preferiria esconder.

Vendo que falava com alguém que via seu coração, ela começa a entender que é de coisas espirituais que Jesus está falando. Ele a conduz na direção daquele que é o Único que pode saciar suas necessidades cruciais, revelando-se como o enviado de Deus para a sua libertação. Jesus revelou claramente sua identidade para aquela mulher vulnerável e carente, e ela logo entendeu a verdade espiritual que ele revelou. Liberta de todas as suas inibições e sentimentos de culpa e vergonha, ela saiu pregando para todos aqueles que encontrou.

Em seu relacionamento com Jesus, as mulheres se sentiam compreendidas, apreciadas como pessoas, como filhas de Deus. Não é de admirar que, mesmo numa cultura tão restritiva, elas afrontassem as críticas e repreensões para segui-lo e participar de seu ministério, como as mulheres que o serviam com seus bens e que viajavam para baixo e para cima com aquele bando de homens. A liberdade que sentiam como pessoas amadas e valorizadas por Jesus lhes permitia fazer até o impensável para seus dias.

Este ministério da pessoa, que Jesus exerceu amorosa e constantemente, tocando vidas individuais, curando a alma de pessoas sofredoras, restaurando a dignidade das pessoas que o procuravam com sinceridade, leva-nos a ver claramente a importância que as pessoas têm aos olhos de Deus. Elas estarão para sempre com ele na eternidade. Foi por pessoas que Deus enviou seu Filho para a morte de cruz.

Assim, o fato de Deus nos ter feito voltadas para as pessoas é motivo de vermos a importância de ser como somos e de valorizar o papel que ele nos capacitou a fazer. Em qualquer posição que o Senhor nos colocar – seja dentro de nossos lares, ministrando à família com o nosso senso de pessoa, promovendo a harmonia dos relacionamentos, a valorização e o crescimento físico, emocional e espiritual daqueles que habitam conosco; seja governando um país, administrando um banco ou formando uma cooperativa de artesãs ou catadoras de lixo –, só nos realizaremos plenamente quando, imbuídas da importância da nossa missão como mulheres, nos dedicarmos a ajudar cada pessoa com quem nos relacionamos a ser tudo o que Deus a fez para ser.

12

VULNERAVELMENTE AMOROSA

O ataque foi inesperado e contundente. Numa manhã tranqüila de trabalhos normais de casa e de tradução, o telefone tocou por volta das 10 horas. Quando atendi, uma voz conhecida do outro lado invadiu violentamente a minha tranqüilidade com uma torrente de palavras acusadoras e malévolas que me deixaram muda. E antes que eu pudesse pensar em alguma coisa para dizer, ouvi um clique do telefone sendo batido no outro lado da linha.

Uma onda de calor me subiu ao rosto, acelerando as batidas do meu coração. Caí sentada na cadeira mais próxima e fiquei ali, tentando pensar, tentando entender o que havia acontecido. As palavras duras ainda me ressoavam ao ouvido e martelavam em meu coração: "Pedra de gelo em lugar de coração... fingida... hipócrita... conheço bem o seu tipo... não me venha com essa de crentinha..."

Uma irmã da igreja e eu havíamos nos desentendido. Eu já a procurara diversas vezes para nos acertarmos, sem nada ter conseguido. No último domingo, eu estava sentada atrás dela durante o culto e me senti fortemente tocada a procurar mais uma vez a reconciliação. Eu sabia que era a voz do Espírito Santo no meu coração, mas, mesmo assim, tentei argumentar que já havia feito a minha parte, procurando-a diversas vezes, com o resultado de que, a cada nova tentativa, as coisas pareciam ficar piores.

E eu sofria com isto, pois era alguém com quem havia convivido por muito tempo, e a quem realmente amava. O nosso afastamento era penoso pois, além de saber que era errado, eu sentia saudades da convivência que tínhamos antes. Entretanto, a pressão para procurá-la de novo não diminuiu. Antes, persistiu, cada vez mais forte.

Como ela tivesse pedido especificamente que eu não lhe falasse mais, não podia telefonar. Tive, então, a idéia de escrever uma carta, expondo mais uma vez minha tristeza pelo que acontecera e pedindo perdão pelo sofrimento que pudesse ter-lhe causado. A resposta demorou duas semanas, mas quando veio, foi para me arrasar de vez.

Minha primeira reação foi de raiva. Com aquela pessoa, não adiantava mesmo. Eu lavava as mãos! Fizera tudo que o Espírito me mostrara, e ali estava o resultado. Pensamentos nada caridosos queimavam-me a mente e o coração.

Liguei para uma pessoa querida e conversamos por bom tempo. Ela me consolou e afirmou que eu agira certo. O problema agora era daquela senhora com Deus. Fiquei mais calma, mas, mesmo assim, as palavras duras continuavam ecoando na minha mente e reativando a sensação de raiva e impotência que senti na hora. Mas a voz no meu coração falou com clareza: "Continue orando por ela. Sua parte, você fez. Agora é comigo. Continue a orar e a amar."

O meu amor natural por aquela irmã havia sofrido forte baque. Éramos pessoas muito diferentes, e a amizade que havíamos construído fora sempre baseada mais no amor cristão do que em afinidade pessoal. E agora ela achava que meu amor havia sido fingido, interesseiro, hipócrita. E não havia como eu pudesse convencê-la do contrário. Ela não ouvia nem aceitava nada que eu pudesse dizer para me defender. Então, era o fim da parte visível daquele relacionamento. Mas não o fim do elo invisível que nos une às pessoas que fazem ou fizeram parte da nossa vida um dia.

Como esta situação não foi revertida até hoje, não sei o que realmente se passa com aquela senhora. Mas sei o que se passa no meu coração. Amar e ministrar através da oração a alguém que nos maltrata é aprender a amar com o amor de Deus, o amor que é doador, sempre voltado para o bem da outra pessoa. É enxergar a pessoa pelos olhos de Deus. É ver suas carências e dores, em vez de suas atitudes agressivas e irritantes. É uma forma de amar totalmente sobrenatural. E só podemos amar assim quando entendemos o que é amar para Deus.

O QUE É AMAR

Temos idéias mil sobre o que significa amar, mas, apesar disto, o amor ainda permanece misterioso, imprevisível, mesmo em suas formas mais conhecidas. Deus, entretanto, fala do amor em termos bem práticos e concretos. "Filhinhos, não amemos de palavra, nem de língua, mas de fato e de verdade" (1 Jo 3:18). Amar é ação, é doação, é investimento de tudo que somos e temos na vida de alguém.

Amar é dar

"Porque Deus *amou* ao mundo de tal maneira que *deu* o seu Filho unigênito, para que todo o que nele crê não pereça, mas tenha a vida eterna" (Jo 3:16, grifo da autora). Amar não é apenas dar, mas dar aquilo que temos de mais precioso, a própria vida. E dar a vida é definido, em termos bem práticos, como colocar o interesse da pessoa amada sempre acima dos nossos próprios. É ver sempre o bem da pessoa amada primeiro, não procurar nossos próprios interesses, não nos ressentir do mal que muitas vezes recebemos em troca; não nos alegrar com a injustiça, mas nos regozijar com a verdade; é tudo sofrer, tudo crer, tudo esperar, tudo suportar. É nunca agir de maneira egoísta, mas sempre voltada para a pessoa amada. E tem mais: o amor nunca acaba (1 Co 13). "Nisto conhecemos o amor: que Cristo deu a sua vida por nós; e devemos dar nossa vida pelos irmãos" (1 Jo 3:16).

Amar é uma necessidade

"Novo mandamento vos dou: que vos ameis uns aos outros; assim como eu vos amei, que também vos ameis uns aos outros. Nisto conhecerão todos que sois meus discípulos: se tiverdes amor uns aos outros" (Jo 13:34,35). "Como o Pai me amou, também eu vos amei; permanecei no meu amor. Se guardardes os meus mandamentos, permanecereis no meu amor; assim como também eu tenho guardado os mandamentos de meu Pai e no seu amor permaneço" (Jo 15:9,10).

Deus é amor. Deus ama seu Filho e é por ele amado. E o Filho amado do Pai nos ama e deseja que permaneçamos no seu amor. Quando amamos, refletimos a pessoa de Deus, ou seja, ficamos parecidos com ele, mostramos que somos seus filhos, seguidores de Jesus. Não há nenhum mistério aqui. "Deus é amor, e aquele que permanece no amor permanece em Deus, e Deus, nele" (1 Jo 4:16b). E aí, o que as pessoas verão quando olharem para nós? O amor de Deus em nós. Se não amarmos, jamais nos realizaremos no propósito fundamental de dar glória a Deus, refletindo sua imagem. Assim, precisamos amar para ser tudo o que Deus nos fez para ser. Incrível!

Amar é também uma escolha

Quando alguém perguntou a Jesus: "Mestre, qual é o grande mandamento na Lei? Respondeu-lhe Jesus: Amarás o Senhor, teu Deus, de todo o teu coração, de toda a tua alma e de todo o teu entendimento. Este é o grande e primeiro mandamento. O segundo, semelhante a este, é: Amarás o teu próximo como a ti mesmo. Destes dois mandamentos dependem toda a Lei e os Profetas" (Mt 22:36-40). Se amar é um mandamento, significa que devemos poder amar, ou Deus não nos pediria isto. É uma questão de escolhermos obedecer.

Acontece que nem sempre atentamos para a seqüência que nos possibilita a obediência. Procuramos amar as pessoas a partir de afinidades naturais, de laços familiares ou fraternos. Mas não conseguimos amar assim as pessoas que não nos são atraentes, simpáticas, naturalmente queridas. O amor que brota em nossos próprios corações é limitado (amo a quem satisfizer alguma necessidade específica minha) e condicional (só dura enquanto a outra pessoa me agradar e me der o que preciso).

Quando criou os seres humanos à sua imagem, Deus nos fez com capacidade de receber aquilo que é de sua natureza dar. "Deus é amor" (1 Jo 4:8). O amor de Deus realiza-se na doação, como explicado em João 3:16. Como criaturas, não somos amor, mas podemos amar se estivermos cheias do amor que Deus já derramou em nossos corações (Rm 5:5). Depende apenas de nossa disponibilidade para aquele cuja natureza intrínseca é amar. Quando Jesus nos ordena que amemos a Deus acima de todas as coisas, não está exigindo que este amor brote naturalmente de nós, o que é impossível, pois não fomos feitas assim, mas apenas que recebamos aquilo que já nos foi dado.

"Amados, amemo-nos uns aos outros, porque o amor procede de Deus; e todo aquele que ama é nascido de Deus e conhece a Deus. Aquele que não ama não conhece a Deus, pois Deus é amor. (...) Nisto consiste o amor: não em que nós tenhamos amado a Deus, mas em que ele nos amou e enviou o seu Filho como propiciação pelos nossos pecados", diz o apóstolo João (1 Jo 4:7,8,10). "Nós amamos porque ele nos amou primeiro" (v. 19).

Tudo começa e termina com Deus e em Jesus. Não sou capaz de amar primeiro, mas sou capaz de retribuir esse amor que foi graciosamente derramado em mim. É uma reação natural. Como Jesus disse, até os incrédulos amam aqueles que os amam e fazem o bem a quem lhes faz bem (Lc 6:32,33). Por isso, quanto mais vou entendendo quanto sou amada, mais vai crescendo o meu amor por aquele que me ama assim, incondicionalmente, fielmente, perfeitamente. Não começamos amando as pessoas com este amor doador. É aí que terminamos.

O RISCO DE AMAR

Se, para nós, mulheres, os relacionamentos têm precedência sobre todo tipo de realização, se somos exigentes nessa área, buscando sempre melhorar os relacionamentos que já temos, nada nos entristece e incomoda tanto quanto os problemas que sofremos nessa área. Uma situação de desarmonia com outra pessoa nos afeta na parte mais íntima do nosso ser, naquilo em que fomos feitas para ser competentes, realizadas. É como uma pedrinha no sapato. Podemos até continuar caminhando, mas estaremos, a cada movimento, sendo relembradas de que alguma coisa não está certa, que há algo nos machucando.

A solução a que recorremos mais prontamente é a que trouxer mais rápida possibilidade de alívio. E há, de fato, coisas simples que podemos fazer para azeitar as engrenagens complicadas dos relacionamentos. Um pedido de desculpas, um agrado, um esforço extra para compensar um ato impensado ajudam a restaurar a harmonia perdida. Mas vêm as horas em que o pedido de desculpas será apenas mais um item numa longa lista de soluções rápidas para um problema que não vai embora; o agrado não desfará a mágoa, o esforço para agradar parecerá sem graça e hipócrita, um acovardamento até. E as mágoas vão-se acumulando e acabam destruindo algo precioso, que parecia tão sólido.

Quando as soluções rápidas, voltadas para o alívio do nosso próprio mal-estar, mostram-se inadequadas ou se esgotam, estamos prontas para começar a ver que a única verdadeira solução é uma nova forma de amor – mais arriscada, com certeza, mas muito mais gloriosa, por ser a única solução que não é limitada por nossa humanidade, por nossa capacidade natural de amar.

À medida que vamos sendo libertadas de nossas estratégias e proteções, que nossa feminilidade aflora em toda a sua singularidade, mais vulneráveis nos tornamos, porque estamos sendo expostas na essência de nosso ser. Quando sofremos uma rejeição após nos expormos assim, é como se estivéssemos sendo atingidas por um punhal afiado, mortífero, cruel.

Você já sentiu alguma vez aquela dor atroz que parece querer esmagar seu coração num torno implacável? Já explodiu em lágrimas incontidas que parecem jorrar do cerne de quem você é? Seu próprio ser está sendo sacudido por uma repulsão poderosa, por uma dor que você rejeita com todas as suas forças, mas não consegue alijar. Parece que você está morrendo. E, na verdade, está. Está morrendo para si, abrindo mão daquilo que mantém viva a pessoa que você é.

Foi outro ataque violento que sofri enquanto escrevia este capítulo. Entretanto, desta vez não veio de fora, mas de dentro de mim. E começou tão inocentemente que me pegou totalmente desprevenida. Estávamos no culto do domingo que se seguiu àquela conversa que tive com meu marido com relação à compra de um carro novo, relatada no capítulo anterior. Durante o momento dedicado à confissão, nosso pastor nos instigou a não ficar apenas confessando nossos pecados, mas a tomar uma resolução de mudar aquilo que não agradava a Deus.

Quando perguntei ao Senhor o que ele desejava mudar em mim, ouvi sua voz claramente. Como era algo que nunca me ocorrera até então, sabia que não vinha de minhas próprias meditações. Ele disse: "Quero que você comece a edificar os homens de sua família. Não quero ouvi-la dizer nada que os diminua, que rebaixe seu valor como homens."

Palavra que aquilo me espantou bastante. Nunca havia pensado naquilo antes, mas, de certa forma, seria uma continuação do meu ministério junto às mulheres. Há algum tempo venho falando às mulheres sobre seu valor, e pensei que estava valorizando os homens na mesma proporção. Não fora assim que agira com relação à diferença de opinião que tivera com meu marido? Obviamente, o Senhor não concordava. Mas por que isso agora? O culto continuou, e arquivei aquelas palavras para pensar e orar pelo assunto mais tarde.

Segunda-feira. Manhã gostosa, tranqüila, rotina da casa e de compromissos. Enquanto eu me desincumbia das tarefas inadiáveis, meu marido saiu para cuidar de outras. Eu estava sentada ao computador, escrevendo sobre o amor, quando ele voltou, todo alegre, exibindo uma folha de papel rosa na mão.

— O que é isso? — perguntei, inocentemente.

— Comprei o carro — respondeu ele, sorrindo.

— Comprou o carro? — engoli em seco. — Como? Você não disse que ia fazer uma proposta que eles dificilmente aceitariam?

A essa altura, o sorriso foi-se apagando de seu rosto e uma expressão defensiva surgiu no lugar.

— Pois é, fiz a proposta e eles aceitaram. Não foi isso o que combinamos?

Ele combinou. Eu não. Concordei em fazer uma proposta e depois pensarmos ainda mais sobre o assunto. Minha vista escureceu. Alguma coisa na minha expressão deve tê-lo avisado de que as coisas estavam se complicando, pois ele guardou o papel rosa e foi saindo de fininho.

— Qual foi a proposta que você fez? — indaguei com voz mais cortante do que faca recém-amolada.

Enquanto ele voltava e explicava o que havia resolvido na concessionária, minha fúria ia subindo alguns pontos. Fiquei com a clara impressão de que ele havia feito o negócio pelos termos da vendedora, não pelo que havia dito que faria. Quando ele terminou de falar, não consegui dizer nada. Voltei ao computador e tentei deixar aquilo tudo de lado. Pelo menos, tive a sabedoria de fechar bem a boca, sabendo que, se deixasse escapar a primeira palavra escaldante que me queimava por dentro, diria coisas de que me arrependeria mais tarde.

Tentei continuar escrevendo, mas desisti. Impossível falar sobre o amor quando se está ardendo de raiva. Fui fazer outras tarefas normais do dia, erguendo uma parede entre o que sentia no fundo do coração e a minha razão, que me dizia: "Não adianta. O negócio está feito. Você orou a respeito. Então, esta é a resposta. Fique quieta. Fique quieta. Fique quieta."

E fiquei. Por fora. Lá dentro, uma voz irritante começou a vociferar coisas incríveis. Vi-me presa num turbilhão de emoções violentas e desisti de fazer qualquer coisa prática. Eu precisava parar e pensar em tudo que havia acontecido. Fui para meu escritório e fechei a porta. Queria conversar com alguém que pudesse me ajudar a ver o que se passava comigo, mas nenhuma das pessoas a quem normalmente recorro estava disponível naquela hora.

Então, pensei: "Senhor, é com o Senhor mesmo. Só nós dois. Por favor, ajude-me a entender o que está acontecendo." Eu queria ouvir a voz de Deus, mas não conseguia. É claro! Ele fala num cicio suave. A não ser que me desse uns safanões, eu não conseguiria parar o suficiente para ouvir coisa alguma.

Da raiva, passei às lágrimas. Não choro com facilidade, e poucas vezes na vida chorei alto, soluçando. Mas, dessa vez, não conseguia reprimir os acessos de choro que me sacudiam com violência. Enquanto eu tentava entender meus sentimentos, comecei a perceber que a raiva, raiva da pessoa a quem mais amo no mundo, não vinha do que ele havia resolvido, mas do fato de ter-me feito sentir um lixo. Eu havia me exposto no mais íntimo do meu ser quando conversáramos sobre a questão no outro dia, e a atitude dele agora, tomando a decisão aparentemente sem considerar nada do que eu havia dito, me deixou naquele estado. Eu havia feito uma oferta de tudo o que sou, da minha maneira feminina de ser, e quando achei que foi rejeitada, senti vergonha de me ter exposto assim, de ter sido vista nua, por assim dizer, e não ter encontrado aprovação. E por não ter sido valorizada, acatada, fiquei com medo de não ter nenhum valor em mim mesma, de ser realmente o lixo que estava me sentindo.

Naquele momento, comecei a me lembrar de todas as coisas que ensino, e que já aprendi há muito tempo: só Deus pode preencher minha carência de valorização, de apreço. Nenhum ser humano, por mais amoroso que seja, pode me apreciar e valorizar da maneira como preciso. A força dos sentimentos que me sacudiam dava idéia da profundidade desta carência. Vi quanto estava dependendo de outro ser humano para me fazer sentir valiosa.

Medo. Vergonha. Raiva. Os sentimentos são uma forma confiável de saber quanto confiamos nas coisas em que dizemos crer. Para que eles mudem, é preciso reafirmar aquilo que sabemos ser a verdade. Já ensinei isto tantas vezes. Estava na hora de praticar mais uma vez o que sei ser verdade.

À medida que restabelecia para mim a verdade de que Deus me considera valiosa – não por algum mérito meu, mas porque ele mesmo teve o trabalho de me fazer como sou, me amou com um amor sacrificial, deu a vida por mim na pessoa de Jesus Cristo para que eu pudesse ter uma vida plena e abundante aqui, e a vida eterna com ele no céu –, meu coração foi se enchendo do amor e do propósito de Deus para mim. A raiva passou de forma tão completa que já não conseguia entender que pudesse ter sentido o que senti. Em seu lugar, ficou uma tristeza dolorida, mas suportável. Eu realmente gostaria que as coisas tivessem ocorrido de modo diferente, mas poderia viver com a realidade tal como ela era.

Percebi, então, que a primeira coisa a fazer era me acertar com meu marido. Vi que, mesmo se ele desfizesse o negócio, eu não ficaria satisfeita porque o que realmente desejava era que ele pensasse como eu. Se ele fizesse o que eu achava certo só para me agradar, não adiantaria. Em resumo, queria que ele fosse diferente, que não fosse Jecel. Quando não aceito que ele queira algo que não acho importante, estou rejeitando a pessoa diferente e especial que ele é. E não só rejeitando, como desprezando.

Ai, aquela doeu. Entendi que havia feito com ele o mesmo que ele havia feito comigo. Ele não me valorizou e eu não o valorizei. Dois carentes não podem suprir as necessidades um do outro. Fiz exatamente o contrário daquilo que Deus me havia dito que desejava que eu fizesse: edificar os homens da minha família. Não sabia que o teste da minha boa-vontade viria tão depressa assim!

Pedi perdão a Deus por depender de outro ser humano carente para me dar aquilo que só ele pode dar, por tentar colocar meu marido no lugar que ao Senhor pertence. Enquanto repassava cada prova de seu amor por mim e agradecia, até a tristeza foi desaparecendo. Senti-me inundada por uma paz doce e suave. Entretanto, ainda faltava fazer uma coisa importante: teria de pedir perdão a meu marido. Embora não fosse aquela a primeira vez, foi a mais difícil.

Engraçado que o fato de eu entender o que havia acontecido comigo e ver no que havia errado não mudou em nada a situação. Eu continuava pensando como pensava antes a respeito do negócio. Não podia pedir perdão por pensar como pensava, mas, sim, por ter deixado de valorizar o que meu marido pensava. É muito duro dar a mão à palmatória. Aliás, é um ato sobrenatural, porque vai contra tudo o que queremos: defender-nos, justificar-nos, mostrar que estamos certas. Admitir que erramos, sem buscar nenhuma dessas coisas que podem diminuir a nossa culpa, é abrir mão de todo valor que uma pessoa possa nos dar, que fomos feitas para receber. É morrer para nós mesmas.

E precisei morrer mesmo. Morrer para meus desejos, para meus anseios, para tudo que significava vida para mim fora do amor de Deus. E não morri fácil. Tive de lutar horas a fio até conseguir passar do conhecimento à ação e expor-me a ser rejeitada de novo. Só que, quando consegui aproximar-me de meu marido para pedir perdão, ele me esperava na metade do caminho, e nem precisei fazer uma longa confissão. Para falar a verdade, ele não conseguiu entender tudo que se passou comigo. Continua bem diferente de mim, e meus malabarismos emocionais muitas vezes são incompreensíveis para ele. Minhas necessidades críticas vão além de sua capacidade de satisfazê-las, pois só podem ser supridas perfeitamente pelo amor perfeito e infinito de Deus. E quando tento colocá-lo no lugar de Deus, nós dois sofremos.

As duas experiências de rejeição que contei neste capítulo mostram o risco que corremos quando nos dispomos a amar vulneravelmente as pessoas, expondo nossa fragilidade, arriscando ser magoadas da forma mais dolorosa que existe, pois quando expomos quem realmente somos, podemos ser atingidas no âmago do nosso ser.

É na nossa fragilidade, na nossa vulnerabilidade, que podemos conhecer a extensão do amor e do poder de Deus. Quando expomos quem realmente somos e nos vemos rejeitadas, sentimos a profundidade do vazio que existe em nós e que ansiamos por ver preenchido pelo amor e pela valorização das pessoas a quem amamos. No entanto, quando nos recusamos a preencher este vazio com outros recursos, com nossas estratégias de sobrevivência, com os resultados pobres que conseguimos com nossas manipulações, a água viva do amor de Deus derramada sobre nossos corações atinge aquele lugar onde está a fonte da nossa sede, da nossa maior dor, onde fomos atingidas na essência da nossa feminilidade.

Se a essência da feminilidade é meu grande apego às pessoas, ela constitui um fator de fragilidade em minha vida, pois lidar com pessoas é sempre uma incógnita. Meu marido gosta de dizer que prefere lidar com as máquinas porque, quando aperta um botão, sabe o que vai acontecer. Com as pessoas, nunca sabe como vão agir, como vão reagir. E isto o faz sentir-se frustrado e incapaz, algo de que ele não gosta nem um pouco. Mas a minha fragilidade, em si, é o que me leva ao ponto de maior intimidade com Deus.

Filhos seguem seus próprios caminhos, apesar de toda a dedicação ou coação dos pais. Maridos e esposas podem renegar os votos que fizeram e seguir um rumo totalmente alheio à felicidade do outro. Todo relacionamento tem o potencial de trazer a dor mais profunda que alguém possa sentir. E quanto mais chegado o relacionamento, maior a dor. Foi o que Deus avisou que aconteceria quando nos afastássemos do propósito dele. Nada que aconteça comigo dói tanto quanto ver um querido meu infeliz. Quantas de nós não dariam a própria vida para ver seus amados felizes e realizados!

Em meus trabalhos com mulheres de todos os níveis sociais, sempre me deparo com esta realidade da vida feminina. As mulheres sofrem na área dos relacionamentos. Talvez por isto, mesmo hoje, quando novas áreas de realização estão se abrindo, tantas estejam repensando o investimento que fazem no casamento e na família. Por mais que dêem de si, nunca podem contar como certo o retorno desejado de seu investimento. E quando se recusam a fazer o papel para o qual foram feitas, praticamente garantem que o retorno será insatisfatório, ou mesmo negativo.

Esta é a dificuldade de amar vulneravelmente, expondo a nossa fragilidade à dor da perda e da rejeição. Precisamos investir tudo o que somos em algo cujo resultado não controlamos. Porém, quando estamos dentro do propósito de Deus para nós, é ele quem controla os resultados. O Senhor pode nos devolver, com medida recalcada, sacudida, transbordante, aquilo que investimos. A nossa própria fragilidade pode nos tornar dependentes, sufocantes, controladoras, ou nos levar correndo para os braços de Deus, o único lugar seguro no mundo. Como disse a um filho seu no passado, ele nos diz hoje também: "A minha graça te basta, porque o poder se aperfeiçoa na fraqueza" (2 Co 12:9). E podemos responder da mesma forma: "Quando sou [fraca], então, é que sou forte" (v. 10).

COMO AMAR

Quando meus filhos pertenciam ao grupo de mocidade da igreja, participaram de muitos retiros para jovens. O tema, quase sempre, era o amor. Falava-se constantemente sobre o assunto, mas nada mudava de concreto. Nos jogos de futebol ainda saíam brigas, caneladas e sopapos. Nas reuniões plenárias, havia muita manipulação e cobrança. Nos corredores, formavam-se grupinhos que excluíam os menos populares. As fofocas continuavam a todo vapor.

Depois de algum tempo, meu filho anunciou que, se fosse para só ficar ouvindo falar de amor sem ver nenhum resultado, não iria mais aos retiros. Tudo o que era preciso saber sobre amar, ele e seus companheiros já tinham ouvido. Se ninguém tinha a intenção de praticar o que já sabia, não era mais um estudo que faria isto acontecer.

O que aconteceu com aqueles jovens repete-se muitas vezes com os mais velhos também. Falamos muito sobre o amor, mas deixamos de dar alguns passos práticos que fazem com que nosso conhecimento concretize-se em ação. E, como já vimos, o amor que devemos ter não é um amor só de palavras. O amor que brota daquele que Deus já derramou em nossos corações é concreto, prático, simples. É repassar adiante aquilo que já recebemos da parte de Deus, honrando, edificando e transmitindo graça às pessoas que Deus colocar no nosso caminho.

Honrando

"Amai-vos cordialmente uns aos outros com amor fraternal, preferindo-vos em honra uns aos outros" (Rm 12:10). Está vendo como amar leva a um passo prático? Demonstramos que amamos as pessoas quando as honramos. Mas o que exatamente significa honrar alguém?

Sempre que pensamos em honrar, vem-nos à mente uma pessoa que fez alguma coisa extraordinária, numa cerimônia em que este feito é reconhecido e premiado. Como o Ronaldinho, todo engravatado, como raramente é visto, recebendo o troféu de melhor jogador do mundo. Vemos alguém recebendo uma faixa dos altos dignitários de um país ou universidade famosa, uma medalha numa competição esportiva importante, um ator ou atriz recebendo uma estatueta dourada, um cientista recebendo o Prêmio Nobel.

Em todas essas situações, a honra vem como algo merecido por uma ação destacada da parte do recipiente.

No entanto, é fácil ver que esses conceitos não cabem no versículo acima. Parece que ali não é citada nenhuma ação corajosa ou esforço extraordinário por parte de quem deve ser honrado. Antes, não parece envolver mérito especial algum. Depende apenas de quem vai honrar. "Honrar é uma decisão que tomamos de atribuir alto valor, merecimento e importância a outra pessoa, considerando-a como uma dádiva sem preço e concedendo-lhe, em nossa vida, uma posição digna de grande respeito; e amar significa colocar em ação esta decisão."[17]

Na realidade, tratar as outras pessoas como valiosas é repetir o que Deus faz conosco, não é mesmo? Embora não tenhamos merecimento algum em nós, Deus, o Senhor do Universo, se importa e cuida de cada detalhe da nossa vida, a ponto de saber quantos fios de cabelo temos na cabeça. Ele bate à porta, mas não a arromba. Oferece seu amor, mas não nos força a aceitá-lo. Trata-nos com respeito, com a dignidade que ele mesmo nos atribui. Não depende de nada que façamos. O filho pródigo é tão importante para o pai quanto o filho bonzinho, obediente. Deus é um Pai que nunca nos acusa, pois nenhuma condenação resta para os que estão em Cristo Jesus (Rm 8:1). Se nos repreende e disciplina, é por amor, para o nosso bem, para nos levar ao ponto de podermos usufruir a herança que já preparou para aqueles que o amam.

Honrar alguém é vê-lo pelos olhos de Deus, tratá-lo como Deus o trata. Como já foi dito, "não existe isso de pessoas comuns. Você jamais conversou com um simples mortal (...) É com imortais que brincamos, trabalhamos, casamos, desprezamos, exploramos."[18] E como disse o mesmo autor, todas as nossas atividades cotidianas estão promovendo uma de duas coisas: ou estamos ajudando as pessoas a ser tudo o que Deus as fez para ser, ou levando-as para mais longe deste ideal.

Deus vê não apenas aquilo que somos, mas o que podemos vir a ser. Assim, honrar é fazer coisas tangíveis que transmitam a idéia de valorizar, apreciar alguém apenas por ser quem é. É uma atitude que só pode brotar de um coração saciado pelo amor de Deus, pois focaliza exclusivamente a outra pessoa e o bem dela, sem nada pedir, sem nada cobrar, sem nada exigir. É tratá-la como se fosse a pessoa mais importante do mundo.

Pense na diferença da maneira como tratamos normalmente as pessoas com quem convivemos e como as trataríamos se elas fossem subitamente agraciadas com alguma honraria muito cobiçada. Não é verdade que, de repente, as consideraríamos muito mais dignas de nosso respeito e de nossa admiração? Pois é assim que devemos ver qualquer pessoa a quem foi conferida a honra de ter alguém como o próprio Deus oferecendo sua vida para resgatá-la. Pode haver honra maior do que esta?

Há tantas coisas que podemos fazer – coisas simples, que mostram que honramos alguém. Provavelmente já fazemos isto em ocasiões especiais. Celebrações de aniversário, um convite para almoçar ou jantar, uma festinha de formatura. Embora seja muito bom, tudo isso está prestando honra a um acontecimento diferente na vida da pessoa. Que tal fazer algo especial em uma ocasião comum? Um telefonema só para dizer: "Eu estava pensando em você." Levar a pessoa a um lugar gostoso para passar um tempo ouvindo sobre o que está acontecendo em sua vida. Um presente no "dia de nada, só porque você é especial para mim".

Atos que honrem alguém desta forma estão limitados apenas por nossa capacidade de pensar no que nos faria sentir honrados, e depois colocar em ação o que gostaríamos que fosse feito por nós. Aí estaremos "preferindo-nos em honra uns aos outros".

Edificando

A outra coisa concreta que podemos fazer para demonstrar amor é edificar as pessoas. "O amor edifica" (1 Co 8:1b). Edificar é produzir condições que favoreçam o crescimento, o amadurecimento da outra pessoa. Enquanto honrar é atribuir valor a alguém, independentemente de qualquer merecimento, edificar é ajudar a desenvolver aquilo de valor real que a pessoa demonstra ter, aquilo que Deus a fez para ser quando o processo de restauração da imagem de Deus em nós estiver produzindo resultados visíveis. É colaborar com Deus para apressar este processo.

Edificar não é a nossa predisposição natural. Temos muito mais facilidade em enxergar defeitos, falhas e erros do que ver o bem. Fazemos isto sempre que olhamos para as pessoas a partir das nossas necessidades, das nossas expectativas sobre elas. Como nenhum ser humano pode satisfazer plenamente as nossas carências, os aspectos em que falham para conosco nos ferem, e revidamos, tentando mudá-los.

Ou então, quando se trata de alguém que nos dá o amor e o apreço de que tanto precisamos, podemos vir a depender dele de forma doentia e cair no outro extremo de desculpar o que ele realmente está fazendo errado, de fechar os olhos a coisas que precisa deixar de fazer para crescer e amadurecer.

Por edificar não ser a nossa reação natural às pessoas é que só podemos amar assim se amarmos com o amor de Deus. Ele vê todas as nossas imperfeições, mas vê também a boa obra que já começou em nós. E está trabalhando constantemente para completar esta obra no tempo que determinou (Fp 1:6). Usa todas as coisas que permite acontecer a nós para promover nosso bem final, que é a restauração de nossa imagem perdida (Rm 8:28,29).

Quando o Senhor falou-me ao coração aquele dia sobre edificar os homens da minha família, e depois me testou com relação à minha disposição de obedecer, deixou bem claro que não posso edificar se tiver expectativas próprias sobre o que a pessoa deve ser. Comecei, então, a pesquisar o que Deus fala sobre o que deseja ver acontecer na vida de seus filhos e ajustar minhas expectativas e desejos pelos de Deus.

A primeira coisa que fiz foi pedir a Deus que me revelasse o que desejava ver na vida de cada um deles. Sabendo que somos mais atingidos nas áreas em que Deus nos fez para sermos mais competentes, mais produtivos, mais úteis ao seu Reino (pois é aí que o inimigo nos ataca para valer), comecei a entender que era nestas áreas que eu deveria me aliar a Deus em favor dos meus queridos. Dispus-me a ajudá-los a carregar seus fardos, pela intercessão em oração. Sempre que algo me aborrecia com relação a uma falha deles, era um lembrete de orar novamente a respeito e deixar Deus agir sem nenhuma ajuda vocal da minha parte.

Estas duas coisas me ajudavam a tratar com o que via de negativo na vida deles. Mas como ajudá-los a crescer nos aspectos positivos? Um poderoso instrumento de edificação é a palavra. "Nenhuma palavra torpe saia da boca de vocês, mas apenas a que for útil para edificar os outros, conforme a necessidade, para que conceda graça aos que a ouvem" (Ef 4:29, NVI). Podemos edificar ou destruir com o que falamos. Falamos descuidadamente, atirando palavras ao ar, reagindo a coisas que a outra pessoa tenha feito ou deixado de fazer. Nossas palavras são a maneira mais clara de demonstrar nossa verdadeira atitude para com alguém. Jesus disse: "A boca fala do que está cheio o coração" (Mt 12:34).

Quando usamos palavras de consolo, de encorajamento, de esperança, de felicidade pelas coisas boas que estão acontecendo com o outro, estamos afirmando o crescimento que Deus já está produzindo nele, estamos abençoando sua vida. E devemos falar apenas conforme a necessidade. Há momentos em que um gesto, um abraço carinhoso fala mais alto do que qualquer palavra. Se for uma hora de angústia e dor, palavras de consolo. Se hora de desânimo, palavras de encorajamento. Se hora de fracasso, palavras de esperança. Se hora de felicidade, o fato de nos alegrarmos junto com a pessoa aumenta e celebra sua alegria.

Com minhas palavras, que são um reflexo da minha atitude para com as pessoas que fazem parte da minha vida, posso ajudá-las a crescer rumo ao alvo para o qual foram chamadas, participando, assim, da obra que Deus está fazendo nelas.

Transmitindo graça

Você já teve a experiência de se ver o objeto da atenção concentrada e encantada de alguém a quem respeita e admira? Larry Crabb, numa de suas palestras, contou de certa vez em que, saindo do elevador no saguão de um hotel em que se encontrava hospedado, deparou-se com um dos outros preletores, um pastor idoso que havia sido seu professor, e a quem ele considerava uma das pessoas mais importantes no meio cristão de nossos dias.

Quando aquele pastor viu Larry, seus olhos brilharam, e ele praticamente deu pulinhos de alegria e prazer. Diz o doutor Crabb que sentiu um calor extraordinário tomar conta de todo o seu ser. De repente, sentiu-se especial: digno, bonito, apreciado, valioso. De seu coração brotou um impulso bom, de querer realmente ser tudo que aquele pastor projetava ver nele.

Graça é assim. É favor imerecido. Depende exclusivamente da boa vontade de quem a concede. E tem o poder de despertar no coração sobre o qual é derramada um impulso bom de corresponder a esta bondade extraordinária.

Foi o que Deus fez conosco. Seu projeto de redimir cada um de nós, com o alto custo que incluía, dependeu exclusivamente dele.

"Pela graça sois salvos, mediante a fé; e isto não vem de vós; é dom de Deus; não de obras, para que ninguém se glorie. Pois somos feitura dele, criados em Cristo Jesus para boas obras, as quais Deus de antemão preparou para que andássemos nelas" (Ef 2:8-10). Deus ofereceu-nos uma nova vida como filhos seus, não por mérito algum de nossa parte, mas apenas porque nos fez com um propósito bom, e aquilo que intentou, realiza. E a graça que concedeu nos chama a uma retribuição. Quem conhece a extensão da graça de Deus sente-se tocado a viver de acordo com o que recebeu.

Assim, oferecer graça às pessoas depende exclusivamente de nós. Mas como a graça está intrinsecamente ligada ao ato de amar, também não podemos oferecê-la a partir de nós próprios, de corações vazios ou cheios apenas de coisas que não satisfazem plenamente. Mais uma vez, somente podemos nos concentrar no bem da outra pessoa quando nosso coração estiver totalmente saciado pelo amor de Deus.

Quando fazemos como aquele pastor idoso e oferecemos graça, ou seja, valorização, apreço a alguém apenas por ser quem é, despertamos nesta pessoa o desejo de não nos decepcionar, de não apagar aquela luz de nossos olhos, de ver acabar a alegria que demonstramos com sua presença.

As pessoas que amam "são sedutoras. Elas nos induzem a buscar um Deus que conhecem melhor do que nós (...) Elas transmitem uma presença que vai além das palavras que dizem, das coisas que fazem. Sabemos que estão a nosso favor. Em sua presença, nosso crescimento parece mais atraente para nós do que exigido de nós. Como nunca o relacionamento está em jogo, sentimos liberdade de entrar plenamente no gozo do relacionamento (...) À medida que as pessoas aprendem a amar, as estruturas internas que sustentam suas enfermidades emocionais e psicológicas vão sendo corroídas. O amor realmente é a resposta."[19]

Honrar, amar, transmitir graça. Atos de amor que só podem partir de um coração que foi esvaziado de todas as coisas que usamos para atenuar a dor das rejeições e que se abriu vulneravelmente para ser saciado por Deus. É o poder sobrenatural deste amor que nos dá vida, que nos leva além de nós mesmas a abençoar as pessoas com as mesmas bênçãos com que fomos abençoadas, a repartir com elas o amor com que somos amadas – voluntária, prazerosa e alegremente.

13

AUTENTICAMENTE BELA

Na academia onde faço ginástica algumas vezes por semana, encontro sempre o mesmo grupo de pessoas. São homens e mulheres trabalhando para obter uma boa forma física. Mesmo eu, preguiçosa nesta área, estou consciente de que me exercitar é algo que devo fazer para cuidar bem do corpo que Deus me deu.

Entre todos que ali estão, entretanto, uma mulher de seus trinta e poucos anos chama a atenção pela dedicação com que se concentra nos exercícios mais pesados que podem ser feitos. Muito magra, ela trabalha os músculos levantando pesos diante dos quais alguns dos homens recuam. E de aparelho em aparelho, fica ali mais tempo do que jamais fiquei, chegando sempre antes de mim e saindo depois. Tem um olhar triste, a boca sempre cerrada em concentração. Nunca a vi sorrir.

Ela me faz pensar numa senhora cuja carta recebi há algum tempo. Uma mulher casada, bem casada. Parece ter tudo o que é desejável para uma vida confortável e satisfatória. Porém, apesar de frisar todas as coisas boas que existem em sua vida, o tom de desânimo e tristeza de sua carta é palpável. Sente, da parte do marido, uma cobrança constante com relação à aparência. Embora não fale abertamente, ele dá a entender que sua aparência física não o satisfaz. E ela faz de tudo para melhorar, para lutar contra o envelhecimento: regimes, malhação, tratamentos estéticos, e agora já está considerando uma cirurgia plástica para remoçar o rosto. As cobranças veladas do marido transformaram-na numa mulher ansiosa, que não gosta de se olhar no espelho. Segundo confessou, está adoecendo por dentro.

Imagino que tem um olhar triste, a boca sempre cerrada em concentração. Provavelmente, pouco sorri.

A busca da beleza segundo padrões impingidos sobre as mulheres por extensas campanhas de publicidade está roubando de muitas de nós a serenidade de nos aceitar como somos, a alegria de ser quem somos. Mas não é para viver assim que Deus nos salvou, que nos deu a Água Viva e o Pão da Vida. Ele quer que vivamos com liberdade para sermos quem ele nos fez para ser, usufruindo as coisas boas que estão à nossa disposição para cuidarmos bem do nosso físico sem perder de vista o fato de que aquilo que é corruptível não pode ser o mais importante a nosso respeito.

Portanto, para gozarmos a liberdade que Deus nos fez para desfrutar com relação à nossa aparência, precisamos reconhecer e entender o que existe por trás de nossa busca legítima pela beleza, as mentiras que podem nos escravizar, mantendo-nos sempre insatisfeitas com a nossa aparência, e a verdade libertadora que encontramos na intimidade do relacionamento com Deus.

QUEREMOS SER BELAS

Desejar ser bela é algo natural na criatura feita à imagem do Deus criador da beleza. Pense bem: Deus poderia ter feito o mundo da maneira que quisesse. Não precisava ter caprichado nas cores, nos formatos, na variedade de suas obras. Mas foi o que fez. Vivemos cercados pela beleza que ele criou e pelas múltiplas formas de beleza que o ser humano cria, refletindo um pouco do seu Criador.

A beleza da criação reflete a beleza esplendorosa do Criador. Canta o salmista: "Que eu possa morar na Casa do SENHOR todos os dias da minha vida, para contemplar *a beleza do SENHOR* e meditar no seu templo" (Sl 27:4, grifo da autora). Diz ele ainda que devemos adorar ao Senhor "na beleza da sua santidade" (Sl 96:9).

Amar a beleza é inerente à nossa natureza como criaturas desse Deus cuja formosura predomina majestosamente sobre toda a criação. E se amamos a beleza, nada mais natural do que também desejarmos ser belas. Para isso nos cuidamos, nos enfeitamos, nos arrumamos.

No entanto, é muito mais do que o amor à beleza comum aos seres humanos que compele as mulheres à busca de melhorar sempre sua aparência. "Toda mulher quer ter uma beleza para revelar (...) Há também um desejo profundo de ser, simples e verdadeiramente, a bela, aquela em quem alguém se deleita".[20]

Desejar ser bela está intimamente ligado à nossa condição de mulher, pois o nosso anseio de amor nos leva a desejar agradar, a querer ver deleite nos olhos da pessoa amada ao nos fitar. O livro de Cantares, um belo poema do amor entre um homem e uma mulher, descreve com entusiasmo a beleza da aparência de cada um dos noivos. "Eu sou morena e formosa" (1:5), canta a moça. "Ó mais formosa entre as mulheres (...) Formosas são as tuas faces (...) o teu pescoço (...) Eis que és formosa, ó querida minha, eis que és formosa" (1:8, 10, 15). "Como és formoso, amado meu" (v. 16). "Como és formosa, querida minha", repete o noivo no primeiro versículo do capítulo 4. E aí ele passa a descrever, em termos líricos, cada parte do corpo de sua bela amada.

Sentimo-nos belas quando somos amadas. E achamos que o inverso também é verdade: se formos belas, seremos amadas. Por isso, a busca da beleza está no coração de cada mulher, com maior ou menor intensidade, dependendo de quanto ela já se sabe amada. Porém, este desejo legítimo tem sido desviado do propósito bom de nos cuidarmos e enfeitarmos, de forma sensata e natural, por mentiras e meias-verdades que nos cegam para a verdadeira beleza que já existe em nós. Iludidas por um conceito artificial e irrealista de beleza, ficamos inseguras e passamos a depender da aparência para nos sentir bem a nosso próprio respeito.

Há pouco tempo, uma de nossas revistas semanais publicou as fotos de mais de cinco mulheres que morreram vitimadas por um cirurgião plástico incompetente. Todas eram lindas. Não sabemos o que as incomodava em sua aparência para levá-las a submeter-se a um procedimento cirúrgico, mas, por causa de alguma coisa pequena, elas desprezaram e perderam tudo de bom que já tinham.

Mais uma vez, algo especial que foi colocado em nós pelo Criador para o nosso bem e o bem daqueles que conosco convivem é desvirtuado pelas mentiras do inimigo e usado para nos roubar a alegria e o gozo por aquilo que temos e somos. Por isso, precisamos examinar bem aquilo que cremos com relação à beleza e comparar com a verdade eterna e absoluta da Palavra de Deus para podermos viver livres e belas como ele nos fez para ser.

MENTIRAS QUE ESCRAVIZAM

Apesar de nosso corpo ser uma obra de arte, um mecanismo espetacularmente complexo, um invólucro precioso para a pessoa que o habita, é comum acharmos algum defeito nele e nos concentrarmos naquilo que nos desagrada. Você reparou que até a noiva de Cantares achava-se morena demais para agradar ao noivo? "Não olheis para o eu estar morena, porque o sol me queimou" (1:6). Numa época em que as mulheres se resguardavam do sol para não se bronzear, aquela jovem se envergonhava do que hoje seria considerada uma cor invejável. Obviamente, o noivo não concordava com ela, mas demorou um pouco para convencê-la disto.

O descontentamento feminino com relação à aparência é generalizado. Aproxime-se de um grupo de mulheres, de qualquer idade, raça ou crença religiosa, e ouvirá as mesmas coisas: "Preciso fazer regime, estou fazendo regime, estou começando outro regime, meu bumbum é caído, é pequeno demais, é grande demais, meus seios são muito pequenos, muito grandes, flácidos, preciso fazer uma lipo na barriga, no culote, quero fazer uma plástica no nariz, nos lábios, nas orelhas, na papada etc."

Parte desta insatisfação brota do nosso interior. Sempre que não nos sentimos amadas como gostaríamos, procuramos em nós mesmas os motivos para esta falta. E lógico que acabamos encontrando alguma coisa que nos desagrada, e nela nos concentramos, esquecendo de olhar todas as coisas boas com que Deus nos dotou.

Como aquelas lindas mulheres que morreram nas mãos do cirurgião incompetente.

Minha irmã Célia conta de uma colega de trabalho com quem ela conviveu algum tempo. Era uma moça morena, linda de rosto, mas que apresentava um abdômen protuberante que tornava deselegante todas as roupas que ela usava, justamente por ela não parecer atentar para este problema quando escolhia o que vestir. Certo dia, depois de um período de férias, ela voltou ao trabalho radiante.

— O que você acha da plástica que fiz enquanto estive fora? — questionou ela.

Minha irmã imediatamente olhou o lugar que achava mais importante mudar, mas nada. A barriguinha ainda estava ali, bem à mostra. Como não conseguisse ver nenhuma outra diferença, teve de admitir sua perplexidade.

— Foi o meu nariz. Olhe como está lindo agora!

Célia olhou o nariz da moça, que nunca achara feio, e notou que realmente era agora menor e levemente arrebitado. O formato e o tamanho de seu nariz incomodavam aquela jovem a ponto de fazê-la enxergar apenas esta parte do rosto quando se olhava no espelho, sem ver todas as outras características lindas que tinha. E outras que poderiam ser melhoradas com algum cuidado, ou facilmente disfarçadas.

Como ela, muitas de nós achamos algo em nossa aparência que não nos agrada. Você vê isto claramente nos salões de beleza. Num canto, há mulheres de cabelos crespos alisando seus cachos, enquanto noutro, as de cabelos lisos estão tentando encrespar os seus. E por aí vai.

Mas além da nossa própria insatisfação, a busca pela beleza criou, e hoje alimenta, um mercado imenso e importante de produtos e serviços que dependem desta insatisfação. Vivemos confrontadas pelos resultados de truques fotográficos, muita maquiagem, horas e horas na academia de ginástica, nas mãos do cabeleireiro, da modista. Há alguns anos, uma mulher desconhecida moveu ação contra um estúdio de cinema para ser reconhecida como o corpo de uma famosa estrela. Truques de filmagem mostravam seu corpo perfeito em cenas mais reveladoras, nas quais os defeitos do corpo da estrela teriam estragado o efeito. Uma montagem que enganou muita gente. A mulher que aparecia na tela nunca existiu.

Nenhuma mulher normal tem condições de competir com toda essa parafernália de produzir beleza, mas folheie qualquer revista, feminina ou não, e observe todos os anúncios que buscam vender a idéia de que a beleza física perfeita só depende deste ou daquele produto.

Uma reportagem recente de importante revista nacional fala que o Brasil é o campeão mundial em cirurgias plásticas, à frente de outros países mais ricos e mais adiantados do que o nosso. A indústria de cosméticos é um negócio bilionário no mundo todo. Os numerosos produtos *light* e *diet* para regimes geram um lucro impressionante a cada ano.

Pense um instante no que aconteceria se, de repente, as mulheres parassem de se preocupar com sua aparência e de comprar todos esses produtos. Catástrofe financeira, firmas falindo, gente desempregada. A manutenção e o crescimento deste mercado não é brincadeira, é negócio sério. Assim, vamos continuar sendo bombardeadas com mensagens que tendem a desvalorizar o que temos e acentuar o que deveríamos ter, segundo os padrões hoje apresentados como belos.

Um estudo conduzido nos Estados Unidos concluiu que apenas 2% das mulheres americanas chegam perto do peso estabelecido como padrão de beleza pelas modelos.[21] Isto explica por que a grande maioria delas vive insatisfeita com sua aparência e disposta a gastar um bom dinheiro para chegar mais perto do ideal. Lógico que existe também uma preocupação legítima com problemas como obesidade e vida sedentária, mas muitas mulheres que estão dentro do que é considerado normal em questão de peso e aparência sacrificam-se para atingir um ideal impossível, e, na maioria das vezes, até indesejável para elas. É o caso da mulher cujos genes determinam que ela seja *mignon* e roliça, sonhando em se parecer com uma daquelas modelos altas e esbeltas.

Por trás da insatisfação com nosso corpo e nossa aparência está o que realmente acreditamos com relação ao valor que temos como mulheres, como pessoas. Poucas vezes admitimos as mentiras que tiranizam nossas vidas, mas atitudes e ações demonstram o que, de fato, cremos. Vamos examinar algumas dessas mentiras, e depois as verdades das quais precisamos nos apropriar para ser autenticamente belas.

Beleza é uma questão de aparência

Podemos dizer que o importante é quem realmente somos, mas nossas ações desmentem nossas palavras. O que realmente pensamos é que ser bela por dentro é um pobre consolo para quem não é bonita por fora. Como, na realidade, queremos ser belas por fora, gastamos tempo, dinheiro e esforços cuidando da nossa aparência, dedicando a ela tudo de que pudermos dispor, seja em termos de produtos, de exercícios, de métodos de modificação da aparência, como implantes de silicone, lipossucção ou qualquer outra novidade que surja.

Recentemente, os meios de comunicação nos alertaram para o perigo das queimaduras de pele causadas por folhas de figo que algumas pessoas usavam para acelerar o processo de bronzeamento, quase morrendo como resultado. Vemos mulheres jovens sofrendo distúrbios alimentares como a bulimia e a anorexia, perdendo a vida para permanecer magras, ou então embarcando em dietas malucas que, além de não promoverem resultados permanentes, ainda prejudicam a saúde.

Se estamos dispostas a dedicar tanto esforço ao cuidado da aparência, é porque realmente cremos que aí reside a nossa beleza e, por conseguinte, o nosso valor. Definimos beleza pelos padrões que nos são apresentados, não pelo que Deus diz ser belo. E para acrescentar aflição ao aflito, muitas vezes os homens que amamos também compram essa mentira e vemos decepção e rejeição em seu olhar.

Você se lembra daquela senhora cuja história contei no início deste capítulo? O marido condiciona seu amor à aparência sempre jovem dela. Para ele, a beleza física é fundamental. Mas ao olhar apenas o corpo da esposa, ele está matando sua alma, compelindo-a a uma luta perdida para reter a juventude.

A segunda mentira em que cremos já admitimos mais freqüentemente: se consertarmos o que achamos estar errado por fora, vamos nos sentir bem por dentro. Aquela colega de minha irmã mudou de atitude por algum tempo depois da cirurgia plástica, mas quando a novidade passou, ela descobriu que seus problemas de insegurança e auto-estima continuavam a perturbá-la.

Trabalhar para melhorar a aparência é muito mais fácil do que tratar do que está errado dentro de nós. Entretanto, os fatos atestam que não está aí a solução para o nosso bem-estar. Se não estivermos bem por dentro, nenhuma mudança externa nos satisfará. Há algum tempo, uma revista evangélica apresentou reportagem de capa sobre cirurgias plásticas entre mulheres cristãs. Uma das entrevistadas já havia se submetido a quatro cirurgias cosméticas e falou que vai continuar fazendo tantas quantas forem necessárias para se sentir bem com relação ao seu corpo. Se uma cirurgia não fez com que ela se apreciasse, quantas serão necessárias para trazer este resultado?

A terceira mentira que acaba escravizando tantas mulheres diz que existe um padrão de beleza, e só as que se encaixam nele são admiradas. Esta é uma mentira antiga, e os padrões que ela impinge variam de época para época. Quando a modelo inglesa Twiggy apareceu pela primeira vez nas passarelas, foi repudiada por causa de sua magreza. Os padrões de beleza da época estavam mais perto dos da nossa Marta Rocha, que não ganhou o concurso de Miss Universo por ter cinco centímetros a mais no quadril. Isto, entretanto, nunca prejudicou sua imagem de mulher bela, especialmente para os brasileiros.

Por causa da novidade, Twiggy foi promovida como novo padrão, o que levou todas as outras mulheres aspirantes a títulos de beleza a se sentir gordas e começar a fazer regime. Foi o início da era dos produtos *light* e *diet*, além dos inúmeros aparelhos e tratamentos para perder peso.

Ainda resta uma mentira que mantém as mulheres inseguras e escravizadas: a idade enfeia as mulheres, diz ela. Só é bonita quem é jovem. Crendo nisso, as mulheres detestam admitir o passar dos anos, como se rugas e cabelos brancos, em si, as deixassem feias. Uma recente campanha publicitária de grande companhia nacional de produtos de beleza procura enfatizar que cada idade tem a sua beleza, mas mesmo entre as mais velhas, não se vê nenhuma ruga ou cabelo branco.

Cirurgias plásticas, e não os cremes e loções anunciados, remoçaram rostos já não tão jovens. Mesmo quando tenta apregoar o valor da mulher mais velha, a publicidade reforça a mentira de que as mais idosas só serão belas na proporção em que conseguirem disfarçar os sinais da idade.

Para saber *se* e *quanto* você acredita nessas mentiras, pergunte-se: "Quanto tempo e dinheiro gasto com minha aparência em relação ao tempo que uso para cultivar minha mente e meu espírito? Minha vontade de usar novos produtos e tratamentos baseia-se no fato de que, se eles fizessem tudo o que prometem e melhorassem minha aparência, eu seria mais feliz? Se pudesse ter a aparência que quisesse, escolheria a minha ou a das mulheres que são apontadas como as belezas de hoje? Sou capaz de dizer exatamente a idade que tenho ou tento disfarçar?"

É difícil viver no mundo e não ser influenciadas pelo que nos é passado como verdade. As melhores mentes e estratégias são usadas para nos convencer de que precisamos mudar pelo menos alguma coisa em nossa aparência para sermos felizes. São tantos os enganos que se torna impossível tratar de todos eles. Mas não é preciso. Se conhecermos a Verdade, poderemos julgar todas as coisas por este padrão e ser livres para escolher o que nos convém.

Uma pessoa treinada para reconhecer notas falsas não precisa estudar todas as falsificações que poderão aparecer. Antes, estuda detalhadamente as verdadeiras. Ao se familiarizar com as verdadeiras, aprende a reconhecer as falsas. Assim, para podermos discernir entre o verdadeiro e o falso no mundo em que vivemos e saber o que nos convém, precisamos nos familiarizar totalmente com a verdade imutável da Palavra de Deus. É a partir do padrão que ela nos apresenta que vamos medir o nosso valor, a nossa beleza física e quanto a sua busca deve pesar na nossa vida cotidiana em termos de tempo, dinheiro e esforço.

VERDADES QUE LIBERTAM

O que você acharia se eu lhe oferecesse um tratamento de beleza que fosse removendo as imperfeições, as rugas, os sinais de expressão, os pneuzinhos, as varizes – tudo, enfim, que vai marcando a nossa aparência com o passar dos anos e mostrando que estamos envelhecendo? Por trabalhar nas camadas profundas do seu ser, este tratamento agiria de dentro para fora, e revelaria uma beleza radiosa nunca vista antes. Quanto mais você fosse vivendo, maior a eficácia do tratamento, de modo que você estaria remoçando a cada dia, em vez de envelhecendo. As pessoas virariam a cabeça para olhar uma segunda vez quando você passasse por elas. Aquelas com quem você convive no dia-a-dia não se cansariam de olhar para você com expressão de admiração, de encanto.

Sei que você deve estar pensando que não existe nada assim, bom demais para ser verdade. Mas posso lhe garantir que é mesmo bom demais exatamente porque é verdade – verdade que abre nossos olhos para as mentiras que nos cercam, que nos liberta para usufruirmos tudo de bom que Deus criou para nosso prazer e gozo e para descobrirmos a verdadeira beleza que Deus colocou em cada uma de nós.

A receita para este tratamento diz: "Não seja o adorno das esposas o que é exterior, como frisado de cabelos, adereços de ouro, aparato de vestuário; seja, porém, o homem interior do coração, unido ao incorruptível trajo de um espírito manso e tranqüilo, que é de grande valor diante de Deus. Pois foi assim também que a si mesmas se ataviaram, outrora, as santas mulheres que esperavam em Deus" (1 Pe 3:3-5).

Vamos pensar juntas a respeito das verdades contidas neste recado do nosso Pai e compará-las às mentiras em que cremos e que nos mantêm escravizadas a padrões que não os dele para nós. Deus quer que vivamos plenamente a liberdade para a qual fomos compradas, e não oprimidas pelas mentiras do inimigo, que visa a nos roubar o gozo e a paz, que são nossa herança em Cristo.

A VERDADE SOBRE A BELEZA

Você se lembra de como um perito é treinado para reconhecer notas falsas, aprendendo a reconhecer as verdadeiras? Pois é. Falsificações podem aparecer com todo tipo de engano, mas as verdadeiras são sempre iguais. Quando aprendemos a reconhecer os verdadeiros conceitos de beleza, os que são baseados na Palavra do Deus que nos fez para ser belas, fica mais fácil reconhecer os falsos e descartá-los.

O primeiro conceito é que a verdadeira beleza é interior. Embora vivamos num corpo físico, cercadas por coisas palpáveis que nos parecem mais naturais por poderem ser vistas, tocadas, cheiradas e ouvidas, a pessoa espiritual que vive dentro deste corpo é a que viverá eternamente. Enquanto escrevo este capítulo, estou aguardando o resultado de um teste que dirá se um nódulo que apareceu recentemente no meu corpo é benigno ou maligno. De repente, estou mais consciente do que nunca de como sou frágil fisicamente, de como podem me acontecer coisas sobre as quais não tenho o menor controle, e que podem até me levar ao fim da vida física.

Faz sentido, então, que a verdadeira beleza aos olhos de Deus esteja relacionada ao nosso espírito, não ao corpo que vai perecer um dia, por mais que cuidemos dele. Deus nos vê por fora e por dentro. Ele vê os nossos corações, de onde brotam as nossas atitudes. E diz que a beleza autêntica é uma atitude coerente com aquilo que sabemos ser verdade. O apóstolo Pedro fala em conduta honesta (1 Pe 3:2), ou seja, o comportamento que espelha fielmente o que somos, o que cremos no cerne do nosso ser. Quando nos vemos pelos olhos de Deus, enxergamos não apenas quem somos, mas a obra de Deus em nós, pois é assim que ele nos vê. E a beleza dessa obra nos causa assombro. Sentimo-nos livres para ser nós mesmas, e desafiadas a cooperar com o que Deus está fazendo em nós.

A verdadeira beleza revela-se na harmonia entre o que somos por dentro e a nossa aparência exterior. Ela brota do nosso íntimo e permeia todo o nosso ser, de dentro para fora. Não adianta o que fizermos para embelezar o exterior se o interior não estiver bem. Aquela mulher cristã citada na reportagem sobre cirurgias plásticas confessou: "Enquanto precisar, continuo indo ao cirurgião, até ficar satisfeita com minha aparência." Claro que este momento nunca chegará enquanto seu interior estiver vazio e sequioso pela água viva do amor de Deus. Ela é cristã, mas está vivendo a mentira de que a aparência é o que importa a seu respeito. E achando que, à medida que mudar seu exterior, se sentirá realizada por dentro.

"O coração alegre aformoseia o rosto, mas com a tristeza do coração o espírito se abate" (Pv 15:13). Nenhum enfeite, nenhuma maquiagem, nenhuma plástica, por melhor e mais caprichada que seja, pode produzir essa beleza radiante num rosto triste, cansado, abatido. Pelo contrário, parece ressaltar ainda mais a falta de viço da face que deveria enfeitar. Você pode ser perita em maquiagem e até conseguir disfarçar os pontos negativos por um dia, mas se as coisas que produzem esse efeito na sua aparência não forem tratadas, não há produto de beleza que consiga remediar o estrago.

Não estou dizendo que não devemos nos preocupar com nosso corpo, e até procurar os meios que nos permitem corrigir algum problema que nos incomode, do que falaremos mais adiante. Conheço muitas mulheres que realmente tinham um problema estético e, recorrendo à cirurgia plástica para corrigi-lo, ficaram com a aparência mais harmoniosa e atraente. Mesmo os recursos menos drásticos são perfeitamente legítimos. "Todas as coisas me são lícitas", diz o apóstolo Paulo (1 Co 6:12).

Somos livres para usar todos os recursos da ciência, que só foram desenvolvidos com a permissão do nosso Deus. Porém, se os usarmos com outra finalidade além daquela para a qual foram criados, ou seja, a de corrigir coisas exteriores, eles não convêm, pois, neste caso, não terão nenhum efeito. Não adianta tentar corrigir por fora o que brota de dentro.

É o caso de uma de nossas atrizes, uma bela mulher de seus 50 anos, que confessa já ter passado por inúmeras cirurgias plásticas. Também já teve todo tipo de problema psicológico – depressão, alcoolismo, brigas famosas com pessoas do seu relacionamento e do trabalho. E hoje, chegando perto da velhice, ainda procura um namorado que lhe traga alguma felicidade.

Se nosso exterior não refletir a beleza que vem de dentro, de um espírito manso e tranqüilo, todos os nossos esforços em cuidar de nossa aparência serão em vão, pois criarão apenas uma casca, uma ilusão de beleza que só engana por pouco tempo. A verdadeira beleza, contudo – a interior –, se revelará de formas surpreendentes no nosso rosto, em nossas atitudes, iluminando-nos com aquela aparência radiosa da mulher que se sabe amada e protegida. Por ser tão importante, dedicaremos todo o capítulo 14 ao cultivo da beleza interior.

O segundo conceito é que a verdadeira beleza é singular. Entre todas as pessoas do mundo, só existe uma você. Quando sua aparência reflete a pessoa total que Deus a fez para ser, com suas características especiais, ninguém no mundo poderá ser mais bela, simplesmente porque você é uma obra-prima, um original que traz a assinatura do Artista que a fez. É assim que se vê?

Quando nos comparamos e tentamos nos amoldar a um padrão que nos é apontado como o da verdadeira beleza, estamos negando o trabalho que Deus teve em nos fazer exatamente como fez. Até no caso de gêmeas idênticas, como as minhas caçulas, cujas vidas começaram a partir de uma única célula fertilizada, são duas pessoas diferentes – em alguns casos, bem distintas. A criatividade do nosso Deus não tem fim, e ele ama a variedade, por isso faz cada pessoa diferente das demais. Até o que consideramos "defeitos" vieram, sim, das suas mãos. É ele mesmo que afirma: "Quem fez a boca do homem? Ou quem faz o mudo ou o surdo, ou o que vê, ou o cego? Não sou eu, o SENHOR?" (Êx 4:11). Deus é o Dono absoluto da vida, e nada escapa ao seu cuidado, à sua atenção.

A verdade de que somos uma obra singular das mãos do Criador nos liberta para apreciar quem somos sem precisar copiar nem imitar ninguém. Podemos admirar a beleza e a singularidade das outras mulheres sem nenhum sentimento de inveja ou autodepreciação porque temos uma auto-estima saudável, fundamentada não nos conceitos dos padrões de beleza que mudam a cada estação, a cada lançamento de um novo produto, mas no que Deus diz ser belo.

O terceiro conceito é que a verdadeira beleza é graciosa. As santas mulheres do passado também gostavam de se enfeitar, diz o apóstolo Pedro, que deve ter observado de perto o ritual de sua esposa ao aprontar-se. Muitas delas já eram conhecidas como belas. Sara, Rebeca, Raquel, Ester. Entretanto, não é por sua beleza física que elas são mencionadas na história do povo de Deus, mas porque se submeteram de coração aos propósitos de Deus para suas vidas, fosse qual fosse a situação que tivessem de enfrentar. E hoje é difícil até imaginar algumas das circunstâncias que elas viveram, "praticando o bem e não temendo perturbação alguma" (1 Pe 3:6).

A mulher cujo espírito está firmemente confiado em Deus não tem medo de admitir sua fragilidade, pois sabe que não é de si mesma que depende. E esta fragilidade realça a beleza e o mistério da feminilidade, tornando-a mais graciosa, atraindo e seduzindo as pessoas para aquilo que a enfeita desta forma. As pessoas que a conhecem sentem o desejo de viver como ela vive, de ser como ela é. Ela atrai e seduz as pessoas para a vida com Deus.

O quarto conceito é que a verdadeira beleza é eterna. "A beleza é enganosa, e a formosura é passageira" (Pv 31:30, NVI). Nosso corpo vai envelhecer. Ninguém escapa a este fato. Mesmo os melhores recursos da estética e da cirurgia moderna não podem deter indefinidamente a ação inexorável do tempo. Vi, recentemente, numa de nossas importantes revistas semanais, uma série de fotos de mulheres de todas as idades. Impressionou-me a senhora de sessenta e tantos anos, cujo rosto liso e bem maquiado parecia desmentir sua idade. Mas, ao baixar o olhar para o pescoço e para as mãos, ficava evidente sua verdadeira idade, que nem a melhor cirurgia plástica do mundo pode disfarçar.

Quando cultivamos a beleza do ser interior, em vez de envelhecer, somos remoçadas a cada dia. E como é uma beleza que irradia do coração alegre, ela se espalha por todas as partes do corpo, não apenas as mais visíveis. Mãos que tocam com amor, que cuidam das necessidades, que fazem carinho, que se juntam em oração de intercessão nunca parecerão velhas, por mais manchada e enrugada que esteja a pele.

"Mesmo que o nosso homem exterior se corrompa, contudo, o nosso homem interior se renova de dia em dia" (2 Co 4:16). Sabe por que você estranha quando se olha no espelho e vê ali sinais como rugas e flacidez, que não combinam com a imagem que tem de si própria? Porque a pessoa que você verdadeiramente é, a pessoa interior, não envelhece. Só vai amadurecendo, tornando-se cada dia mais bela. Que tratamento, hein?

A VERDADE SOBRE O CORPO

Embora a verdadeira beleza de cada pessoa seja a interior, ela se reflete no exterior, ou seja, naquilo que as pessoas vêem. Nossos corpos são importantes porque são parte do cuidado precioso de Deus para conosco. Ele fez o primeiro homem e a primeira mulher com as próprias mãos, por assim dizer, como um escultor esculpindo estátuas vivas.

Ele estava presente no momento da nossa concepção, e selecionou que espermatozóide do pai fecundaria o óvulo da mãe, ou seja, que células trariam as características necessárias para nos fazer do jeitinho que somos: cor e textura dos cabelos, cor e formato dos olhos, formato do nariz, das orelhas, da boca, da arcada dentária, e assim por diante. Ele nos entreteceu no ventre de nossa mãe, supervisionando o desdobramento daquela primeira célula até o desenvolvimento de cada detalhe do nosso ser. De forma assombrosamente maravilhosa, como diz o salmo 139.

Se você acha difícil imaginar o Deus todo-poderoso envolvido com coisas tão pequenas assim, leia a descrição do cuidado detalhista dele com a construção do seu Tabernáculo, começando em Êxodo 25. Cada minúcia é especificada de maneira impressionante. Os materiais usados eram o que de mais fino e precioso havia na época. Madeiras, metais, tecidos, argolas, cortinas, enfeites, vasilhames, candelabros, bordados, molduras – tudo determinado, nos mínimos detalhes, pelo próprio Deus, e confeccionado no maior capricho por artesãos especialmente inspirados, porque seria o lugar de sua habitação, o lugar em que a sua glória seria revelada.

Hoje, é dentro de cada um de seus filhos que Deus habita, na pessoa do seu Espírito Santo. "Não sabeis que sois santuário de Deus e que o Espírito de Deus habita em vós? Se alguém destruir o santuário de Deus, Deus o destruirá, porque o santuário de Deus, que sois vós, é sagrado" (1 Co 3:16,17). Você acha que Deus teria menos cuidado com os santuários humanos, que ele mesmo fez, do que com o santuário que ordenou fosse construído por mãos dos homens? Qual deles durará eternamente, glorificado e incorruptível?

Portanto, quero que pare um instante e considere seu corpo, esta obra-prima das mãos de Deus. Ele a fez exatamente como é, mesmo que seu corpo não corresponda aos padrões estéticos de hoje. Cada detalhe de que você não gosta foi colocado ali por seu Criador. E se ele é o Criador de toda beleza, o que você considera feio ainda deve estar dentro do que Deus considera bonito. "Ao que ama o feio, bonito lhe parece", diz o ditado. Quando Deus olha para nós com olhos de amor, até aquilo que não consideramos bonito lhe parece lindo, porque faz parte de quem ele ama. O amor, diz o apóstolo Pedro, cobre uma multidão de pecados. E de defeitos também. Ou daquilo que poderia ser considerado defeito.

Eu estava no cabelereiro e observei esta verdade exemplificada de forma tão comovente que nunca a esquecerei. Uma jovem de idade indistinta foi trazida por duas mulheres, talvez a mãe e uma tia. Parecia tratar-se de uma princesa, tal a atenção e o cuidado que lhe dispensavam. Toda a equipe do salão fez festa com ela, portanto, devia ser uma freguesa assídua.

Não demorei a notar que ela sofria alguma forma de deficiência mental. É baixinha, e embora conversasse inteligivelmente, seu comportamento mostrava que vive num mundo à parte. O propósito da visita ao cabelereiro era o de embelezá-la para uma festa à qual iria no dia seguinte. Com alguma dificuldade, ela se submeteu aos cuidados da manicure, da pedicure, do cabeleireiro.

A princípio, achei sem cabimento aqueles cuidados que a mocinha parecia não apreciar, mas depois percebi quanto a atitude da família contribuía para valorizá-la aos olhos de todos que eram solicitados a cuidar dela. O amor que lhe dispensavam cobria todas as deficiências e imperfeições e mostrava quanto a amavam, não pelo que pudesse realizar ou deixar de realizar, mas apenas por ser quem era.

Se pais terrenos amam seus filhos imperfeitos desta forma, quanto mais o Pai celestial, que nos fez como somos e que tem um propósito bom para a forma como nos fez, com nariz arrebitado ou adunco, lábios finos ou grossos, pés chatos (acrescente aqui o item que a incomoda). E até celulite!

Cuidando do nosso corpo

Como falaremos do cuidado com a beleza interior no próximo capítulo, trataremos aqui dos cuidados básicos necessários à nossa sobrevivência, que incluem a maneira como nos alimentamos e como nos vestimos.

É pela vontade e pela sabedoria de Deus que vivemos dentro de um corpo físico. Este corpo não é a totalidade de quem somos, mas não vivemos aqui sem ele. Jesus disse que Deus sabe que precisamos nos alimentar e nos vestir. Ele classificou estas coisas como necessidades. "Portanto, não vos inquieteis, dizendo: Que comeremos? Que beberemos? Ou: Com que nos vestiremos? (...) pois vosso Pai celeste sabe que *necessitais* de todas elas" (Mt 6:31,32, grifo da autora). Então, é de alimentação e vestuário que trataremos agora. Deus sabe que precisamos comer e nos vestir, e tem coisas muito importantes a nos dizer sobre isto.

Precisamos de um corpo saudável, funcionando o melhor possível, para nos sentirmos bem. O apóstolo Paulo, em Efésios 5:29, fala que ninguém odeia a própria carne, antes a alimenta e cuida dela, como Cristo faz com a Igreja (olhe só a comparação!) E para serem sadios, nossos corpos precisam ser alimentados com cuidado e atenção.

Há tantas coisas sendo ditas a respeito do que é a boa alimentação que ficamos sem saber o que seguir. No meu lavabo em casa, tenho uma cesta na qual vou colocando a minha coleção da revista Seleções para uma leitura rápida sempre que quero refrescar um pouco a cuca. Às vezes, fico apenas olhando os títulos dos artigos de capa. Todos os meses, há alguma novidade na área da alimentação: "Coma de tudo e emagreça". "Volte a comer o que antes era proibido" etc. Como esta revista é uma compilação de artigos já publicados em outras revistas, duas coisas ficam logo evidentes: deve haver um interesse muito grande por artigos na área de dietas e alimentação; e não há uma palavra final e segura nessa área. O que antes era proibido, hoje é permitido.

Tenho um exemplo disto dentro de casa. Meu sogro amava abacate batido com leite, açúcar e umas gotas de limão, mas o conceito da época era o de que abacate, por conter muita gordura, era péssimo para quem tinha colesterol alto. Por mais que ele pedisse, minha sogra, seguindo recomendação médica, restringiu bastante o oferecimento desta sobremesa. Para o bem dele. Agora, o abacate está entre as frutas cuja gordura ajuda a combater o colesterol, além de conter outros elementos ótimos para a saúde. E viva o abacate!

Pare numa livraria, na seção de alimentação, e veja quantos livros existem ali falando sobre o assunto. Todo tipo de regime, para quem quer emagrecer em sua maioria, mas também para quem quer engordar, para quem sofre disto e daquilo. Dá para uma pessoa leiga ficar sem saber o que acreditar, mesmo porque muitos deles se contradizem, embora sejam escritos por autoridades médicas em quem podemos confiar para nos repassar o que de mais avançado existe na medicina com relação à questão dos alimentos.

No entanto, todos eles têm uma coisa em comum: baseiam-se em descobertas e estudos científicos que deixam de levar em consideração o fato de termos sido feitos por Deus, e por um Deus que é o Senhor de toda ciência. Quando tiramos Deus de cena, ficamos com isso que vemos aí: muita informação que pode nos privar de algo que, logo ali adiante, será revogado.

Além disso, sabemos que, embora seja nossa responsabilidade cuidar bem do corpo físico que Deus nos deu, é ele o dono de nossas vidas. Nossos dias estão contados por ele. Ninguém, por mais que se esforce, pode acrescentar um centímetro à sua estatura, se isto não estiver no projeto de Deus para nós.

Ele fez o corpo feminino e, ao contrário da magreza exagerada que é apregoada hoje como padrão de beleza, o fez mais suave, mais curvilíneo, mais arredondado. Para isto, colocou uma camada de gordura sob a pele, que serve como isolante térmico, protetor e também embelezador. Por causa dele, o corpo feminino é mais suave, belo e fascinante.

Mas esta mesma camada pode ser a causa de nossos problemas na área do peso, pois ela nos faz engordar com mais facilidade e perder peso com mais dificuldade. Aquilo que Deus criou como beleza pode, se não for bem cuidado, transformar-se em problema de saúde para nós, se não respeitarmos o mecanismo que o próprio Deus nos deu para saber como e quando comer para vivermos bem.

A verdade é simples: manteremos nossos corpos em boa forma se comermos quando sentirmos fome, e então somente o suficiente para nos saciar. Se comermos mais do que precisamos, engordaremos.

Se comermos menos, emagreceremos. Sei que você deve estar rindo de algo tão óbvio, mas não é triste pensar quantos bilhões de reais são gastos para obscurecer esta simples verdade? Muitos dos problemas relativos à alimentação seriam solucionados se comêssemos somente quando sentíssemos fome, e aí apenas o suficiente para produzir a sensação de saciedade. Tudo que passar disto será acumulado no nosso corpo na forma de gordura, e nas áreas menos desejadas: cintura, quadris, coxas. Todo mundo sabe que o único regime que realmente funciona é fechar a boca. Então, por que não conseguimos fazer isto?

Há vários motivos. Primeiro, por hábito. Muitas de nós fomos ensinadas desde pequenas a raspar o prato. Como eu, você também deve ter ouvido inúmeras vezes que não se pode desperdiçar comida quando há tanta gente passando fome. E é verdade. Entretanto, não é o fato de comermos além do que precisamos que vai minorar a fome de alguém que não tem o que comer. Mas continuamos insistindo nisto por ser um hábito difícil de quebrar.

Outro motivo muito forte é que comemos pelas razões erradas. Comemos quando estamos tristes, comemos quando estamos sem nada interessante para fazer, tentando satisfazer com comida a fome dos nossos corações. Não é possível. Segundo Paulo explicou, "os alimentos são para o estômago, e o estômago, para os alimentos" (1 Co 6:13a). Se comemos por outro motivo que não seja o de repor a energia que gastamos, estamos a caminho da obesidade, se já não estivermos lá.

Além desses motivos, é preciso admitir que, como vivemos no meio da fartura, muitas vezes comemos apenas por gula, porque o alimento é atraente e está ali. Acabei de vir da cozinha, onde estava limpando e colocando de molho uns morangos. Enquanto fazia isto, fiquei dando glória a Deus pela riqueza do vermelho, pela forma de cada fruta. Peguei uma pelo cabinho e a coloquei na boca. Saboreei com prazer a doçura meio ácida que me matou a sede. Um presente delicioso de Deus para nós.

Da fruteira, vinha o cheiro estonteante de manga amadurecendo, de um abacaxi pérola, de bananas amarelinhas, de goiabas vermelhas e brancas. Tive de erguer as mãos para o céu e dar graças a Deus por sua bondade para conosco, pois "do solo fez o Senhor Deus brotar toda sorte de árvores agradáveis à vista e boas para alimento" (Gn 2:9). Frutas, legumes, verduras, cereais, carnes – tudo o Senhor criou para nosso bem-estar e nosso prazer. Ou você acha que não foi Deus quem fez o chocolate, tão rico e delicioso?

Deus colocou tudo à nossa disposição. A não ser para as pessoas que possam ter algum problema especial de saúde, a questão não é o que comer, mas quanto comer. "Tudo que Deus criou é bom, e, recebido com ações de graças, nada é recusável" (1 Tm 4:4). Entretanto, "Deus (...) nos tem dado espírito (...) de moderação" (2 Tm 1:7). E a moderação, ou domínio próprio, é fruto da ação de Deus em nossos corações. Assim, quando estivermos saciados pelo seu amor, comeremos a quantidade certa, pelos motivos certos, pois estaremos comendo apenas para saciar a fome física.

Às vezes, o problema é inverso. Você come pouco, e não por motivos de não ter o que comer. Se não estiver doente, seu organismo precisa de certo número de calorias por dia para ter energia para qualquer atividade. É sabido que atletas precisam de alimentação especial para resistir aos rigores do exercício físico. Mas todos nós, mesmo só por estarmos de pé, precisamos de energia para manter nosso corpo funcionando.

Todavia, por medo de engordar, para manter uma forma que não foram feitas para ter, muitas pessoas estão comendo menos do que precisam para se manter saudáveis. É conhecido o caso das modelos que ingerem menos calorias por dia do que as mulheres emaciadas que estão morrendo de fome em países como a Etiópia. Você quer melhor exemplo das mentiras que Satanás usa para nos escravizar? Morrendo de fome no meio da fartura que Deus criou para o nosso bem!

Você sabia que Deus fez nossas papilas gustativas, ou seja, os sensores em nossa língua que detectam o sabor dos alimentos, de tal forma que elas ficam aguçadas quando estamos com fome? Nessa hora, o alimento fica muito mais saboroso. Pense bem nos primeiros bocados que você come quando está com bastante fome. Não é verdade que parece nunca ter comido nada tão delicioso na vida?

Acontece que estas mesmas papilas vão se desativando à medida que você vai comendo, e a comida parece ir perdendo o sabor. Depois que você já está saciada, se insistir em comer aqueles últimos bocados, perceberá que eles não estavam tão saborosos quanto os primeiros. Isto é um aviso de que foram excessivos e que ficarão acumulados em algum lugar indesejável.

Você pode comer com alegria, com prazer, com ações de graças a Deus, que teve o trabalho de nos proporcionar tanta riqueza e variedade de alimentos e sabores, se comer com moderação. Se deixar que os mecanismos que Deus colocou em seu corpo orientem sua alimentação, cuidará de seu corpo segundo os preceitos do Criador e desfrutando a liberdade que ele deseja que tenhamos como filhas suas.

Vestindo nosso corpo

Jesus disse que Deus sabe que precisamos comer e beber para sobreviver fisicamente. Disse também que precisamos ter com que nos vestir. Mas, quando citou a vestimenta que Deus provê para suas plantas, Jesus falou não apenas de mera necessidade suprida, mas de uma roupagem magnífica, tão perfeita e formosa que nem o rei mais poderoso de Israel, em sua maior glória, vestiu-se como um daqueles lírios que enfeitavam os campos verdejantes onde o Mestre se encontrava. E ele concluiu: "Ora, se Deus veste assim a erva do campo, que hoje existe e amanhã é lançada no forno, quanto mais a vós outros, homens de pequena fé?" (Mt 6:28-30).

É bem verdade que uma coisa é a necessidade e outra, o gosto. As descobertas e as facilidades modernas juntaram o útil ao agradável, como Deus faz. Não só é possível nos vestirmos confortavelmente, mas também sermos enfeitadas pelos belos tecidos e pelas confecções que a tecnologia nos proporciona.

O que vestimos é importante porque reflete, em parte, a nossa pessoa interior, o que pensamos a respeito de nossa missão nesta vida. Se você pensa que estou exagerando, considere o cuidado de estilista que Deus teve com as vestimentas dos sacerdotes que se apresentariam diante dele no Tabernáculo. Depois do cuidado minucioso com a construção da tenda, Deus instruiu Moisés: "Farás vestes sagradas para Arão, teu irmão, *para glória e ornamento*" (Êx 28:2, grifo da autora).

Estas vestes, segundo ordenou o próprio Deus, seriam confeccionadas por homens que ele mesmo havia enchido do espírito de sabedoria, usando os materiais mais finos e preciosos. Haveria bordados e enfeites, inclusive de pedras preciosas. Tudo que havia de melhor seria usado para enfeitar aqueles homens e mostrar a glória do Deus que eles representavam.

Hoje, somos sacerdócio real (1 Pe 2:9), ou seja, pessoas que têm acesso direto a Deus. A maneira como nos vestimos nos adorna para refletir a glória de Deus? Nossas roupas são usadas para realçar a pessoa que somos ou para dar uma impressão diferente a nosso respeito?

Há duas coisas que diferenciam como uma filha de Deus vê o papel das roupas em sua vida. Primeiro, ela é livre para usar tudo de bom e maravilhoso que Deus criou para refletir sua própria glória. Como no caso dos sacerdotes do Antigo Testamento, podemos recorrer ao que de mais fino existe para nos adornar, se formos igualmente formosas no nosso interior. Se a beleza externa estiver em harmonia com a beleza do nosso espírito, podemos nos vestir de maneira realmente esplendorosa.

A mulher temente a Deus de Provérbios 31 confeccionava ela mesma os tecidos mais preciosos que havia em sua época – púrpura, lã escarlate e linho fino –, e fazia com eles roupas para si, para toda a família e ainda para vender a pessoas de fora. Este cuidado refletia a bondade e a sabedoria de seu coração, e a beleza que irradiava de todo o seu ser foi louvada pelo marido e pelos filhos. Suas obras foram aplaudidas publicamente.[22]

Podemos usufruir tudo o que temos a nosso dispor hoje, em termos de vestuário. No entanto, nossas roupas, em si, não nos enfeitam nem embelezam. Ao contrário, podem até chamar a atenção para si, em detrimento da pessoa que deveriam embelezar. Você já se viu numa situação assim antes? Suas roupas são elogiadas, comentadas, como se você mesma fosse apenas um cabide, um manequim de massa, sem vida, sem expressão.

Por outro lado, quando o que vestimos estiver em harmonia com a nossa pessoa interior, realçará a graça e a formosura que agradam a Deus. As roupas formarão um fundo contra o qual a pessoa se destacará de maneira inconfundível.

A segunda coisa importante a ser considerada é o tipo de roupa que nos convém. Em sua primeira carta a Timóteo, entre outras instruções importantes a respeito da maneira de orar, o apóstolo Paulo fala da roupa que as mulheres cristãs devem usar. Ele confirma que a maneira como nos vestimos, sem preocupação excessiva com enfeites e roupas caras, reflete a força da nossa vida espiritual. Devemos nos vestir com modéstia e bom senso.

A moda atual é tudo, menos modesta. Antes, seu objetivo explícito é revelar, excitar, usando, para isto, os recursos de que dispõe em termos de transparência, fendas e economia de tecido. Uma roupa modesta, então, está condenada a ser radicalmente feia e fora de moda?

Se quisermos ter uma idéia do que é feio e fora de moda, é só pegarmos uma foto de alguém que estivesse no auge da moda na década de 1970 e perceberemos como a moda pode ser ridícula, se a olharmos com olhos críticos. Quando deixamos que a moda dite o que vestimos, estamos dando a ela uma autoridade que não deveria ter sobre nós.

Uma reportagem recente da televisão mostrava uma rua de São Paulo dedicada ao varejo de roupas, onde foram entrevistadas diversas mulheres a respeito da moda atual. Todas concordavam que as roupas muito justas favoreciam apenas as muito magras, e, mesmo para elas, eram desconfortáveis. Camisetas coladas e blusas transparentes revelavam cada detalhe do corpo. As calças muito baixas ficavam escorregando quadril abaixo e precisavam ser puxadas para cima a toda hora. Se a pessoa que as usava precisasse se abaixar para pegar alguma coisa no chão, então, era um desastre.

Os calçados de saltos altíssimos sobre os quais elas se equilibravam eram um atentado ao bom senso e à coluna vertebral. Quando a repórter perguntou a uma vendedora como é que conseguia vender coisas tão obviamente inconvenientes, ela riu e respondeu: "Ah, mas a mulherada gosta!"

Como naquela fábula expressiva sobre a roupa nova do rei, apenas a criança ingênua teve coragem de expressar o que os adultos se recusavam a admitir: o vaidoso monarca, na realidade, estava nu! As roupas que deveriam enfeitá-lo não existiam, mas ele e todos os seus súditos não discerniam o que estava óbvio para os olhos verdadeiros daquele garotinho.

Por isso, o conselho do apóstolo é que usemos o nosso bom senso, a visão clara de quem tem a mente de Cristo. Aqui também, tudo nos é lícito, mas nem tudo convém. Podemos aproveitar o que a moda oferece de bom, mas sejamos seletivas. Quando escolhermos nossas roupas para refletir a pessoa que Deus nos fez para ser, elas serão singulares, assim como cada uma de nós é singular. Teremos estilo próprio, marcante. Gastaremos sabiamente, sem jogar dinheiro fora em coisas que passam da moda de um dia para o outro. E, acima de tudo, estaremos sempre bem vestidas quando o que usarmos por fora mostrar a beleza do espírito manso e tranqüilo, que é de grande valor diante de Deus.

14

TRANQÜILAMENTE CONFIANTE

Beatriz estava morrendo. Como médica, minha irmã soube desde o início da moléstia que, a menos que Deus interviesse com um milagre, ela não teria muito tempo de vida. A família e a igreja reuniram-se em torno dela, apresentando a Deus suas súplicas para que tão preciosa vida fosse poupada. Mesmo vendo que ela piorava, nossas esperanças não se abatiam. Deus podia até ressuscitar alguém da morte, pensávamos. Por que não poderia curar a Bia, mesmo quando ela estivesse bem pior?

A moléstia continuou progredindo. Ela perdia as forças visivelmente. Até um banho de chuveiro a deixava incrivelmente cansada. Ela precisava descansar enrolada na toalha antes de ter forças para se vestir.

Certo dia, Leda, a irmã que a cercava de cuidados e carinho, foi encontrá-la sentada na cama após o banho, as lágrimas escorrendo pelo rosto. Alarmada, perguntou logo:

> — Bia, o que você está sentindo? Tem alguma coisa doendo?

Beatriz ergueu para ela os grandes olhos verdes, rasos d'água, e confessou:

> — Leda, sei que estou morrendo. O que vou fazer com todos os sonhos que não realizei?

Leda emudeceu. Seu coração chorava a dor da irmã, mas o que poderia dizer que servisse de consolo? Enquanto enviava aos céus um rápido pedido de iluminação, sentou-se ao lado do corpo magro e enfraquecido da Bia, abraçou-a pelos ombros e falou:

— Entregue para Jesus, Bia. Entregue para Jesus.

Mesmo enquanto falava, Leda sentia quanto sua resposta parecia simplista e inadequada para o tamanho da dor. Mas era o que sabia ser a verdade. O que mais poderia dizer? Beatriz baixou a cabeça, deixando-se ficar um pouco no aconchego cálido daquele abraço. Quando ergueu de novo o rosto, um sorriso o iluminava, embora as lágrimas ainda nem tivessem secado.

— Sabe que você tem toda razão? É isso mesmo que preciso fazer.

E ela entregou a Jesus seus sonhos, como havia entregue a vida um dia – vida curta, vida dedicada a aliviar o sofrimento dos pacientes cujos cuidados lhe eram confiados. Esta vida preciosa foi-se apagando aos poucos, até Bia adormecer tranqüila nos braços do seu Senhor.

Conhecíamos alguns de seus sonhos. Alguns não se realizaram. Ela nunca se casou. Outros, entretanto, fruto de seu espírito de serviço na área da medicina, hoje estão concretizados, mesmo ela não estando mais aqui.

Numa das últimas conversas que tivemos, falamos do projeto que ela acalentava de instituir um serviço de atendimento domiciliar a pacientes terminais. Como médica intensivista, ela sentia de perto o sofrimento dos pacientes, especialmente os mais idosos, que ficavam isolados da família nos últimos tempos de vida. Tendo estudado diversos programas existentes em outros países, ela planejava reunir uma equipe de profissionais à qual, mesmo debilitada, daria orientação. Esta equipe atenderia os pacientes em casa, permitindo-lhes ficar junto da família até o fim.

Depois que Bia morreu, o sonho tocou o coração de outras pessoas da área médica. Não sabemos ao certo como a idéia se espalhou, mas hoje, na cidade de Londrina, diversas equipes do sonho que a Bia entregou a Jesus operam com eficiência e misericórdia, beneficiando, entre outras pessoas, os velhinhos que ela tanto amava, abençoando as vidas que ela sonhou abençoar.

UMA FORMOSURA SEM PAR

Quem viu a Bia em seus últimos meses de vida mal teria reconhecido a mulher bela que sempre fora. A moléstia a deixou esqueleticamente magra, curva, e ela só conseguia se mover com esforço, apoiada numa bengala. Falava com dificuldade, a voz anasalada. Percebíamos a sua frustração quando não conseguíamos entender o que ela dizia. Sentia muito cansaço, e nos seus últimos dias, dores de cabeça e náusea. Entretanto, nunca a vimos mais bela, pois a radiância de seu espírito manso e tranqüilo animava e alegrava todos os que com ela conviviam.

Mansidão, entretanto, não era a primeira palavra que nos vinha à mente quando pensávamos nela. Bia era um espetinho. Foi com muita garra que realizou seu sonho de tornar-se médica. A especialidade que escolheu exigia dela longos plantões ao lado de pacientes muitas vezes terminais. Ela sempre dizia que a pior parte de seu trabalho era dar aos parentes a notícia do falecimento de algum dos pacientes durante seu turno na UTI, mas ela o fazia com firmeza e ternura, tirando tempo para consolar os familiares aflitos.

A garra que fez dela uma lutadora, entretanto, esteve sempre submetida a Deus. Eram força e disposição controladas por um poder superior, colocadas voluntariamente nas mãos do Pai.

Quando o apóstolo Pedro falou às mulheres sobre sua verdadeira beleza, começou falando de coisas bem diferentes. No início do capítulo 3 de sua primeira carta, diz ele que as mulheres devem ser, "igualmente", submissas a seus próprios maridos. Não parece um bom prenúncio para falar de beleza, não é mesmo? Mas o contexto mostra por que a beleza autêntica, aquela que é eterna, é a que vem de dentro para fora e que resulta da atitude realista, mas esperançosa, da mulher que, no meio das mais difíceis circunstâncias, refugia-se no poder de Deus.

Como fez Jesus. Se voltarmos ao fim do capítulo 2, veremos que "igualmente" refere-se a Jesus, que "não cometeu pecado, nem dolo algum se achou em sua boca; pois ele, quando ultrajado, não revidava com ultraje; quando maltratado, não fazia ameaças, *mas entregava-se àquele que julga retamente*" (1 Pe 2:22,23, grifo da autora). Assim, as mulheres devem seguir o exemplo de Jesus em sua maneira de agir. Parece que o apóstolo estava bem consciente de que, para muitas mulheres, isto significa ser ultrajada, ou menosprezada, ou desrespeitada, ou tratada com indignidade, até maltratada.

Ao descrever a atitude de Jesus em circunstâncias ameaçadoras, Pedro mostra o que existe por trás da mansidão da qual Jesus foi o exemplo supremo. Submeter-se às circunstâncias é mera passividade. Submeter-se a Deus nas circunstâncias é mansidão, é uma atitude honesta, autêntica, confiante.

Mansidão não é apenas fechar a boca, resignar-se. Não é passividade, de forma alguma. A palavra usada no original é a mesma usada para descrever um animal domado. Pense num potro selvagem, que nunca foi montado por ninguém. Mesmo que você nunca tenha vivido no campo, como eu, provavelmente já viu na televisão os rodeios, nos quais cavaleiros experimentados tentam permanecer em cima de animais que ainda não foram amansados. Só quem já tentou fazer isto pode avaliar a força selvagem de um animal bravio.

Quando eu era criança, amansar potros era uma das atividades normais da fazenda em que vivia. A cada tantos meses, chegava a hora de reunir alguns potros da mesma idade e amansá-los. Reunidos no curral, diversos peões laçavam o animal a ser domado e, enquanto dois ou três o seguravam no laço, o domador o selava, apesar de o animal resistir com todas as forças. Aí vinha a hora de colocar o cabresto, ou seja, o freio de metal que ia em sua boca, do qual saíam as rédeas que serviriam para direcioná-lo mais tarde.

O domador saltava rápido para a sela e, mesmo preso, o animal já começava a corcovear. Quando os que o seguravam largavam as amarras, ele saía aos pulos, usando toda a sua enorme força para livrar-se daquele que tinha a pretensão de governá-lo. Se o domador fosse bom, ficava na sela até o animal se cansar e entregar os pontos. Se caísse, outro poderia montar em seu lugar, e a luta começava de novo.

Em geral, eram necessárias diversas sessões como esta até o animal ser considerado "manso", ou seja, até aprender a obedecer às ordens do cavaleiro que o montasse. Era ainda o mesmo animal, fogoso e forte, mas agora ciente de que, para seu próprio bem, era melhor subjugar sua força ao comando daquele a quem havia aprendido a obedecer.

Mansidão é força sob controle. Jesus poderia ter chamado os exércitos celestiais para defendê-lo quando foi injuriado e maltratado, e aquelas pessoas teriam sido pulverizadas pelas hostes de anjos. Entretanto, o que fez ele? Entregou-se nas mãos daquele que julga retamente! Não se defendeu, não revidou, não contra-atacou – antes, confiou em Deus a ponto de colocar a própria vida em suas mãos. Ele não ignorava o que Deus lhe pedia. No jardim do Getsêmani, profundamente angustiado, clamou para não ter de beber o cálice daquele sofrimento atroz que enfrentaria. Três vezes. A obediência custou-lhe a vida. Mas, como ele mesmo havia explicado antes, "ninguém a tira de mim; pelo contrário, eu espontaneamente a dou" (Jo 10:18).

Mansidão, portanto, é colocar espontaneamente tudo que somos, tudo que temos, tudo que sonhamos, sob a direção de Deus. É entregar-lhe as rédeas. É obedecer aos seus menores comandos.

Mas o apóstolo Pedro falou que, além de manso, o espírito que deve enfeitar as mulheres é também tranqüilo. A palavra traduzida por "tranqüilo" significa "quietude", ou seja, o contrário de inquietação. A palavra "inquietação", no original, significa andar por aí, arrastando pesos amarrados às pernas, produzindo uma canseira desnecessária e tolhendo os movimentos. Como fazia Marta.

Jesus visitava a casa de seus amigos Lázaro, Marta e Maria, em Betânia. Devia ser um lar acolhedor e agradável, pois sabemos que o

Senhor o visitou diversas vezes. E grande parte do conforto ali oferecido era provavelmente devido aos trabalhos e à supervisão de Marta. Naquele dia, enquanto Maria deixava-se ficar na sala, sentada aos pés de Jesus, *bebendo* o que ele tinha a dizer, Marta corria de um lado para outro, cuidando dos afazeres que a boa hospedagem do Senhor exigia. Quando viu o que considerou a folga de Maria, não se conteve e pediu a Jesus que mandasse a irmã ajudá-la. Entretanto, a resposta do Mestre é surpreendente: "Marta, Marta, andas inquieta e te preocupas com muitas coisas" (Lc 10:41).

Ah, como Jesus conhecia o coração sempre preocupado das mulheres! Ele via Marta arrastando pesos desnecessários, enquanto corria de um lado para outro, perturbada, inquieta, achando que devia dar conta de tudo, nem que fosse sozinha.

Um filme recente mostra um homem que, por obra do acaso e de um forte choque elétrico, começa a ouvir os pensamentos das mulheres que se aproximam dele. Na sua primeira caminhada fora de casa, ele vai passando por mulheres de todos os caminhos da vida. Cada uma está pensando em mil coisas, tentando resolver todos os problemas da família e do trabalho. O homem vai ficando tão assoberbado com aqueles *pesos* que essas mulheres vivem arrastando que pensa enlouquecer. Depois, para a heroína, a quem antes tentara ludibriar, ele fala com pena e emoção genuínas: "Vocês, mulheres, preocupam-se demais!" E ela retruca, espantada, como se percebesse isto pela primeira vez: "Sabe que você tem razão?"

Como já disse um psicólogo cristão, as mulheres vivem como se tivessem um radarzinho ligado o tempo todo, captando tudo que se passa a seu redor e tentando ajudar na solução de todos os problemas. Fomos feitas para ajudar. Isto faz parte da nossa essência feminina. Entretanto, o problema é que queremos assumir a responsabilidade por coisas que não podemos resolver, e aí a inquietação toma conta de nós. Por isso, as palavras de Jesus a Marta são tão pertinentes para nós.

Tranqüilidade é o contrário de inquietação. É deixar de arrastar os pesos dos problemas que não podemos solucionar. É deixá-los nas mãos de quem pode, lançando sobre Deus toda a nossa ansiedade, porque ele tem cuidado de nós (1 Pe 5:7).

A beleza do espírito manso e tranqüilo irradia de um coração que espera em Deus. É a beleza autêntica, que vem de sermos a pessoa singular e feminina que Deus nos fez para ser. É o reflexo de sua obra em nossas vidas, de sua glória brilhando através da vida de pessoas comuns que vivem no plano sobrenatural do poder do Deus em quem confiam.

SAINDO DA ZONA DE CONFORTO

Confiar em Deus é um ato da vontade. Escolhemos crer no que já aprendemos a respeito de alguém a quem não vemos, mesmo indo contra o que estamos sentindo. Quando coisas boas nos acontecem, é fácil crer num Deus que nos ama e deseja nos abençoar, mesmo que seja invisível. Mas quando as coisas boas que desejamos não vêm, quando coisas ruins acontecem, nossa fé é provada. É então que descobrimos a quantas coisas ainda estamos apegadas mais do que a Deus. E ele sabe exatamente qual é a nossa zona de conforto.

Na vida de Sara foi literal. Ela foi chamada a deixar o conforto de uma vida estabelecida, perto de seus parentes, e seguir o marido por uma caminhada incerta pelo deserto, morando em tendas, sem água potável, muitas vezes sem água de qualquer espécie. Só isso já me deixaria bem indisposta a essa aventura. Não podemos saber ao certo o que Sara pensou daquele chamado, mas podemos imaginar que ela não saiu dando pulinhos de alegria. Deus estava invadindo sua zona de conforto, o lugar de sua vida em que ela se sentia tranqüila e segura, para levá-la a um lugar onde milagres aconteceriam, mas no tempo dele.

O escritor C.S. Lewis disse que Deus provê abrigos ao longo da peregrinação da vida, onde podemos descansar e nos refazer, mas não nos deixa permanecer muito tempo ali para não ficarmos pensando que aquela é a nossa residência permanente, que já chegamos ao destino final. Dificilmente sairíamos de um abrigo assim por conta própria. Por isso, Deus nos tira do nosso conforto, que gostaríamos de transformar em algo permanente, para nos levar mais perto de si.

Enquanto eu aguardava o resultado dos exames e, depois, da biópsia que citei antes, diversas vezes senti meu estômago embrulhar de medo e a angústia tomar conta do meu coração. Eu estava sentindo o tapete confortável da boa saúde que sempre gozara ser puxado sob meus pés. Embora soubesse que todo mundo está sujeito às enfermidades e catástrofes, nunca realmente achei que poderia acontecer algo assim comigo. E agora, a espera pelo veredicto do médico trazia-me cenas apavorantes à mente, e eu me contorcia de medo. Cirurgia. Deformação. Quimioterapia, com seu cortejo de conseqüências desagradáveis. Perda de cabelo. Ter meu corpo bombardeado pela radioterapia. Espectros que se levantavam diante de mim, nítidos, sombrios. Até que...

Comecei a falar com Deus sobre o que me afligia cada vez que me lembrava do que estava acontecendo. "Pai, Pai, estou apavorada! O que vai acontecer comigo? Vou morrer dessa doença horrível? Pelo que precisarei passar? Mesmo que seja para ser curada, os tratamentos são terríveis. Vou perder os cabelos? Vou ficar deformada?" Quando eu parava de falar e me contorcer, ouvia uma voz tranqüila que dizia: "Confie em mim, filha, confie em mim."

Percebi, então, que era exatamente o que devia fazer. Tão simples. Tão difícil quanto profundo. Como confiar com perspectivas tão palpáveis, tão reais, tão apavorantes bem à minha frente?

Por *coincidência*, naqueles dias estávamos estudando a caminhada na fé na classe da escola dominical. Eu mesma havia ensinado certas coisas que nem sabia que tão depressa estaria precisando aplicar. Mas o conhecimento valeu-me naquela hora. Eu sabia que o medo não é de Deus, pois ele não nos tem dado espírito de covardia, mas de poder, de amor e de moderação (2 Tm 1:7), e "no amor não existe medo; antes, o perfeito amor lança fora o medo. Ora, o medo produz tormento; logo, aquele que teme não é aperfeiçoado no amor" (1 Jo 4:18).

Então, para deixar de ser atormentada pelo medo, eu precisava deixar que o amor de Deus enchesse o meu coração e a minha mente. Para isso, tinha dois recursos. Primeiro, correr para meu Pai em oração. Sua voz tranqüila ainda me ecoava no coração, expulsando o medo. Agora, precisava renovar meu pensamento com o que sei ser verdadeiro a respeito dele, de seu amor.

ESPERANDO EM DEUS

Comecei a trazer à lembrança o que me podia dar esperança. Como Jeremias (Lm 3:21), passei a considerar tudo o que sei a respeito de Deus. Tirei os olhos das ondas violentas que me jogavam de um lado para o outro e os fixei no Pai. Enquanto o contemplava e rememorava seu poder, sua soberania sobre tudo e sobre todos, sua bondade e sua misericórdia, meu coração foi se aquietando. Uma a uma, contei as vezes nas quais ele já havia intervindo milagrosamente em minha vida, transformando o mal em bem. E sua Palavra tornou-se vital para mim. Coisas que eu já sabia até de cor agora se tornaram tão vívidas e sólidas como pedras sobre as quais eu podia caminhar no meio da turbulência.

"O caminho de Deus é perfeito." Sim, Senhor, eu sei. Tudo que possa me acontecer faz parte do teu plano bom para mim. Tu és o meu Pastor, nada me faltará. O Pastor vai à frente das ovelhas. Elas ouvem a sua voz e o conhecem. É ele quem as conduz a pastos verdejantes, às águas cristalinas. Só preciso seguir meu Pastor por onde ele me guiar.

"A Palavra do SENHOR é provada." Sim, Pai. Tua Palavra é luz para os meus caminhos. Quem anda com Deus anda na luz. A luz resplandece nas trevas, e as trevas não prevaleceram contra ela. A luz me permite enxergar além do que está acontecendo e ver a mão do meu Deus dirigindo cada passo meu. Embora eu só possa ver o que está bem diante do meu nariz, o que é natural, ele vê todas as coisas e as dirige segundo a sua vontade, que é boa, perfeita e agradável. Estou apostando a vida nisto.

"Ele é escudo para todos os que nele se refugiam." Estou protegida quando me escondo em ti, Senhor. Nada pode atingir-me, a menos que tu o permitas. E como me amas, só permites o que vais transformar em bem para mim. E daí, Senhor? Estarás comigo quando me enfiarem aquela agulha na veia, não é mesmo? Claro que sim! É uma promessa daquele que é fiel!

"Pois quem é Deus, senão o Senhor? E quem é rochedo, senão o nosso Deus?" Senhor, tu és o meu Rochedo. És o Deus criador, o Senhor de todas as coisas. O teu plano é desde a eternidade. Nada disso é surpresa para ti. Em ti, tudo tem um propósito. Contigo não há acaso. "Intentando Deus, quem o impedirá?"

"Deus é a minha fortaleza e a minha força, e ele perfeitamente desembaraça o meu caminho" (2 Sm 22:31-33) Ah, Senhor, perfeita e carinhosamente. Então, não tenho visto teu carinho nos pequenos detalhes de toda essa situação? Tuas bênçãos têm sido profusas. Tenho um bom plano de saúde. O Senhor proveu os meios para isto e o plano. O médico, que eu nem conhecia antes, é muito capaz, atencioso. Diversas pessoas, sem eu nem perguntar, vieram me dar ótimas referências dele. Sei que estou em boas mãos humanas também. Tudo está sendo encaminhado sem grande sofrimento físico. Até a cirurgia para a coleta do material foi rápida e simples.

Eu já havia experimentado seu consolo na oração. Agora, tudo que havia aprendido e guardado no coração a respeito do poder e da misericórdia de Deus tornou-se, de repente, vital e claro. Como poderia duvidar? As sombras, confrontadas pela luz da verdade, começaram a desvanecer. Uma paz doce e sobrenatural invadiu meu coração e acalmou minha mente. Meus pensamentos se aclararam e pude olhar de frente o que deveria confrontar, agora por outra perspectiva.

Nada estava além do poder e do controle do meu Deus. Nada poderia me acontecer que estivesse fora de seu plano para mim. Ele estaria comigo em qualquer sala de cirurgia que eu precisasse estar, em qualquer sessão de quimioterapia ou radioterapia pela qual eu tivesse de passar. Eu e o meu Deus enfrentaríamos tudo juntos. Pois não foi ele mesmo quem prometeu que estaria comigo sempre, que jamais me abandonaria?

Depois disso, quando o medo ou a inquietação voltavam, através de novas circunstâncias, eu já sabia o caminho a tomar e me achegava confiadamente junto ao trono da graça, para receber misericórdia e achar graça para socorro em ocasião oportuna (Hb 4:16).

Quando o resultado chegou e o médico confirmou que era um tumor maligno, senti de novo aquele frio no estômago, mas já tinha a certeza de que não atravessaria aquele vale sozinha.

A JORNADA SOBRENATURAL

Não é fácil ver a mão de Deus nas circunstâncias tristes da vida. Se Ele pode evitar uma moléstia terminal, uma catástrofe, uma bala perdida, por que não o faz? Claro que é fácil ver sua bondade quando os eventos nos favorecem. Dizemos graças a Deus do fundo do coração quando vemos um livramento milagroso nas nossas vidas ou na vida de alguém a quem amamos. Mas, e nas horas difíceis? Podemos descansar num Deus a quem não podemos controlar, que age segundo seus próprios planos e propósitos, os quais nem sempre parecem promover o bem que tanto desejamos?

A resposta a essas perguntas não é algo que nossa mente finita consegue apreender. Mistérios sempre haverá, simplesmente porque somos limitados. Não sabemos sequer o que nos acontecerá daqui a alguns minutos. Por isso, muitas vezes pedimos desesperadamente a Deus algo que, mais tarde, descobriremos não ser o melhor para nós, e entenderemos a sabedoria de Deus ao nos dizer um "não". Em outros casos, nunca vamos entender enquanto estivermos aqui, neste mundo. Mas podemos viver com esses mistérios, porque as coisas que precisamos saber para fazer as escolhas certas nos foram reveladas. E os mistérios pertencem a quem tem tamanho para lidar com eles (Dt 29:29).

Precisamos ser tirados da nossa zona de conforto, onde vivemos cercadas por coisas razoavelmente controláveis, confortáveis, para sair da esfera natural da vida em direção ao sobrenatural, onde a ordem das coisas segue um plano que podemos não entender, mas no qual podemos confiar.

Estive, certa vez, num congresso das Déboras, mães que oram pelos filhos e pelos jovens de todo o país. A idealizadora deste movimento era uma linda e frágil loirinha chamada Ana Maria Pereira. Seu entusiasmo contagiava o grupo de quase mil mulheres reunidas em Brasília para compartilhar as coisas que estavam ocorrendo em suas vidas e em suas cidades como resultado de estarem envolvidas no projeto.

As histórias que ouvimos iam desde a oração mais simples, de mães preocupadas com o bem-estar dos filhos, até as orações desesperadas, de mães cujos filhos estavam envolvidos com drogas, presos ou trilhando o caminho da criminalidade. Lágrimas, choro sentido, abraços, sorrisos – havia de tudo ali, enquanto aquelas mulheres derramavam seus corações diante de Deus e recebiam seu consolo e encorajamento para continuar orando e intercedendo.

Na hora dos cânticos, foi ensinada uma música cujas palavras tocaram-me no fundo do coração. Centenas de vozes femininas cantaram o cântico Rompendo em Fé, da autoria de Ana Feitosa e Edson Feitosa:

> Cada vez que a minha fé é provada,
> Tu me dás a chance de crescer um pouco mais
> As montanhas e vales
> Desertos e mares que atravesso
> Me levam mais perto de ti
> Minhas provações não são
> Maiores que o meu Deus
> E não vão me impedir de caminhar
> Se diante de mim não se abrir o mar
> Sobre as águas Deus vai me fazer andar
> Rompendo em fé
> Minha vida se revestirá do teu poder

Rompendo em fé
Com ousadia vou mover no sobrenatural
Vou lutar e vencer
Vou plantar e colher
A cada dia vou viver rompendo em fé

Muitas daquelas mulheres já haviam provado o que é mover no sobrenatural, e cantavam com mãos levantadas aos céus e olhos brilhantes de lágrimas e gratidão. Outras ainda haveriam de passar por grandes sofrimentos, talvez até pelo vale da sombra da morte. Ana Maria era uma delas. Já foi chamada ao lar do Pai. Ela esteve envolvida com a jornada das Déboras enquanto suas forças permitiram. Caminhou com os pés na terra e o coração posto na realidade sobrenatural de Deus até seus pés deixarem o chão e ela entrar para o gozo do seu Senhor.

Esta é a vida sobrenatural. Pés no chão, fincados na realidade que nos cerca, coração plantado no sobrenatural, vendo as coisas da perspectiva de Deus, sentindo seu poder operando em nós, sua paz enchendo os nossos corações. Quaisquer que sejam as circunstâncias, estão sob o controle de alguém que nos ama a ponto de dar por nós a própria vida. Nele eu posso confiar.

CONCLUSÃO

NO REINO DE MEU PAI

Começamos esta caminhada com Deus, pois se ele é desde antes do princípio de todas as coisas, sem conhecer a respeito dele não há como possamos conhecer de verdade a realidade que nos cerca, nem quem somos e como nos encaixamos nela. Ele é o Alfa e o Ômega, o princípio e o fim de tudo. A realidade espiritual, embora fisicamente invisível e intocável, é tão concreta e sólida quanto as leis também invisíveis, mas concretas e imutáveis que regem o Universo em que vivemos.

Quando nos tornamos filhas desse Senhor soberano e todo-poderoso, o Criador de tudo o que existe, temos acesso a esta realidade invisível, pois passamos a viver no Reino de nosso Pai. Embora continuemos sujeitas às leis do universo e às de nosso país, às políticas que são determinadas por nossos governantes, não são eles que determinam o que nos acontece. Como disse Jesus a Pilatos, o governante romano que lhe perguntou se ele não sabia que tinha autoridade para soltá-lo ou para mandar matá-lo: "Nenhuma autoridade terias sobre mim, se de cima não te fosse dada" (Jo 19:11). Era Deus quem realmente mandava nele, quem concedia autoridade a um governante terreno. Pilatos não podia fazer nada que não estivesse dentro do plano de Deus para Jesus. Ele não sabia disto, mas Jesus, sim.

Sobre as filhas de Deus, igualmente, ninguém tem autoridade que não lhe tenha sido dada por seu Pai. Embora tenhamos de nos submeter às leis e às pessoas que podem determinar coisas para as nossas vidas, é confortador saber que elas mesmas estão sob a autoridade do nosso Pai. Não podem exigir nada de nós, não podem fazer nada contra nós que primeiro não tenha passado pelas mãos sábias e amorosas daquele que faz com que todas as coisas cooperem conjuntamente para o nosso bem. Vivemos no Brasil, ou em qualquer outro país deste mundo, mas somos, na realidade, cidadãs do Reino de nosso Pai. Nenhuma lei humana tem poder sobre nós que não tenha sido permitida por nosso Pai amoroso e poderoso.

Algumas das experiências que compartilhei ao longo destas páginas já comprovaram isto para mim. Meu Pai se compraz em fazer juízo, justiça e misericórdia na Terra. Nada pode me afetar sem o seu consentimento. Quando examino as circunstâncias da minha vida por esta perspectiva, até as coisas que parecem uma coroa de espinho sobre a minha cabeça, machucando, martirizando, zombando, adquirem um sentido diferente. Não há sofrimento, nem enfermidade, nem tristeza, nem frustração, nem dificuldade financeira – nada – que seja maior do que eu possa suportar, ou que, no final das contas, deixe de ter um propósito bom na minha vida. Quando o fardo fica pesado demais, é porque estou tentando carregar sozinha, pois o fardo de Jesus é leve, já que ele mesmo carrega a maior parte do peso.

À medida que vou aprendendo as verdades do Reino de meu Pai, vou ficando liberta das restrições que a vida natural me impõe. Meus olhos começam a enxergar o invisível. Meu coração alarga-se com o amor divino que o enche, e transborda para as pessoas com quem convivo. Trato meu corpo com carinho e sábios cuidados, pois o reconheço como a dádiva maravilhosa que é. Embora envelheça por fora, ele tem a dignidade de abrigar uma pessoa que se renova constantemente, cuja beleza aumenta com o passar dos dias.

Minha mente, renovada pela Verdade, passa a ter um entendimento das coisas que vai muito além do mero conhecimento. Agora ela me dá a sabedoria que vem de ver a realidade da perspectiva de Deus. Com os olhos da fé, consigo ver o caminho que se estende diante de meus pés, e mesmo que nada pareça sólido, dou o passo que me leva a experimentar a solidez da realidade espiritual. E uma vez neste caminho, jamais vou me conformar em viver novamente na pobreza da realidade visível, limitada por meus próprios recursos, por mais ricos que sejam.

Não sei em que ponto de sua caminhada nesta vida você se encontra, mas sei, com certeza, que você está buscando algo mais, algo que dê sentido às incertezas e aos sofrimentos que porventura já tiver vivido, e esperança para o que possa acontecer no futuro.

Para ajudá-la a se firmar nesta esperança, antes de nos despedirmos, quero deixar uma carta de amor de Deus para você. São passagens tiradas da Escritura e personalizadas, para aplicá-las à sua vida particular. Você é uma pessoa única, singular, e Deus dirige-se a você, assim como a mim, com palavras de amor que jamais poderiam ser emitidas por lábios humanos. Ele nos promete coisas que nenhum ser humano, por mais amoroso e fiel que seja, pode prometer. É assim que o Senhor revela o amor que transcende a realidade natural e nos arrebata para o Reino sobrenatural do Pai, onde ele reina supremo e onde podemos viver desde agora e para todo o sempre.

"Filha", diz ele, "escolhi você em Cristo, antes da fundação do mundo, para ser santa e irrepreensível perante mim; e em amor a predestinei para ser minha, para a adoção de filha, por meio de Cristo Jesus, conforme o bom propósito da minha vontade (Ef 1:3-5). Formei você de modo assombrosamente maravilhoso. Eu a entreteci no ventre de sua mãe e escrevi os seus dias no meu Livro, cada um deles escrito e determinado quando nenhum deles havia ainda (Sl 139:14-16).

"Até os cabelos da sua cabeça estão contados, amada (Mt 10:30), pois eu é que sei os pensamentos que tenho a seu respeito, pensamentos de paz e não de mal, para lhe dar uma esperança e um futuro (Jr 29:11). Com amor eterno amei você, por isso, com benignidade a atraí (Jr 31:3). De maneira alguma deixarei você, nunca jamais a abandonarei (Hb 13:5).

"Não tenha medo, porque você não será envergonhada; não se envergonhe, porque você não sofrerá humilhação; pois você se esquecerá da vergonha da sua mocidade e não mais se lembrará do opróbrio do seu abandono. Porque eu, o seu Criador, sou o seu Marido; o Senhor dos exércitos é o meu nome; e o Santo de Israel é o seu Redentor (...) Porque o Senhor chamou você como a mulher desamparada e de espírito abatido; da mulher da mocidade, que fora repudiada, diz o seu Deus (Is 54:4-6). Se dei meu próprio Filho por você, não darei graciosamente com ele todas as coisas? (Rm 8:32).

"Quem nos separará do amor de Cristo? Será tribulação, ou angústia, ou perseguição, ou fome, ou nudez, ou perigo, ou espada? Tenho certeza de que nem morte, nem vida, nem anjos, nem autoridades, nem coisas do presente, nem do futuro, nem poderes, nem altura, nem profundidade, nem qualquer outra criatura poderá separar-nos do amor de Deus, que está em Cristo Jesus, nosso Senhor (Rm 8:35,38,39).

"Não tema, pois remi você, eu a chamei pelo nome, você é minha (Is 43:1). Todos os que são chamados pelo meu nome, eu os criei para a minha glória e os formei e fiz (Is 43:7). Não tenha medo, porque eu sou com você; não se assombre, porque eu sou o seu Deus, fortaleço e ajudo você, e a sustento com a minha destra fiel (Is 41:10). Lembre-se do que está escrito: Nem olhos viram, nem ouvidos ouviram, nem jamais penetrou em coração humano o que Deus tem preparado para aqueles que o amam (1 Co 2:9)."

Assim seja.

QUERIDA AMIGA:

Espero que o material apresentado neste livro tenha sido uma bênção para você. Mas espero também que, se assim tiver acontecido, esta bênção possa ser compartilhada com outras pessoas – pessoas com quem você convive, pessoas que sua vida toca de uma forma ou de outra. Embora tenhamos falado mais da nossa vida como pessoas femininas, temos em comum com os homens a nossa pessoalidade, que é em que refletimos a imagem e a semelhança de Deus. Portanto, os homens não estão excluídos. Tudo o que é verdadeiro para nós, como pessoas, é verdadeiro para eles também.

Assim, você encontrará aqui uma série de perguntas referentes a cada capítulo, que servem para você pensar sobre o material lido e apropriar-se da mensagem que Deus tem para você através dele. Quando isto tiver acontecido, você estará começando a caminhar na esfera sobrenatural, vendo a mão de Deus operando milagres pequenos e grandes em sua vida. E estará pronta para ajudar outras pessoas a descobrir sua verdadeira identidade como pessoas feitas à imagem de Deus e a necessidade de serem restauradas à imagem de seu Filho. Desta forma, elas poderão cumprir o propósito para o qual foram criadas, vivendo a vida rica e abundante que Jesus veio nos dar.

Se quiser, também, pode usar as perguntas para um estudo em grupo, o que enriquecerá ainda mais a assimilação do material aqui apresentado. Pedindo a Deus que esteja iluminando seu coração à medida que você for lendo estas páginas e meditando no que ler, abraço-a com muito carinho, no amor do nosso Pai.

Wanda

GUIA DE ESTUDO

1

VOCÊ CRÊ EM DEUS?

1. Você já teve alguma experiência como a citada no início do capítulo que a fez sentir-se impotente, vulnerável?

2. Se não teve, como se sente com relação à sua vida cotidiana? Ela está sob seu controle ou você gostaria que fosse diferente em pelo menos algum aspecto?

3. Por que é necessário definir nossa posição com relação a Deus como ponto de partida para responder aos grandes questionamentos da vida?

4. Leia Romanos 1:18-21. Por que as pessoas que não reconhecem a existência e a glória de Deus são chamadas de "insensatas"?

5. De todas as ilustrações a respeito da criação, qual a que mais lhe falou ao coração? Por quê?

6. Dê um exemplo de como a lei moral que Deus colocou no coração de todo ser humano é invocada mesmo por pessoas que não estão preocupadas em seguir os mandamentos divinos.

2

EM QUE DEUS VOCÊ CRÊ?

1. Muitas vezes, temos visto a veracidade da Bíblia contestada. Como você pode comprovar para si e para outras pessoas que ela é digna de crédito?

2. Leia as seguintes passagens: Lucas 24:27; Mateus 19:4-6; 2 Timóteo 3:16,17; 2 Pedro 1:16-21; 1 João 1:1-4. Qual o testemunho de Jesus a respeito do Antigo Testamento? Qual o testemunho dos apóstolos a respeito das coisas que eles escreveram?

3. Resuma em uma sentença a mensagem da Bíblia, e depois confira sua resposta com 1 João 5:9-12.

4. Como a Bíblia, sendo a revelação de Deus para os seres humanos, afeta aqueles que a lêem? Confira sua resposta com Hebreus 4:12.

3

DEUS, EM PESSOA

1. A lei moral no coração dos seres humanos revela um padrão que ninguém parece poder cumprir. Você se lembra da primeira vez, ou de alguma vez marcante, em que sentiu que não correspondia ao que deveria ser? O que sentiu ao perceber isso?

2. Em suas próprias palavras, explique qual é o plano de salvação que Deus projetou para os seres humanos.

3. Qual é a parte de Jesus nesse plano de salvação? E a nossa?

4. De que forma Deus fala hoje ao seu povo? Releia João 14:15-17,26.

5. Você já ouviu a voz de Deus?

6. De que forma ele falou ao seu coração?

4

QUEM VEJO QUANDO OLHO NO ESPELHO

1. Qual a origem da sede de amor dos seres humanos?

2. Como você identifica sua necessidade de ser amada e valorizada? Há algum episódio de sua infância que, como no meu caso, mostre ser esta realmente uma necessidade comum a todos os seres humanos?

3. Você se lembra de alguma vez ter sentido a dor da rejeição, mesmo que hoje considere a experiência uma parte normal da sua percepção infantil?

4. Qual considera ser sua principal estratégia de sobrevivência? Para ajudá-la nesta identificação, pense em qual característica sua a leva a pensar: "Não posso deixar de ser assim. Não consigo ser de outro jeito."

5. Como você lida com a rejeição em sua vida hoje?

6. Como completaria as frases: "Eu seria feliz se..."; e "Eu me sentiria apreciada se..."

7. Como transferimos essas estratégias para o nosso relacionamento com Deus?

5

QUEM REALMENTE SOU

1. Qual o fato que mais a conscientiza de sua condição de criatura?

2. Quais as duas necessidades básicas que a identificam como tendo sido feita à imagem de um Deus pessoal?

3. Como você considera as suas características femininas? Gostaria de negá-las, amenizá-las, ou sente-se segura e feliz por ser assim?

4. A partir do que aprendeu sobre as mulheres, de que maneira passa a ver as características da masculinidade dos homens de sua vida?

5. Como você se sente a respeito da missão para a qual Deus fez as mulheres?

6. De que maneira o fato de um Rei ter dado a vida por você fala ao seu coração?

7. A mulher que é uma nova pessoa em Cristo está mais apta a cumprir a missão que Deus lhe deu? Como?

6

RESTAURANDO MINHA VERDADEIRA IDENTIDADE

1. Muitas pessoas acham que se tornar filhas do Pai celeste significa que sua vida será um mar de rosas dali por diante. Qual é o propósito das aflições e das provações na vida dos filhos de Deus?

2. Você já teve a experiência de refinação, quando as coisas só parecem estar indo de mal a pior em sua vida? Se não teve, conhece de perto alguém que já passou por algo assim?

3. Leia de novo Romanos 8:28,29. De que forma o projeto original de Deus está sendo cumprido quando ele nos permite passar por este processo de quebrantamento?

4. Você concorda com a afirmação daquele pastor, de que somente pessoas quebrantadas podem ser úteis nas mãos de Deus?

5. Você vê alguma área de sua vida em que Deus está trabalhando para restaurar a imagem da pessoa que ele a fez para ser originalmente?

7

CURANDO AS FERIDAS DO CORAÇÃO

1. Você concorda com a afirmação: "Todos nós já sentimos aquela tristeza e medo que uma rejeição real ou vista como tal causa em nosso coração."?

2. Se concorda, pode identificar uma rejeição que tenha deixado uma marca profunda em sua vida?

3. Como uma ferida não curada afeta nossas vidas como adultas?

4. Quais são algumas coisas que as pessoas usam para amainar a dor dessas feridas emocionais? O que você usa?

5. Por que, em geral, preferimos conviver com a dor a permitir que ela seja tocada?

6. Quais são as causas primárias do nosso sofrimento pessoal?

7. O que precisamos fazer para obter a cura dessas feridas do coração?

8

O PODER LIBERTADOR DO PERDÃO

1. Você já tentou perdoar alguém que a tenha magoado profundamente, sem conseguir? Por que acha que não conseguiu?

2. Por que Jesus usou o termo "dívida" quando ensinou sobre o perdão?

3. Quem é o maior beneficiado pelo perdão: o perdoado ou o perdoador? Por quê?

4. Você acha que viver perdoando é um modo de vida possível para nós? É viável? É desejável?

5. Como podemos deixar de cobrar das pessoas as coisas erradas que elas fazem contra nós?

6. Há limites no processo do perdão? Se houver, quais são eles?

9

QUEBRANDO ANTIGOS HÁBITOS

1. Depois de curar as feridas do coração, o que Deus precisa quebrar em nossas vidas para restaurar a imagem perdida?

2. Leia Deuteronômio 8 inteirinho. Por duas vezes, Deus fala que levou o povo ao deserto para provar o que havia em seu coração. Como ele trouxe à tona o que realmente estava no coração daquelas pessoas?

3. Como Deus me mostrou o que estava no fundo do meu coração, as raízes da minha estratégia de sobrevivência?

4. Por que nos apegamos às nossas próprias forças e controle, em vez de descansar em Deus?

5. Você sente, no fundo de seu coração, quanto seria bom descansar nele, mas ao mesmo tempo sente que não pode fazer isto, que algo ruim poderia acontecer?

6. Qual você acredita ser a raiz deste medo?

7. Depois que aprendemos a descansar em Deus, o que precisamos fazer para permanecer na terra da plenitude?

10

IDENTIFICANDO O INIMIGO

1. Você consegue se identificar com a experiência relatada na introdução deste capítulo? Já lhe aconteceu algo semelhante?

2. Por que é importante reconhecermos que temos um inimigo espiritual e como ele atua?

3. Depois de ler este capítulo e as passagens citadas, como você explicaria quem é Satanás a alguém que nunca tivesse ouvido falar dele?

4. Qual é a principal missão desse inimigo entre as pessoas que não são filhas de Deus? E entre as que são? Se não se lembrar, releia 2 Coríntios 4:3,4.

5. Qual é o principal alvo do ataque do inimigo?

6. Quais as principais estratégias usadas pelo inimigo para roubar a alegria da salvação que temos em Cristo?

7. De que forma podemos nos defender dos ataques deste inimigo?

8. Qual a nossa principal arma de defesa?

11

ESSENCIALMENTE FEMININA

1. Por que a feminilidade é importante para Deus?

2. Olhando para si mesma, qual característica sua você acha que reflete a essência de sua vida como mulher?

3. Se Deus nos fez como somos para exercermos uma missão, por que é tão difícil ver nosso valor reconhecido e podermos fazer com alegria aquilo que é natural para nós?

4. É possível exercer nossa missão em circunstâncias adversas, quando somos rejeitadas, desvalorizadas? Como?

5. Onde é mais fácil exercer o ministério da feminilidade: dentro da família ou fora dela? Por quê?

6. É válido estabelecer limites para o cumprimento de nossa missão? De que formas a nossa disposição de nos dar pode transformar-se numa estratégia para obtermos o amor e a valorização pelos quais ansiamos?

7. Qual o parâmetro que podemos usar para estabelecer limites certos?

8. Como Jesus ministrava às pessoas e as ajudava a superar suas deficiências físicas e emocionais?

12

VULNERAVELMENTE AMOROSA

1. Quando falamos sobre o perdão, dissemos que, para perdoar, precisamos aprender a amar. Isto é viável? Amar é mais do que sentimento?

2. O que é amar, de acordo com os ensinamentos bíblicos?

3. Qual é o resumo dos mandamentos, dado por Jesus?

4. É possível amar alguém sem gostar desta pessoa? Como?

5. Quando amamos, tornamo-nos extremamente vulneráveis, pois nos expomos a ser magoadas da forma mais profunda possível pelas pessoas a quem amamos. De que forma, geralmente, protegemo-nos desta dor e do que ela faz no nosso coração?

6. Como é possível honrar alguém que não está correspondendo ao que sabemos ser certo?

7. Qual a forma mais natural para você edificar alguém?

8. Como podemos transmitir a graça de Deus a outra pessoa?

13

AUTENTICAMENTE BELA

1. Considere, por alguns momentos, a insana corrida atrás da beleza física. Cite, de sua experiência, dois ou três exemplos que lhe venham prontamente à lembrança de como as mulheres estão sendo pressionadas a buscar a beleza física a qualquer preço.

2. Por que essas pressões culturais encontram eco no coração da maioria de nós?

3. Das mentiras que escravizam as mulheres à sua aparência, qual a que mais pressão exerce sobre você?

4. A verdade liberta. Qual verdade sobre a beleza é mais difícil de você apreender e aceitar?

5. Como você se sente em relação a seu corpo? Em uma escala de zero a 10, que nota daria a ele? Qual o fator preponderante nesta classificação: aparência ou funcionamento?

6. Na questão de cuidados com o corpo, como você vê a importância de regimes e dietas?

7. Leia de novo 1 Timóteo 4:1-5. O que esta passagem nos ensina a respeito de como Deus vê os alimentos?

8. Será que Deus está preocupado com o que vestimos? Por quê?

9. Qual deve ser a diretriz que a oriente na escolha de suas roupas?

14

TRANQÜILAMENTE CONFIANTE

1. Você conhece alguém tão atraente que sentiu logo que gostaria de conhecê-la melhor, de ser sua amiga? Você consegue identificar a característica dela que tanto a atraiu?

2. Que idéia a palavra "mansidão" lhe trazia à mente antes de ler este capítulo? E agora? A mansidão lhe parece uma qualidade atraente?

3. "Mansidão é força sob controle." Como Jesus exemplificou esta condição? Você conhece alguma outra pessoa que possa ser enquadrada nessa classificação?

4. As mulheres citadas em 1 Pedro 3:1-6 aprenderam a esperar em Deus. Esperar, muitas vezes, dá a impressão de passividade. Como podemos saber o que é esperar e o que é omitir-se?

5. Alguma vez Deus já mexeu na sua zona de conforto? Qual foi sua primeira reação? Esta primeira reação mudou ou não quando confrontada com a verdade?

CONCLUSÃO

NO REINO DE MEU PAI

1. De que forma a soberania de Deus sobre eventos e pessoas afeta sua vida cotidiana?

2. Você já teve a experiência do poder sobrenatural de Deus em sua vida?

3. Da carta de amor de Deus para você, escolha alguns versículos para gravar no seu coração. Eles estarão disponíveis para ser usados pelo Espírito Santo quando alguma situação difícil quiser derrubá-la.

Lembre-se: você pode viver no Brasil ou em qualquer outro lugar do mundo, mas seu Pai todo-poderoso é o Rei dos reis, o Senhor dos senhores. Ninguém pode tocar um fio dos seus cabelos sem a permissão dele. Em suas mãos, você está totalmente segura. Seu cuidado mostra quanto você é amada.

Se, ao pensar nessas coisas, você se sentir flutuando, cheia de gozo e de paz, então, minha querida amiga, você já está vivendo a vida sobrenatural. Deus a abençoe e guarde no seu indescritível amor.

NOTAS

1. Brand, Paul, e Yancey, Philip. *In His Image*. Zondervan, 1987, p. 55.

2. Mosley, Steven R. *Glimpses of God*. Qstar Publisher, p. 42. (Vislumbres do Criador – Vida, 1996.)

3. Brand, Paul, e Yancey, Philip. *In His Image*. Zondervan, 1987, p. 58.

4. Bruce, F.F. *The Cannon of Scripture*. Intervarsity Press, p. 216.

5. Hoskins, Bob (fundador da Editora Vida). *All They Want Is the Truth*. Book of Life International, 1985, p. 66.

6. Crabb, Larry. *Inside Out*. Navpress, 1988, p. 81. (De dentro para fora – Betânia.)

7. Tournier, Paul. *A missão da mulher*. Revista dos Tribunais, 1988, p. 142. Grifo da autora.

8. Para um estudo mais profundo das diferenças com que Deus fez o homem e a mulher e o propósito bom que ele tinha para estas diferenças, veja o livro *Conte comigo: O valor da mulher como ajudadora*, de Wanda de Assumpção, Mundo Cristão, 1998.

9. Wangerin, Walter. *Mourning into Dancing*. Zondervan, 1992, p. 45.

10. Tournier, Paul. Idem, p. 26.

11. Gray, John. *Homens, mulheres e relacionamentos*. Rocco, 1996, pp. 70,71.

12. Anderson, Neil T. *Vitória sobre a escuridão*. Unilit, pp. 173,174.

13. ANDERSON, Neil T. Idem, p. 142.
14. ELDREDGE, John. *Wild at Heart.* Nashville, TN: Thomas Nelson, 2001, p. 36.
15. Leia mais sobre isso em *Conte comigo: O valor da mulher como ajudadora*, de Wanda de Assumpção, Mundo Cristão, p. 123.
16. Há bons livros que tratam extensivamente esta questão, entre os quais *O amor tem que ser firme*, de James Dobson (Mundo Cristão), que abrange quase todos os problemas sérios encontrados nos relacionamentos familiares.
17. SMALLEY, Gary, e TRENT, John. *A dádiva da honra.* Vida, 1991, p. 19.
18. LEWIS, C.S. *The Weight of Glory.* Collier Books, 1980, p. 19.
19. CRABB, Larry. *Como compreender as pessoas.* Vida, 1998, pp. 220, 226.
20. ELDREDGE, John. Idem, pp. 16,17.
21. Citado pela doutora Deborah Newman em *Loving Your Body*, Tyndale, 2002, p. 13.
22. Meu livro *...E Deus fez a mulher* (Mundo Cristão, 1994) traz mais informação sobre os cuidados com o corpo e com as roupas.

PARABÉNS!

Você acaba de ler mais um livro publicado por uma editora que faz diferença no mercado editorial.

Caso tenha algum comentário ou sugestão, escreva, citando o livro que leu, para:

EDITORA MUNDO CRISTÃO
Caixa Postal 21.257, CEP: 04602-970
São Paulo - SP

Caso queira conhecer outros livros da Editora Mundo Cristão, visite nosso *site* na Internet através do seguinte endereço:

www.mundocristao.com.br

ou peça nosso catálogo pelo telefone:
(11) 5668-1700

Este livro foi composto por Viviane Rosana Fernandes Costa, em AGaramond, e impresso pela Imprensa da Fé, em papel offset 75 g/m², com filmes fornecidos pela Imprensa da Fé.